Jannan · Das Anti-Mobbing-Buch

Mustafa Jannan

Das Anti-Mobbing-Buch

Gewalt an der Schule – vorbeugen, erkennen, handeln

3. Auflage

Beltz Verlag · Weinheim und Basel

Mustafa Jannan ist Pädagogischer Leiter des Regionalen Bildungsbüros Olpe und ehemaliger Gymnasiallehrer. Als langjähriger Vertrauenslehrer hat er an seiner Schule viele Mobbing-Fälle erlebt und begleitet. Weiterbildungen zum Beratungslehrer, Jungenarbeiter und in der Konstruktiven Konfliktbearbeitung. Vor Schulen, Lehrergruppen und Bildungsverbänden referiert er zu den Themen »Gewaltprävention und -intervention«, »Jungenarbeit« und »Gesprächsführung in Beratungs- und Konfliktsituationen«.

3., erweiterte und neu ausgestattete Auflage 2010

Lektorat: Jürgen Hahnemann

www.beltz.de
Herstellung: Uta Euler
Satz: Druckhaus »Thomas Müntzer«, Bad Langensalza
Druck: Druck Partner Rübelmann GmbH, Hemsbach
Umschlaggestaltung: glas AG, Seeheim-Jugenheim
Umschlagabbildung: Fotolia, Berlin
Printed in Germany

ISBN 978-3-407-62678-3

Inhaltsverzeichnis

* Im Internet finden Sie unter www.beltz.de/material eine fortlaufend aktualisierte Liste der Arbeitsmaterialien, außerdem stehen dort die Kopiervorlagen zum Download im A4-Format bereit (siehe S. 149 und 163).

Vorwort

Gewalt an Schulen hat als Thema eine zunehmende Bedeutung in der öffentlichen Aufmerksamkeit. Vielfach wird dabei übersehen, dass nicht schwere physische Gewalt bis hin zu Amokläufen das Problem an deutschen Schulen ist, sondern die alltägliche Gewalt des Mobbings. Möglicherweise spielt die Darstellung durch die Medien eine Rolle für die Einschätzung der schulischen Realität. Die Berichterstattung zeigt nämlich bevorzugt Fälle schwerer Gewalt, diejenigen Fälle also, die eine »gute Schlagzeile« ausmachen. Mobbing wird damit in der Wahrnehmung vieler Menschen zu einem eher untergeordneten Problem, einer Form der Gewalt, die in ihren Auswirkungen und ihrer Häufigkeit an Schulen häufig unterschätzt wird.

Lehrer[1] erkennen Mobbing oft nicht richtig und dies aus vielfältigen Gründen: weil sie die Attacken der Täter nicht mitbekommen, weil der berufliche Stress kaum Zeit für aufmerksames Zuhören lässt, weil die Opfer sich aus Angst oder Scham erst sehr spät mitteilen. Verharmlosungen, Fehleinschätzungen oder Nichtbeachtung machen es den Opfern doppelt schwer, sich Erwachsenen anzuvertrauen. Die typischen Reaktionen auf Mobbing sind verständlich, wenn man weiß, dass nicht nur Lehrern, sondern auch Eltern der Leidensdruck von gemobbten Kindern und Jugendlichen oft nicht bewusst ist.

Was die Situation an Schulen erschwert, ist die Tatsache, dass Handlungsstrategien gegen Gewalt in der Lehrerausbildung eine eher untergeordnete Rolle spielen. Vertraut sich ein Schüler einem Lehrer an, so reagiert dieser meist aus seinem privaten Verhaltensrepertoire. Das ist jedoch oft nicht ausreichend oder angemessen.

In meiner langjährigen Arbeit als Beratungslehrer war ich selbst oft in der Lage, nicht mehr weiterzuwissen. Meine spontanen Reaktionen waren glücklicherweise häufig richtig, manchmal nur aus Zufall, wie ich in der Rückschau erkennen musste. Die kontinuierliche Auseinandersetzung mit dem Thema hat schließlich zu einem Repertoire an erprobten und teilweise selbst entwickelten Handlungsstrategien geführt, das von vielen Kollegen auch an anderen Schulen mit Erfolg eingesetzt wird.

Das vorliegende Buch wendet sich vor allem an Lehrer, die sich in der gleichen Situation wie ich damals befinden: sowohl von den Medienberichten verunsichert als auch mit unterschiedlichen Formen schulischer Gewalt konfrontiert. Ihnen möchte ich konkrete Hilfestellungen aus der Praxis anbieten. Dabei lege ich den Schwerpunkt auf die häufigste Gewaltform an Schulen, das Mobbing zwischen Schülern. Diese Entscheidung hängt auch mit den langfristigen Effekten zusammen, die durch Anti-Mobbing-Arbeit an Schulen erreicht werden können. Alle beschriebenen Methoden sind an weiterführenden Schulen bis zur Klasse 10 und in Teilen auch in Grundschulen einsetzbar.

1 Aus Gründen der besseren Lesbarkeit verwendet dieses Buch vorwiegend die männliche Sprachform. Natürlich sind immer Lehrerinnen *und* Lehrer, Schülerinnen *und* Schüler gemeint.

Das Buch ist in fünf Teile gegliedert, die auch unabhängig voneinander gelesen oder umgesetzt werden können:

- Teil 1 des Buches gibt einen Überblick über den **Gewaltbegriff** im Allgemeinen und den Mobbing-Begriff im Speziellen.
- In Teil 2 werden **Handlungsstrategien** für den Bereich Gewaltprävention und Gewaltintervention vorgestellt und in detaillierten Checklisten gezeigt, wie diese Strategien schrittweise in Schulen oder Klassen umgesetzt werden können.
- Teil 3 beschreibt praxiserprobte **Methoden** für den Schulalltag.[2] Alle beschriebenen Übungen sind auch während der Unterrichtszeit mit vertretbarem Aufwand umzusetzen.
- Teil 4 stellt fünf **Konzepte** vor, die sich in Schulen im Bereich der Gewaltintervention bewährt haben.
- In Teil 5 findet man schließlich **Arbeitsmaterialien** für die Planung und Umsetzung von Projekten, Methoden und Strategien sowie Kopiervorlagen. Die Aufstellung der Materialien wird im Internet fortlaufend aktualisiert, die Kopiervorlagen stehen zum Download im A4-Format bereit (siehe S. 140 und 153).

Das beigelegte »Anti-Mobbing-Elternheft« ist zur Weitergabe an Eltern gedacht und erklärt klar und strukturiert,

- woran man Mobbing erkennt,
- wie Eltern reagieren können und wo sie Hilfe finden,
- wie Eltern zusammen mit der Schule gegen Mobbing vorgehen können,
- was Eltern tun können, um das Selbstvertrauen Ihrer Kinder zu stärken, und
- was Eltern betroffener Schüler/innen vermeiden sollten, um die Mobbing-Situation nicht noch zu verschlimmern.

Das »Anti-Mobbing-Elternheft« ist auch einzeln oder im Klassensatz erhältlich (siehe S. 202).

Auf vielfachen Wunsch wurde die 3. Auflage um das aktuelle Thema »Cyber-Mobbing« ergänzt. Mein besonderer Dank gilt der Initiative »klicksafe« (www.klicksafe.de) und Frau Birgit Kimmel von der Landeszentrale für Medien und Kommunikation (LMK) Rheinland-Pfalz, mit deren Hilfe es gelungen ist, aktuelle, kompakte und hilfreiche Informationen zu diesem brisanten Thema zusammenzustellen.[3]

Allen Kolleginnen und Kollegen wünsche ich viel Erfolg bei der Arbeit gegen Gewalt an ihren Schulen.

Mustafa Jannan

2 Alle Übungen sind nach bestem Wissen und Gewissen beschrieben, die Umsetzung durch den Leser geschieht jedoch auf eigene Gefahr. Sollte es trotz der Anleitungen zu Personenschäden kommen, können weder Autor noch Verlag eine Haftung dafür übernehmen.

3 Auch die Angaben in den Abschnitten zum Cyber-Mobbing (S. 80 ff. und 196 ff.) erfolgen trotz sorgfältiger Bearbeitung ohne Gewähr, eine Haftung durch Autoren, Herausgeber oder Verlag ist ausgeschlossen.

1. Schulische Gewalt

1.1 Einführung

Um gegen schulische Gewalt vorgehen zu können, muss ein Lehrer nicht erst mehrere Bände Fachliteratur über dieses Thema gelesen haben. Andererseits gibt das Wissen über Ursachen und Hintergründe mehr Sicherheit, z.B. für die eigenen Reaktionen in einer Krisensituation oder beim Verstehen, warum bestimmte Handlungsstrategien funktionieren und andere nicht. Nicht zuletzt ermöglicht dieses Wissen einen rationalen Zugang zur Thematik der Gewaltdebatte und hilft somit, vorurteilsfreier die eigenen Methoden zu überdenken.

Die Ausführungen in Teil 1 über schulische Gewalt im Allgemeinen und Mobbing im Besonderen geben nur einen Ausschnitt der wissenschaftlichen Literatur wieder, erheben also keinen Anspruch auf Vollständigkeit. Sie sollen aus den genannten Gründen in erster Linie Hilfen sein für die Planung und Durchführung von gewaltpräventiven und -interventiven Projekten oder Methoden im eigenen Arbeitsumfeld.

Aus diesem Grund werden grundlegende **Forderungen**, die sich aus diesen Untersuchungen ergeben, besonders im Text hervorgehoben. Das Gleiche gilt für besonders wichtige **Erkenntnisse** zur Gewaltprävention und Gewaltintervention. Forderungen und Erkenntnisse sind die Basis für die Planung und Umsetzung schulischer Maßnahmen.

Die Ausführungen beruhen zum Teil auch auf persönlichen Beobachtungen und Folgerungen. Der Leser ist somit eingeladen, sich seine **eigene Meinung** zu bilden und gegebenenfalls für seine Arbeitssituation andere Schlüsse zu ziehen.

Wenn man das Problem schulischer Gewalt verstehen will, ist neben den wissenschaftlichen Grundlagen auch eine **begriffliche Abgrenzung** hilfreich. In den Diskussionen und Darstellungen innerhalb der Medien und in politischen Debatten wird häufig über verschiedene Inhalte im Kontext »Jugendgewalt« gesprochen, die aber alle das Etikett »Gewalt an Schulen« tragen. Doch wo ist dabei z.B. der Zusammenhang zwischen Erpressung und Schule zu sehen? Werden etwa jugendliche Straftäter an Schulen zu ihrem Verhalten »erzogen«? Ist Schule womöglich ein Nährboden für Jugendgewalt? Die begriffliche Ungenauigkeit in diesem Bereich erzeugt in den Köpfen vieler Menschen den Eindruck, dass schulische Gewalt und Jugendgewalt praktisch identisch seien.

Zudem wird besonders in den Medien viel zu häufig der Schwerpunkt auf die schwere physische Gewalt unter Jugendlichen gelegt, die allen Untersuchungen nach eben nicht innerhalb von Schulen, sondern weitaus häufiger außerhalb stattfindet, nämlich »auf den Straßen oder in anderen öffentlichen Räumen« (Gleis/Hörnemann 2007, S. 13).

1.2 Wo findet Kinder- und Jugendgewalt statt?

Gewalt durch Kinder oder Jugendliche kann **innerhalb einer Schule** ausgeübt werden. Umfassende Untersuchungen hierzu sind erstmals in den 70er-Jahren des 20. Jahrhunderts durch den Norweger Dan Olweus durchgeführt worden. Innerschulische Gewalt tritt zahlenmäßig am häufigsten als sogenanntes Mobbing auf, wobei verbale Attacken eindeutig überwiegen (zum Mobbing-Begriff siehe S. 21 f.).

Kinder- und Jugendgewalt findet auch **außerhalb von Schulen** statt. Untersuchungen zur Häufigkeit und den Ursachen dieser Gewaltform sind für den Bereich der Jugendlichen u.a. vom Kriminologen Christian Pfeiffer durchgeführt worden. Alter, Geschlecht oder Herkunft der Täter, Zahl der Anzeigen und Zahl der Verurteilten sind beispielsweise Inhalte dieser Untersuchungen.

Einen Grenzfall stellt die Gewalt **auf dem Schulweg** dar. Manche Autoren zählen sie noch zum schulischen Bereich und plädieren dafür, dass Schule auch hier gewaltpräventiv arbeiten sollte.

In den Diskussionen über schulische Gewalt werden die ersten beiden Bereiche häufig vermischt. Schule unterscheidet sich vom außerschulischen Umfeld jedoch in bestimmten Punkten, die für die Reaktionsweisen der Lehrer bedeutsam sind:

- Schule hat **eigene Regeln** zum Umgang miteinander. Diese sind im günstigen Fall in einer Schulordnung festgeschrieben, und ihre Einhaltung wird konsequent kontrolliert. Im ungünstigeren Fall sind es ungeschriebene Regeln, die von Lehrkraft zu Lehrkraft unterschiedlich interpretiert werden und auf deren Einhaltung nur unzureichend geachtet wird. Schule wird daher von Schülern häufig als kontrollschwacher, rechtsfreier Raum erlebt, in dem sich jeder seine Regeln selber machen kann. Daraus ergibt sich eine wichtige Kernforderung für Gewaltprävention und -intervention an Schulen:

> ! Schule muss einheitliche und klare **Regeln** entwickeln, deren **Einhaltung** konsequent überwachen und **Verstöße** zeitnah sanktionieren.

- In Schulen stehen **wenigen Erwachsenen** sehr **viele Kinder und Jugendliche** gegenüber. Es herrscht eine klare Hierarchie, in der die Erwachsenen die Schüler dominieren. Lehrer spielen aus diesem Grund eine wichtige Rolle für das Vorbildlernen, ihre Reaktionen auf schulische Gewalt werden von den Schülern genau beobachtet. Die Umsetzung von Konsequenzen als Kontrollinstrument oder der ehrlich gezeigte Respekt für die Einhaltung von gemeinsamen Regeln spielen dabei eine wichtige Rolle. Hieraus ergibt sich eine zweite wichtige Forderung:

> ! **Lehrer sind wichtige Rollen-Vorbilder** für Kinder und sollten sich dieser Funktion bewusst sein. Ihre Reaktionen sind mitentscheidend für das soziale Lernen der Kinder und Jugendlichen.

- Die Lerngruppen sind alle **altershomogen.** Dies ist im außerschulischen Bereich nicht so. Altershomogene Gruppen erleichtern Gewalt in Form von Mobbing. Die Opfer können sich den Tätern zudem räumlich nicht entziehen, wie es ihnen im häuslichen Umfeld möglich wäre. Wechselnde Fachräume, wechselnde Lehrkräfte im Tagesverlauf sowie die Pausenhöfe und Schulflure erleichtern es den Tätern, die Opfer in ihrer Lerngruppe unbeobachtet zu drangsalieren. Bei Gewaltprävention und -intervention an Schulen muss daher zusätzlich auf den folgenden Punkt geachtet werden:

> In Lerngruppen **hat der Opferschutz Vorrang** vor anderen Maßnahmen, er muss in allen Bereichen innerhalb der Schule gewährleistet sein.

Viele Studien zeigen, dass Schule nach der Familie für Jugendliche zweitwichtigster **sozialer Entwicklungsraum** geworden ist. Schule wird somit auch Handlungsort für die alltäglichen Auseinandersetzungen zwischen Kindern und Jugendlichen und zum sozialen Trainingsraum. Hier können also inner- und außerschulische Gewalt zusammentreffen.

Mit der zunehmenden bildungspolitischen Tendenz, Schulen als Ganztagsbetrieb zu organisieren, wird die Bedeutung der Familie als sozialer Entwicklungsraum möglicherweise noch weiter zurückgedrängt werden. Familiäre und kulturelle Konflikte sowie Probleme in der Peergroup werden dann immer mehr in den Schulen ausgetragen werden.

> Schulen und damit die Lehrer werden daher **zunehmend erzieherische Aufgaben** übernehmen müssen.

1.3 Welche Gewaltformen können an Schulen unterschieden werden?

Bleibt man bei der Betrachtung von **Gewalt innerhalb der Schulen**, so können dort verschiedene Gewaltformen unterschieden werden. Die Aufzählung in Tabelle 1 stellt eine Auswahl ohne Anspruch auf Vollständigkeit dar.

Tab. 1: Beispiele für Formen schulischer Gewalt
beschimpfen, beleidigen, kritisieren, übertriebenes Nachäffen, auslachen, Verbreiten von Gerüchten (auch über elektronische Medien, z.B. ICQ, Blog, Handy), anschreien, bedrohen
Zusammenarbeit verweigern, wegschauen, abwenden, Ausschluss bei Spielen
schubsen, schlagen, sexuelle Belästigungen oder Übergriffe, Sachen werden versteckt, Sachen werden zerstört
Erpressung, Hausaufgaben abverlangen, erniedrigende Handlungen, Aufnahme von Attacken auf Video

Bestimmte Autoren unterscheiden physische und psychische Gewaltformen und bei Letzteren zwischen verbalen und nonverbalen (siehe Abb. 1). Eine neue Qualität haben die verbalen Gewaltformen durch den Einsatz elektronischer Medien (z.B. SMS, Chatrooms) erhalten: Beleidigungen und den Ruf schädigende Gerüchte sind im Gegensatz zum gesprochenen Wort einer Vielzahl von Mitlesern, Mitwissern oder Unbeteiligten zugänglich (z.B. auch über Bluetooth-Technik via Handy). Diese Formen von Gewalt haben also eine länger andauernde Wirkung auf das meist wehrlose Opfer.

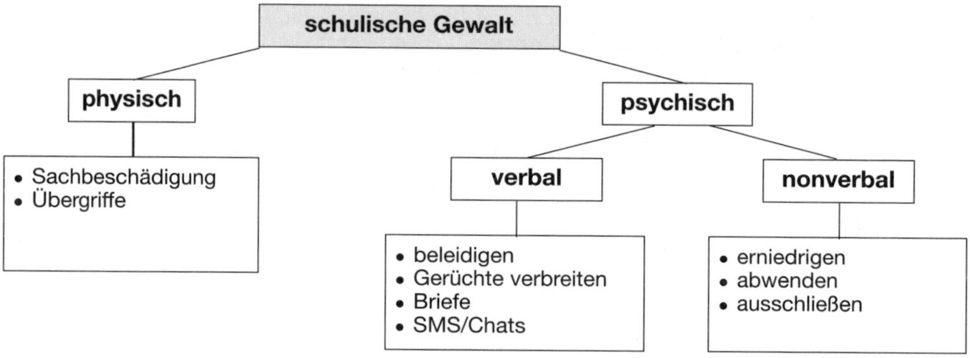

Abb. 1: Einteilung der Formen schulischer Gewalt mit ausgewählten Beispielen

Jede der in Tabelle 1 und Abbildung 1 aufgeführten Handlungen kann in unterschiedlicher **Schwere** auftreten. So gibt es z.B. einen Unterschied zwischen den oft spaßhaften Schubsereien zwischen Jungen und einem Fausthieb mitten in das Gesicht.

Allgemein kann man davon ausgehen, dass die **Häufigkeit** einer Gewaltform mit der Schwere abnimmt. So sind z.B. Schubsereien auf einem Schulhof häufig zu beobachten, seltener dagegen schwere Prügeleien. Diese Ergebnisse stimmen auch mit der Sichtweise der Schüler in Deutschland überein: Sie sehen sich selbst selten oder gar nicht schwerer physischer Gewalt ausgesetzt (Klett 2005, S. 73).

Es ist daher wenig verwunderlich, dass alle Untersuchungen zu diesem Themenbereich zeigen, dass die typische Gewaltform an deutschen Schulen die **verbale Gewalt** ist. Dabei gibt es keinen Unterschied zwischen den unterschiedlichen Schulformen.

Aus gewaltpräventiver Sicht ist es daher sinnvoller, sich Gedanken über das Vorgehen gegen die häufigeren Gewaltformen an Schulen zu machen. Drei Gründe hierfür sind entscheidend:

- Es kommen **mehr Schüler** durch verbale Gewalt zu Schaden als durch physische Gewalt.
- Vor allem die häufigsten Übergriffe (z.B. in Form verbaler Attacken) können zu bleibenden **psychischen Schäden** bei den Opfern führen.
- Täter, die das obere Ende der Gewaltskala erreicht haben, haben mit Handlungen aus dem unteren Teil dieser Skala begonnen. Wegen fehlender oder falscher Reaktionen auf ihr gewalttätiges Verhalten haben diese Personen erfolgreich **falsche**

Verhaltensweisen gelernt, nämlich ihre Ziele durch den Einsatz von Gewalt erreichen zu können.

Hieraus ergeben sich folgende zwei Forderungen für die gewaltpräventive und -interventive Arbeit an Schulen:

- Im Fokus sollten die **häufigeren Gewaltformen** stehen, da somit ein Lerneffekt in die falsche Richtung unterbunden oder zumindest erschwert wird.
- **Je früher** Gewaltprävention (nicht nur an Schulen) beginnt, desto früher können potenzielle Täter und Opfer neue, sozial verträglichere oder sozial erfolgreichere Verhaltensmuster erwerben.

Die in Tabelle 1 aufgeführten Handlungen sind beobachtbar und damit objektiv beschreibbar. Wie sie jedoch von einem potenziellen Opfer **empfunden** werden, ist individuell ganz unterschiedlich, also subjektiv. Wo der eine Schüler z.B. noch lacht, reagiert der andere bereits mit Weinen und Rückzug. Ob eine Handlung also als Gewalt definiert wird, ist ganz entscheidend von der Wahrnehmung und dem Erleben des Opfers abhängig. Damit ergibt sich ein wichtiger Grundsatz für die Arbeit gegen Gewalt an Schulen:

Das Opfer entscheidet, wann es Gewalt erlebt hat und wie schwerwiegend es diese empfunden hat – nicht der Täter oder das Umfeld!

Ein weiterer Aspekt, der die Beurteilung von gewalttätigem Schülerverhalten für Lehrer und andere Erwachsene erschwert, betrifft Eigenheiten des menschlichen Spielverhaltens. Oswald beschreibt dies so: »Die Gewaltdebatte lässt die verantwortlichen Erzieher und Lehrer manches als Gewalt wahrnehmen, was zur Lebenswelt der Kinder, zur eigenständigen Kultur der Gleichaltrigen dazugehört. In dieser Welt gibt es Interaktionssequenzen, die als gewaltförmig erscheinen und doch andere Bedeutungen in sich tragen« (zit. nach Jantz/Brandes 2006, S. 50).

Das spaßhafte Schubsen und Toben, das vor allem zwischen Jungen zu beobachten ist, zählt zu diesem Verhaltensbereich und wird in der Fachliteratur als »**rough-and-tumble play**« bezeichnet. Biologisch vergleichbares Verhalten ist auch bei Menschenaffen zu beobachten – sie zeigen bei dieser Form des körperbetonten Spiels ihre Zähne im leicht geöffneten Mund. Der Ethnologe spricht vom »Spiellächeln«, einer Verhaltensweise, die auch raufende Kinder zeigen. Wenn das Spiellächeln nicht mehr zu sehen ist, ist jedoch aus dem Spiel Ernst geworden!

Wenn ein Lehrer in der Pausenaufsicht unsicher ist, ob es sich bei einer Schubserei noch um ein Spiel handelt oder schon um Gewalt, hilft oft schon eine einfache Rückfrage. Wenn nur einer der Beteiligten in seiner Reaktion unsicher erscheint, kann das »Spiel« unterbunden werden.

Nicht jedes körperbetonte Tun auf dem Schulgelände ist Gewalt – eine **Differenzierung** für Beobachter muss im Zweifelsfall **durch Nachfragen** erfolgen.

1.4 Wer übt Gewalt aus?

Gewalt an Schulen wird in den allermeisten Fällen von **zwei Personengruppen** ausgeübt: von Schülern und von Lehrern. Dabei sind alle Kombinationsmöglichkeiten denkbar, wie Abbildung 2 zeigt.

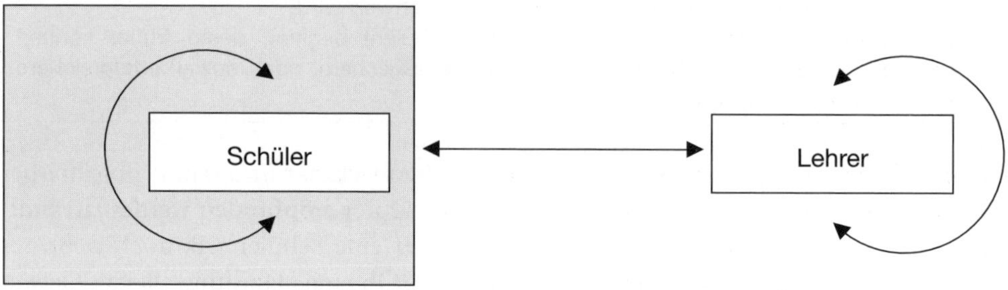

Abb. 2: Konfliktfelder und inhaltlicher Schwerpunkt des Buches

Eine besonders ungünstige Gewaltkonstellation liegt dann vor, wenn Schüler mit einer Lehrkraft **solidarisch** gegen Mitschüler Gewalt ausüben, z.B. indem sie sie auslachen. In solchen Fällen von Lehrer-Mobbing sind die Opfer doppelt hilflos.

Auch Lehrer neigen wie andere Mensch dazu, einzelne Kinder oder Jugendliche unbewusst oder bewusst abzulehnen – und dies aus ganz unterschiedlichen Gründen: weil sie zu langsam lernen, weil sie zu faul, zu still oder zu laut sind oder zu undeutlich sprechen. Wenn sie ihre Meinungen vor der gesamten Klasse äußern, kann dadurch eine Ausgrenzung von Schülern die Folge sein: »Wenn Herr Meier schon sagt, dass die Marie nuschelt, dann können wir uns auch über sie lustig machen!«

1.5 Hat Gewalt an Schulen zugenommen?

»Gewalt an Schulen [...] ist keine neue gesellschaftliche Entwicklung«, so lautet die Feststellung, die Kristian Klett zu Beginn seiner Auswertung einer deutschlandweiten Online-Befragung von Schülern formuliert (Klett 2005, S. 6) – ein Satz, der zum Nachdenken in der aktuellen Gewaltdebatte anregen sollte. Vielleicht erinnert sich der ein oder andere Leser an die eigenen Erlebnisse aus seiner Schulzeit. Selbst in der Zeit der vermeintlich friedfertigen Hippie-Generation gehörte Gewalt an Schulen zum Alltag. Nicht eine Pause verging ohne Rempeleien oder Schlägereien.

Auch Bücher wie z.B. Gustl Kernmayrs »Alle für Ronny« (Erstauflage 1967) und »Die Verwirrungen des Zöglings Törleß« von Robert Musil (Erstauflage 1906) oder Filme wie »Der Pauker« (1958) verdeutlichen, dass Gewalt an Schulen kein Phänomen des 21. Jahrhunderts ist.

Die Zahlen wissenschaftlicher Untersuchungen sprechen hinsichtlich der Jugendgewalt an Schulen eine andere Sprache, als die Berichterstattung der Medien vermuten lässt.

Starke Jugendgewalt hat an deutschen Schulen **nicht signifikant zugenommen**.

So schreibt z.B. Klaus-Jürgen Tillmann: »Im Gegensatz zu dem Eindruck, den viele Presseberichte erweckt haben, kann von einer Veralltäglichung massiver Gewalttaten in unseren Schulen keine Rede sein« (Tillmann 2000, S. 16). Nur bei **verbaler Gewalt** ist eine Zunahme zu verzeichnen. Ein Großteil der Schüler ist demzufolge nicht schwerer physischer Gewalt ausgesetzt, eine Tatsache, die auch durch die 15. Shell-Jugendstudie (2006) bestätigt wird: 78 Prozent der befragten Jugendlichen gaben an, innerhalb der letzten zwölf Monate nicht in gewalttätige Auseinandersetzungen verwickelt gewesen zu sein.

Auch der Bundesverband der Unfallkassen stellt in seiner **Raufunfallstatistik** fest: »Raufunfälle mit erheblichen Verletzungsfolgen« (Pfeiffer 2005), bei denen medizinische Hilfe erforderlich war, sind in den Jahren von 1997 bis 2003 um 28 Prozent gesunken.

Der in der **polizeilichen Kriminalitätsstatistik** des Bundeskriminalamtes (BKA) dokumentierte Anstieg bei Körperverletzungen von 30 Prozent im Zeitraum von 1997 bis 2003 widerspricht diesen Untersuchungen nur vordergründig: Zum einen betrifft er überwiegend Jugendgewalt außerhalb von Schulen. Zum anderen lassen sich die Zahlen durch das seit 2002 geltende Gewaltschutzgesetz erklären, das zu einer erhöhten Anzeigebereitschaft in der Bevölkerung führte. Dabei spielt auch die auf S. 19 beschriebene Darstellung von Jugendgewalt in den Medien eine Rolle, durch die Gewaltdelikte eine höhere Aufmerksamkeit erfahren: Dort, wo man verstärkt hinschaut, sieht man auch etwas.

Neben der Häufigkeit von Gewalt spielt auch die **Qualität der Übergriffe** eine Rolle. Hier ist u.a. ein Verlust von Regeln für den Fall eines physischen Konfliktes festzustellen. Wenn heutzutage ein Kind bei einer Auseinandersetzung am Boden liegt, wird noch nachgetreten. Insgesamt hat die Empathie für das Gegenüber abgenommen (siehe auch S. 20), was sich besonders bei den physischen Gewaltformen widerspiegelt. Die Häufigkeit von Gewalttaten nimmt also ab, die Brutalität jedoch im Einzelfall zu.

Viele Untersuchungen zeigen in einigen Bereichen **Unterschiede zwischen den Schulen**. So sind beispielsweise die Gewaltintensität und die Gewaltarten an den verschiedenen Schulformen nicht gleichmäßig verteilt. An Förder- und Hauptschulen kommt körperliche Gewalt häufiger vor als an anderen Schulformen, psychische Gewalt hingegen ist eher schulformunabhängig. So zeigt z.B. die Raufunfallstatistik des Bundesverbandes der Unfallkassen, dass an Hauptschulen aggressionsbedingte Unfälle mit 32,8 pro 1.000 Schülern fast dreimal so häufig vorkommen wie im Schnitt aller Schulen.

Weiterhin ist aus dem Datenmaterial ersichtlich, dass **Jungen** mit durchschnittlich 15,3 raufbedingten Unfällen pro 1.000 mehr als doppelt so gefährdet sind wie Mädchen mit 7,1 Unfällen pro 1.000 (Seyboth-Teßmer 2007, S. 13). Dies ist insofern von Bedeutung, als der Anteil männlicher Schüler an Haupt- und Förderschulen besonders hoch ist (56% bzw. 63% im Schuljahr 2005/06).

Auch der Standort einer Schule spielt eine wichtige Rolle. Statistische Mittelwerte erfassen beispielsweise nicht, dass in sozialen Brennpunkten Gewalt eine große Rolle in Schulen spielen kann.

An vielen Schulen ist die **Intensität körperlicher Gewalt** eher unbedeutend, an wenigen Schulen jedoch erheblich.

Auch die kulturelle Herkunft spielt bei der Gewaltausübung eine Rolle. Insgesamt sind bestimmte ethnische Gruppen von Jugendlichen häufiger in der Täterrolle als deutschstämmige Jugendliche. Ursache hierfür ist immer mangelnde soziale Integration.

Aus diesem Blickwinkel sind gewaltpräventive Maßnahmen doppelt sinnvoll, da sie meist auch einen **sozialintegrativen Effekt** haben können.

Eine gewaltfreie Schule wird es nach dem bisher Gesagten wohl nie geben. Die Schlussfolgerung für gewaltpräventive und -interventive Arbeit an Schulen kann daher nur lauten:

Das realistische Ziel an Schulen muss **Gewaltverminderung** und nicht **Gewaltverhinderung** sein.

Eine solche Zielvorgabe grenzt zugleich das tatsächlich Erreichbare für den einzelnen Lehrer und die Kollegien auf einen überschaubaren Bereich ein.

1.6 Gesellschaftliche Bedingungen

Gewaltbereitschaft bei Jugendlichen entsteht nicht spontan im pubertären Zeitfenster ihrer Individualentwicklung – sie haben immer eine »Karriere« hinter sich, in der sie ihre negativen Verhaltensweisen erlernt haben. Die Grundlagen für eine solche Entwicklung werden überwiegend im häuslichen Umfeld gelegt, also außerhalb der Schule. Beobachtete oder selbst erlebte Gewalt in der **Familie**, gekoppelt mit Lieblosigkeit seitens der Eltern, erhöht z.B. die Wahrscheinlichkeit für männliche Jugendliche, Gewalt anzuwenden, um das Drei- bis Vierfache. Bei Mädchen steigt dadurch das Risiko, später in einer Partnerschaft die Opferrolle zu übernehmen, sogar um das Neunfache (Pfeiffer/Baier 2006, S. 194f.).

Elterlicher Gewalt ausgesetzt zu sein ist jedoch nicht die einzige Ursache für Täterverhalten in der Schule. Wie auf S. 35 näher ausgeführt, kann z.B. auch ein »übertoleranter« Erziehungsstil Mobbing-Täter hervorbringen.

Wenn ein Jugendlicher in der Schule durch gewalttätige Übergriffe immer wieder auffällt, kann dies auch auf sein Erwachsenenleben Auswirkungen haben: Untersuchungen von Olweus haben gezeigt, dass solche Schüler ein vierfach höheres Risiko haben, später eine **kriminelle Laufbahn** mit mehrfachen Strafdelikten einzuschlagen (Olweus 2002, S. 46).

Doch auch die Opferrolle kann Auswirkungen auf das spätere Leben haben: Wenn in der Schulzeit gegen Mobbing nichts unternommen wurde, besitzen Opfer ein höheres Risiko, im Erwachsenenalter wieder in diese Rolle zu gelangen (z.B. am Arbeitsplatz).

Berücksichtigt man diese Beobachtungen, so wird klar, welch wichtige Rolle Schule aus erzieherischer Sicht hier haben kann:

- Sie kann die **Opfer stärken** und ihnen somit eine bessere Chance für eine zufriedenere Lebensführung vermitteln.
- Sie kann auf der anderen Seite auf Täterverhalten angemessen reagieren und dieser Personengruppe eine **bessere Chance** für eine straffreie Zukunft geben.

Kinder- und Jugendgewalt hat also viele Ursachen: familiäre, ökonomische und/oder soziostrukturelle. Alle wirken in die Schule hinein. Von daher sollte klar sein, dass Gewaltprävention an Schulen nicht ein Universalheilmittel für alle diese Problemfelder sein kann.

> Gewaltprävention und -intervention fördern das **soziale Klima** an der Schule, können für sich alleine genommen aber nicht alle sozialen Problemfelder dieser Institution lösen.

1.7 Schulische Gewalt und Medien

Ausschlaggebend für die Zunahme »**gefühlter Gewalt**« sind mit Sicherheit die Medien. Nicht nur in der Berichterstattung, auch im Unterhaltungsbereich spielt das Thema Gewalt eine große Rolle. Zudem erschwert die mediale Berichterstattung eine längst fällige **rationale Auseinandersetzung** mit dem Thema.

Wenn man den Medienberichten Glauben schenken darf, ist die deutsche Schulszene von brutaler Gewalt geprägt: Schüler, die auf Schüler einschlagen; Schüler, die auf Lehrer einschlagen; Erpressung, Nötigung, Sachbeschädigung – alles, was eine gute Schlagzeile eben ausmacht. Erst im Innenteil der Zeitungen können interessierte Leser – vielleicht – ein klärendes Interview mit einem Experten zum Thema lesen. Leider sind solche Artikel zu selten auf der ersten Seite zu finden. Auch die Fernsehberichterstattung tut sich mit dem Thema »Gewalt an Schulen« schwer. Oft erschöpfen sich die Beiträge in einem Blick auf die Ratlosigkeit der Lehrer oder den Aktivismus der verschiedenen Interessenverbände.

Bedenklich sollte uns stimmen, welche Rolle die Medien nicht nur für die **Wahrnehmung** von schulischer Gewalt spielen, sondern in welchem Maße sie sogar deren Auslöser sein können.

Wie stark Medien die Wahrnehmung von schulischer Gewalt beeinflussen, zeigt sich auch darin, dass Schüler den Begriff »Gewalt« überwiegend in seiner physischen Form definieren (38 % der Jungen und 37 % der Mädchen), obwohl diese Gewaltform an Schulen nicht am häufigsten vorkommt (Klett 2005, S. 93 f.). Der zweithäufigste Begriff in diesem Kontext ist jedoch schon die verbale Gewalt (10 % der Jungen, 15 % der Mädchen).

Medien führen aber nicht nur zu einer verzerrten Wahrnehmung schulischer Gewalt, sie bieten auch ein **Podium für Selbstdarsteller**. Dieser Effekt ist unbestreitbar, z.B. in der Darstellung der viel zitierten Gettoromantik der Hip-Hop-Szene in diversen Musiksendern. So antwortete auch der Dortmunder Soziologe Ronald Hitzler auf die Frage »Wie wichtig ist die Öffentlichkeit [für die Jugendszene]?«: »Was auch immer die Leute Sie glauben machen wollen – nichts ist toller als eine Fernsehkamera. Anders sein macht nur dann Spaß, wenn einem dabei auch jemand zuschaut« (WR 2007). Medien erzeugen also ganz bestimmte Bilder in den Köpfen der Menschen und sorgen zugleich dafür, dass diese Bilder in einer Art sich selbst erfüllender Prophezeiung durch das Ausleben vor der Kamera Bestätigung finden.

Inwieweit **Filme** mit gewalttätigem Inhalt tatsächlich zu Gewalt führen, ist bis heute nicht eindeutig geklärt, die Ergebnisse sind teilweise widersprüchlich. Eindeutig ist jedoch ihr Einfluss auf die Wahrnehmung potenzieller Opfer: Das Mitgefühl mit ihnen nimmt ab.

In eine ähnliche Richtung zeigen Ergebnisse zur Untersuchung von **Computerspielen**. Auch sie führen zu einem Abtrainieren von Hemmungen und zu einer »Konditionierung zur Empathielosigkeit« (Wildt/Emrich 2007, S. 534). Dieser Aspekt sollte nicht verwundern, da Spiele wie »Counter-Strike« auf militärischer Software beruhen, die bei Soldaten genau diese Verhaltensziele trainieren soll. So stellt Pfeiffer fest, dass durch »exzessiven Fernseh- und Computerkonsum« vor allem für Jungen die reale Welt zunehmend unattraktiver wird (Wildt/Emrich 2007, S. 535).

> Da Medien aus unserer Gesellschaft nicht mehr wegzudenken sind, müssen Schulen den **kritikfähigen Umgang** mit ihnen anregen und fördern sowie den **unreflektierten Konsum** einschränken.

Ein Handyverbot (Verbot der Aktivierung eines Geräts auf dem Schulgelände) ist beispielsweise ein Schritt, der auch die Eltern zum Nachdenken darüber anregen kann, verantwortungsvoller auf den Medienkonsum ihrer Kinder einzuwirken.

2. Mobbing

2.1 Gewalt und Mobbing

Bisher wurde vermieden, zwischen Gewalt und Mobbing zu unterscheiden. Beide Begriffe gehören aus Sicht des Autors zusammen, sie kommen an Schulen jedoch mit unterschiedlicher Häufigkeit vor.

Der Begriff **Mobbing** ist im Kontext der Schule mittlerweile weiten Teilen der Bevölkerung bekannt (engl. »to mob« = fertigmachen, anpöbeln). In den Köpfen vieler Menschen ist Mobbing aus den auf S. 19f. beschriebenen Gründen ein Synonym für schwere körperliche Gewalt: Die Medien haben in ihrer Wahrnehmung ein Bild schulischer Gewalt geschaffen, das durch die fortwährende Berichterstattung immer wieder bestätigt wird.

Doch bereits Olweus hat die begrifflichen Grenzen wesentlich weiter gezogen: Mobbing ist auch – oder besonders – die Ausübung »kleiner Gewalt« (Kasper 2000b, S. 17), das Auslachen von Mitschülern, das Beleidigen oder Beschimpfen, das Verbreiten von Unwahrheiten, das Verstecken von Sachen, die Zerstörung von persönlichem Eigentum, das Anrempeln, Herumstoßen, Erniedrigen, Ausschließen – erst ganz am Ende dieser Aufzählung steht die schwere körperliche Gewalt.

Der Aspekt körperlicher Attacken wird viel zu oft überbetont. Wie stark der Leidensdruck bei einem Opfer ist und wie lange es braucht, bis die Nachwirkungen der Übergriffe verarbeitet sind, wird offensichtlich zu wenig verstanden: »Worte können Wunden schlagen, gegen die kein Pflaster hilft« (Zimmermann 1999, S. 1).

Abbildung 3 zeigt die diesem Buch zugrunde liegende Einordnung von Mobbing. Unter dem Begriff selbst sind dabei alle in Tabelle 1 (siehe S. 13) dargestellten Gewaltformen zu verstehen mit Ausnahme schwerer Gewalt wie z.B. schwerer Körperverletzung.

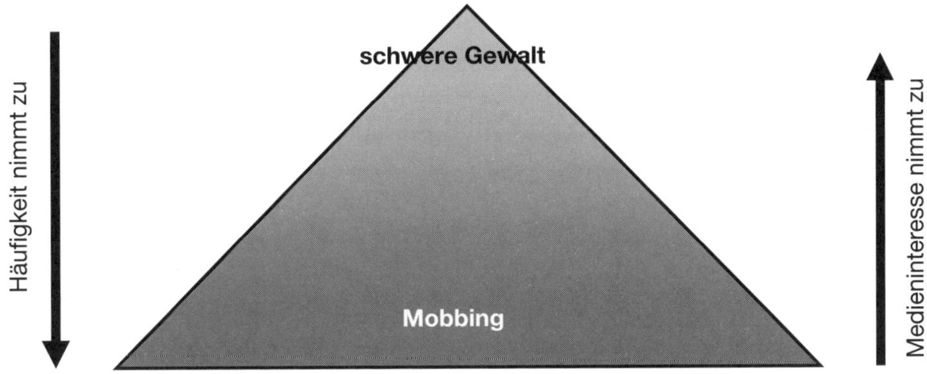

Abb. 3: Die Gewaltpyramide im Kontext medialer Berichterstattung

Wenn also ein Füller mutwillig von einem Mitschüler zerstört wird, ist dies nicht als »schwere« Sachbeschädigung zu werten, in einer langen Reihe von negativen Handlungen jedoch als Mobbing. Andererseits ist eine Prügelei auf dem Schulhof, bei der zwei Jungen einen dritten zusammenschlagen, nicht als Mobbing, sondern als Körperverletzung einzuordnen.

Nicht jede Gewalt ist Mobbing, aber **Mobbing ist immer Gewalt**.

Natürlich können die Übergänge zwischen den einzelnen Stufen fließend sein. Was als »kleine Gewalt« begonnen hat, kann als schwere Misshandlung enden. Für das Opfer besteht dabei vielleicht noch nicht einmal ein wesentlicher Unterschied. Wenn ein Kind z.B. körperliche Symptome entwickelt, um dem Schul-Mobbing zu entgehen, dann kann man davon ausgehen, dass es die »kleine Gewalt« als unerträglich empfindet. Diese Fälle psychischer Belastung mit hohem **seelischem Leidensdruck** sind wesentlich häufiger als Fälle körperlicher Verletzung. Von daher ist das Adjektiv »schwer« aus Opfersicht nicht zutreffend, da es die »kleine« Gewalt scheinbar verharmlost. Die Unterscheidung ist jedoch aus Lehrersicht wichtig, da der Beratungstätigkeit dadurch Grenzen gesetzt werden: Bei schwerwiegenden Gewaltformen ist das Einholen externer Hilfe unerlässlich (siehe auch S. 49f.)!

Ein Vorgehen gegen Handlungen, die z.B. als kriminell einzustufen sind, ist von Lehrerseite nicht zu leisten – es überschreitet die Kompetenzen der Kollegen bei Weitem. An Schulen in sozialen Brennpunkten ist die Unterstützung durch externe Stellen wie z.B. Sozialarbeiter daher unbedingt erforderlich; eine Lösung durch Lehrer allein ist kaum möglich. Hilfe können Schulen bei der Polizei, verschiedenen Beratungsstellen, dem Jugendamt oder freien Jugendhilfeträgern finden. Den ersten Schritt hierzu müssen sie jedoch selber machen.

2.2 Wie verbreitet ist Mobbing an deutschen Schulen?

Mobbing ist an deutschen Schulen weiter verbreitet als gemeinhin angenommen. Die Psychologin Mechthild Schäfer geht z.B. nach einer Langzeitstudie davon aus, dass in Deutschland wöchentlich 500.000 Kinder und Jugendliche gemobbt werden (Burck 2007). Nimmt man zu den Opferzahlen die Zahl der Schüler mit Tätererfahrung hinzu, kommt man auf bis zu 1,1 Millionen Schüler (Paulus 2007, S. 33). Andere Autoren gehen sogar davon aus, dass jeder siebte Schüler Erfahrungen mit Mobbing hat (Michaelsen-Gärtner/Franze/Paulus 2007, S. 13). Die landläufige Meinung, dass man Mobbing im Vergleich zur »richtigen« Gewalt vernachlässigen kann, dürfte damit nicht mehr haltbar sein.

Mobbing ist die **häufigste Gewaltform** an deutschen Schulen.

Untersuchungen an verschiedenen Schulformen haben mit einem weiteren Vorurteil über Gewalt an Schulen aufgeräumt: Nicht die weiterführenden Schulen sind das Problem, sondern die **Grundschulen.** Dort ist Mobbing mehr als doppelt so häufig als z.B. an Gymnasien!

Die Gewalt in den weiterführenden Schulen ist jedoch offensichtlicher und zum Teil auch schwerer. Damit rückt sie in die Aufmerksamkeit der Medien, was im Umkehrschluss zu einer Vereinfachung wie »Am schlimmsten ist es an der Hauptschule« geführt haben könnte. Wie Abbildung 4 zeigt, kommt Mobbing an Hauptschulen aber fast so häufig vor wie an Gesamtschulen.

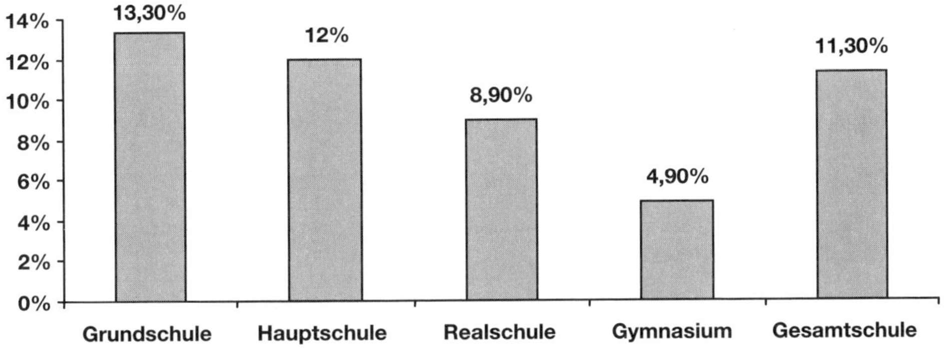

Abb. 4: Schüler, die ein- bis mehrmals pro Woche gemobbt wurden (nach www.schulpsychologie.de)

Die bereits erwähnten Untersuchungen von Klett zeigen, dass diese Tatsache auch von Schülern so wahrgenommen wird. Hauptschulen und Gesamtschulen unterscheiden sich demnach kaum in den Ursachen und Formen von Aggression: Der häufigste Auslöser ist hier Langeweile (vergleiche hierzu auch S. 29). Es verwundert daher nicht, dass Schüler dieser Schulformen öfter Angst, Unzufriedenheit und Bedrohung empfinden als Schüler anderer Schulformen. Folge dieser Einschätzung ist eine deutlich negativere Bewertung des Schulklimas, als sie z.B. für Gymnasien abgegeben wird (siehe Abb. 5). Bei Realschulen und Gymnasien spielen zudem nicht Angst und Unzufriedenheit eine wichtige Rolle für den Mangel an persönlichem Wohlempfinden, sondern Frust und Stress.

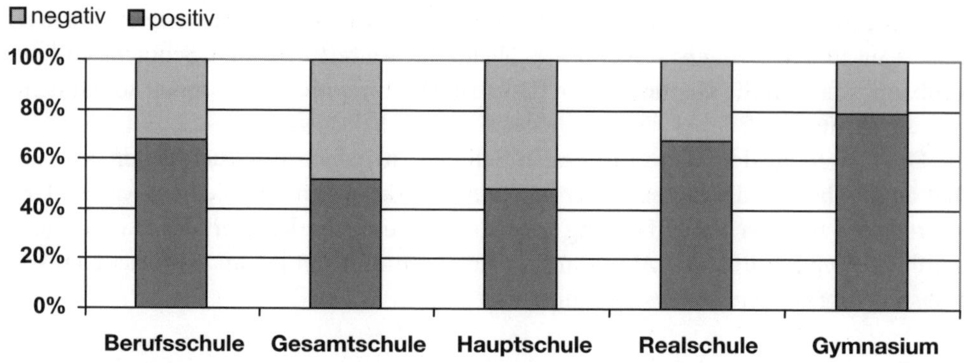

Abb. 5: Schulformdifferenzen bei der Bewertung des Schulklimas (nach Klett 2005, S. 88)

Hier zeigt sich, dass Maßnahmen im Bereich der Gewaltprävention und -intervention nicht schematisch funktionieren können.

> Die Auslöser für ein schlechtes **Schulklima** sind schulformspezifisch. Gewaltprävention sollte diese Tatsache berücksichtigen.

Möglicherweise liegt diese Beobachtung an einer Veränderung der Klientel der Schulen in den letzten Jahren: Die Zahl der Gymnasiasten ist seit Jahren steigend, 2005/2006 war sie mit 2,4 Millionen Schülern bereits mehr als doppelt so hoch wie die der Hauptschüler mit 1,02 Millionen. Hauptschulen werden damit zunehmend zu einem Auffangbecken von Kindern mit problematischem Hintergrund.

Die bereits auf S. 17f. beschriebenen Zusammenhänge verdichten sich an dieser Schulform: Unterschiedlichste kulturelle Hintergründe, zum Teil Erziehungsdefizite und mangelnde soziale Entwicklungsräume führen zu unzureichenden sozialen Kompetenzen und Konfliktlösungsstrategien. Dabei ist zu beachten, dass die Schwere der Problematik vom jeweiligen Schulstandort entscheidend abhängig ist. Es gibt eine Vielzahl von Hauptschulen, die hervorragend organisiert sind und an denen Gewalt kein tägliches Gesprächsthema ist. Umgekehrt ist die Zahl der Gymnasien, die von schulischer Gewalt geprägt sind, vergleichsweise gering.

Ein weiterer Aspekt der Verbreitung von Mobbing an deutschen Schulen betrifft die **Häufigkeit** in den verschiedenen **Altersstufen**. Die Befragungen von Schülerinnen und Schülern bestätigen erneut die in Abbildung 4 dargestellte Beobachtung: Mobbing nimmt mit zunehmendem Alter der Kinder und Jugendlichen deutlich ab (siehe Abb. 6).

> - Nirgends wurde Mobbing so oft festgestellt wie in der 2. Klasse der **Grundschule**. In dieser Schulform ist also der größte Handlungsbedarf!
> - Wer an der Basis, also in den **unteren Schulklassen**, Mobbing vermindert, verkleinert automatisch die Gewaltpyramide (siehe S. 21).

Neuere Untersuchungen zeigen weiterhin, dass beim Übergang zur weiterführenden Schule in den Klassen 5 und 6 das Mobbing kurzzeitig zunimmt, jedoch nicht die Werte der Grundschule erreicht. Dieser kurzzeitige Anstieg hängt sicherlich mit den neu zusammengesetzten Klassen zusammen, in denen gruppendynamische Prozesse zur Bildung neuer Freund- oder Feindschaften führen, Koalitionen gebildet und Intrigen gesponnen werden.

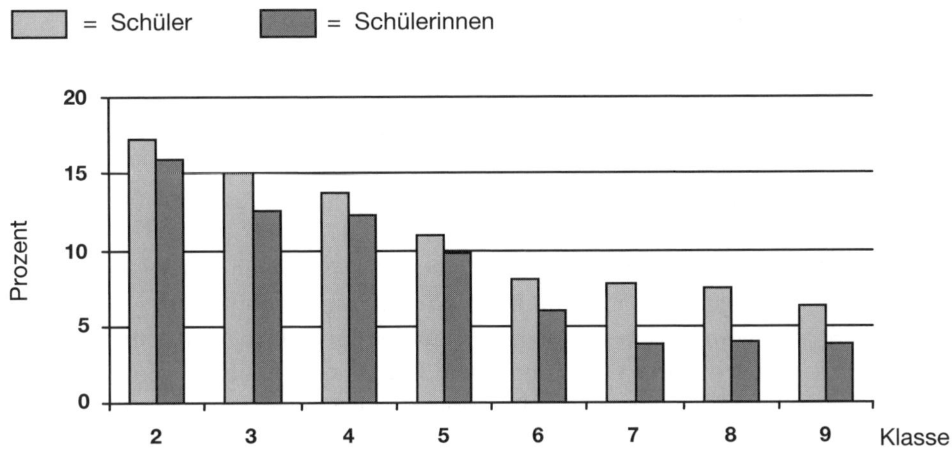

Abb. 6: Schülerinnen und Schüler unterschiedlicher Klassen, die nach eigenen Angaben gemobbt werden (nach www.schulpsychologie.de)

Keinen Widerspruch zu diesen Zahlen zeigt die Verteilung von **physischer Gewalt**: Hier gibt es einen **Altersgipfel**, der bei 15 Jahren liegt. Dies kann zwei Gründe haben: Zum einen befinden sich Jugendliche in diesem Alter am Höhepunkt der Pubertät, reagieren also häufiger unkontrolliert emotional. Zum anderen hat physische Gewalt bei kleinen Kindern aufgrund der weniger ausgeprägten Muskulatur und Motorik nicht dieselbe Wirkung wie bei Älteren.

Bei Betrachtung der Zahlen in Abbildung 6 ist weiterhin auffällig, dass **Jungen** grundsätzlich häufiger Mobbing-Opfer sind als Mädchen. Dieses Ungleichgewicht nimmt mit steigendem Alter immer mehr zu. Ab Klasse 7 sind Jungen über doppelt so oft Opfer wie Mädchen. Diese Beobachtung ist wichtig für die auf S. 32f. und 36f. dargestellten Profile für Täter und Opfer.

Bei Mobbing gibt es also **geschlechtsspezifische Unterschiede**. Diese müssen bei gewaltpräventiver und -interventiver Arbeit berücksichtigt werden.

Lehrer in eher dörflich geprägter Umgebung werden oft mit dem Vorurteil konfrontiert, dass »auf dem Land« noch einfachere Verhältnisse anzutreffen sind, dort das

Mobbing also nicht so schlimm sei. Auch dies ist unzutreffend. Alle Untersuchungen über Mobbing zeigen, dass es hinsichtlich der Häufigkeit praktisch keinen Unterschied zwischen städtischem und ländlichem Standort einer Schule gibt.

Weiterhin wurde festgestellt, dass es keinen Zusammenhang zwischen Mobbing-Häufigkeit und Schul- bzw. Klassengröße gibt. Mobbing kann also in den kleinen Klassen einer Aufbauschule genauso häufig stattfinden wie in den überfüllten Klassen einer Realschule.

Die Mobbing-Häufigkeit ist unabhängig von **Standort, Schul- oder Klassengröße**.

2.3 Was sind die Kennzeichen von Mobbing?

Es gibt vier klare Kennzeichen für Mobbing, die es von jeder anderen Gewaltform eindeutig unterscheiden:

1. **Kräfteungleichgewicht:** Das Opfer steht einem bis mehreren Tätern und deren Mitläufern alleine gegenüber. Damit unterscheidet sich Mobbing klar von dem bereits auf S. 15 angesprochenen »rough-and-tumble play«. Hanewinkel und Knaack verdeutlichen dies in ihrer Definition: »Der Begriff des Mobbens wird nicht gebraucht, wenn zwei Schüler bzw. Schülerinnen, die körperlich bzw. seelisch etwa gleich stark sind, miteinander kämpfen oder streiten« (Hanewinkel/Knaack 2004, S. 300).
2. **Häufigkeit:** Die in Tabelle 1 (siehe S. 13) beschriebenen Übergriffe kommen mindestens einmal pro Woche oder häufiger vor. Diese zahlenmäßige Einordnung beruht auf Analysen von Olweus, der viele Tausend Mobbing-Fälle ausgewertet und nach Gemeinsamkeiten untersucht hat.
3. **Dauer:** Die Übergriffe erfolgen über einen längeren Zeitraum (Wochen oder Monate). Ein Konflikt, der erst seit einer Woche besteht, ist also kein Mobbing. Diese Unterscheidung spielt für die Einschätzung durch die Lehrkraft eine große Rolle.
4. **Konfliktlösung:** Das Opfer ist aus eigener Kraft nicht in der Lage, das Mobbing zu beenden.

Neuere Untersuchungen zeigen, dass in den letzten Jahren möglicherweise eine fünfte Qualität noch hinzugekommen ist: das Ziel, das Opfer um jeden Preis aus der Lerngruppe zu vertreiben.

Wie bereits im Vorwort erwähnt, sprechen Mobbing-Opfer selten über ihre Situation. Das kann anfangs aus **Scham** sein (»Ein Junge muss seine Probleme doch selber lösen können!«), später spielt immer **Angst** eine große Rolle: Das Opfer befürchtet, dass dadurch alles noch schlimmer wird. Oft ist es sogar so, dass die Eltern ihrem Kind raten, die Situation für sich zu behalten (»Halte durch, das geht schon irgendwann vorbei«). Diese Tatsache führt zur Verfestigung der Mobbing-Situation. Das mangelnde Selbstwertgefühl der Opfer (siehe S. 36) verstärkt ihr defensives Verhalten. Jeder weitere

Übergriff durch die Täter wirkt somit wie eine Bestätigung der negativen Selbsteinschätzung, die Opfer suchen dann sogar die **Schuld** für die Situation bei sich selber.

Lehrer und Eltern haben es daher oft sehr schwer, von Mobbing betroffene Schüler zu erkennen. Viele Kontakte erfolgen beispielsweise erst über besorgte Mitschüler. Angst kann aber auch zu Aggressionen führen, was den Zugang zu betroffenen Schülern nicht unbedingt erleichtert.

Auf der anderen Seite gibt es viele **Änderungen im Verhalten** eines Kindes oder Jugendlichen, die ein Hinweis auf Mobbing sein können. Die folgende Übersicht zeigt die wichtigsten Verhaltensweisen für Eltern und Lehrer.

- Das Kind kommt bedrückt nach Hause.
- Es spricht leise, schweigt häufig, kann andererseits aber unerwartet aggressiv oder übellaunig reagieren.
- Es ist nervös und angespannt.
- Es erfindet Ausreden, z. B. für zerstörte oder verloren gegangene Gegenstände.
- Das Kind wirkt unsicher, sein Selbstwertgefühl nimmt immer mehr ab (erkennbar z. B. beim Erledigen von Hausaufgaben, die plötzlich »unlösbar« sind).
- Das Kind zieht sich immer mehr in sich zurück, sowohl in der Schule als auch zu Hause.
- Es kommt zu einem starken Abfall in den schulischen Leistungen.
- Die Konzentration im Unterricht lässt nach.
- Vor allem zu Hause vor dem Weg zur Schule zeigt das Kind immer häufiger unspezifische körperliche Beschwerden wie z. B. Bauchweh, Kopfschmerz oder Appetitlosigkeit.
- Das Kind will nicht mehr in die Schule gehen, kommt auffällig oft zu spät, geht Aktivitäten mit Mitschülern aus dem Weg.
- Das Kind erhält keine Einladungen zu Kindergeburtstagen.
- Schüler bleiben nach Unterrichtsende oder in der Pause länger im Klassenzimmer.
- Das Kind will nicht mehr mit dem Bus zur Schule fahren, es möchte von den Eltern gefahren werden.
- Albträume treten immer häufiger auf, das Kind ist müde und schläft schlecht.
- Das Kind beginnt zu stottern.
- Das Kind verliert angeblich immer wieder Geld (das Geld wird verwendet, um die Täter zu bezahlen).

Wenn man als Lehrer einige dieser Verhaltensweisen beobachtet, ist es immer angebracht, vorsichtig nachzufragen. Wie Lehrer solch ein schwieriges Erstgespräch führen können, wird ausführlich auf S. 131 f. beschrieben.

Manchmal können die beschriebenen Verhaltensweisen auch durch Probleme im privaten Bereich hervorgerufen werden (z.B. Trennung der Eltern, Tod eines Verwandten). Auch in diesen Fällen ist ein Gespräch mit dem Schüler erforderlich, da emotional belastende Situationen sich auf die schulischen Leistungen auswirken können. Wer jemals den Tod einer nahestehenden Person erfahren musste, weiß, dass die Anforderungen des Alltags manchmal hilfreiche Stütze für ein Stück »normales Leben« sein können. Schule muss Kindern sowohl bei Mobbing als auch bei anderen Problemen diesen stützenden Alltag ermöglichen.

2.4 Welche Bedingungen in Schulen begünstigen die Entstehung von Mobbing?

Unbestreitbar liegen die Ursachen für Mobbing an Schulen auch im gesellschaftlichen und/oder familiären Bereich (siehe S. 18f.). Schule trägt jedoch mit den auf S. 12f. genannten Voraussetzungen entscheidend dazu bei, dass bestimmte Verhaltensweisen umgesetzt werden können. Von daher trägt sie mit Verantwortung, dass professionell gegen Mobbing vorgegangen wird. Für die Entstehung von Mobbing an Schulen sind vor allem das **Schulklima** und die **Lernkultur** mitentscheidend.

Folgende Faktoren aus dem Bereich »Schulklima« wirken sich besonders negativ aus:

- Das **Lehrerengagement** ist zu wenig fördernd und unterstützend. Hierzu zählt auch eine resignative Grundhaltung der Lehrkraft (»Macht doch, was ihr wollt!«).
- Unter den Schülern herrschen schlechte **soziale Bedingungen.** Dies betrifft z.B. die Umgangsformen, den Mangel an kommunikativen Fähigkeiten oder die Art und Weise, wie Konflikte gelöst werden.
- Die **Lehrer-Schüler-Beziehung** ist gestört. Dazu gehören beispielsweise gegenseitige Abwertung, offensichtliche Ablehnung und fehlende oder unzureichende Kommunikation zwischen den beiden Parteien.
- **Auffällige Jugendliche** werden durch Lehrer sozial etikettiert (»So wie du aussiehst, landest du sowieso in der Gosse«).
- Das **Erziehungsverhalten** seitens der Schule ist einseitig restriktiv. Wenn Strafen als überwiegendes oder gar willkürliches Instrument eingesetzt werden, lernen Schüler, dass die Ausübung von Macht ein geeignetes Mittel zum Erreichen von Zielen ist. Zudem können Strafen auch zu verstärkter Auflehnung führen.
- **Schul- und Klassenregeln** sind zu wenig verbindlich oder sogar beliebig. Eine Schulordnung beispielsweise, die von den Schülern unterschrieben wird, deren Einhaltung aber kein Lehrer kontrolliert, ist wirkungslos. Ähnliche Folgen hat es, wenn das Verhalten der Kollegen inkonsistent ist, der eine also Verstöße bestraft, der andere wegschaut. Schule wird dann als quasi rechtsfreier Raum erlebt, in dem sich jeder seine Regeln selber machen kann (siehe auch S. 12).
- Das **Schulgebäude** und die Außenanlagen sind reizlos und eintönig, die Klassenräume sind unpersönlich gestaltet und/oder zu eng.
- Es herrscht eine geringe **Verbundenheit** mit der Schule (fehlendes »Wir-Gefühl«). Mangelnde Identifikation mit der Schule steigert z.B. auch den Grad der Sachbeschädigung im Gebäude.

Für erfolgreiche gewaltpräventive und -interventive Arbeit ergibt sich damit ein ganzes Bündel an weiteren Forderungen, zusätzlich zu den in den vorhergehenden Kapiteln bereits genannten:

- Ein positives **soziales Miteinander** an der Schule und in den Klassen muss eingeübt und vermittelt werden. Hierzu zählt auch die Vermittlung einer gewissen **Verbundenheit** mit der Schule.
- Das **Erziehungsverhalten** der Schule und der Lehrer sollte nicht einseitig strafend ausgerichtet sein.
- **Regeln** müssen von allen Beteiligten konsequent eingehalten werden.
- Das **Schulgebäude** und die Außenanlagen sollten möglichst ansprechend gestaltet sein.

Folgende Faktoren aus dem Bereich »Lernklima« fördern die Entstehung von Mobbing:

- Die Lerninhalte besitzen zu **wenig Lebensweltbezug**. Die dadurch entstehende Langeweile ist ein wichtiger Auslöser für Aggressionen (Klett 2005, S. 72).
- Das Lernen erfolgt zu **wenig schülerorientiert.**
- Es herrscht ein starker **Leistungsdruck**. Stress und Leistungsdruck sind auch nach einer von Klett durchgeführten Untersuchung bei Schülern als häufigste Ursache für Gewalt genannt worden (Klett 2005, S. 69). Hierbei darf nicht verschwiegen werden, dass die Landesregierungen mit ihren schulpolitischen Experimenten im Einzelfall nicht ganz unschuldig am steigenden Druck auf Schüler sind.
- Ein insgesamt **geringer Leistungsstand**, der bei einzelnen Schülern zu Unterforderung und in der Folge zu Langeweile führen kann.
- Ein **schlechtes Klassenklima** (z.B. Ausschließen einzelner Schüler, Konkurrenz im Unterricht, unterentwickelte Streitkultur).
- Das **intellektuelle Lernen** wird zuungunsten der Förderung sozialer Kompetenzen einseitig überbetont.

Hieraus ergeben sich weitere Forderungen hinsichtlich des Lernklimas:

- Vermeidung von **Langeweile** im Unterricht
- Vermeidung von unnötig hohem **Leistungsdruck**
- **Integration** leistungsschwacher Schüler ohne Vernachlässigung der leistungsstarken
- Kein **einseitig** intellektuell ausgerichtetes **Lernen**

2.5 Welche typischen Mobbing-Strukturen gibt es in Lerngruppen?

Grundsätzlich kann Mobbing in Lerngruppen ungestraft nur funktionieren, wenn die Situation und damit die Täter anonym bleiben. Dies ist schon dadurch gewährleistet, dass das Opfer von sich aus meist keine Hilfe sucht. Auf der anderen Seite achten die Täter natürlich darauf, ihre Übergriffe in vom Lehrer unbeobachteten Momenten zu starten.

Wie auf S. 34 näher dargestellt wird, stimmen Täter und Opfer in bestimmten Persönlichkeitsmerkmalen nicht selten überein. Dies trifft ganz besonders für Jungen zu. Im Folgenden wird daher, wo sinnvoll und möglich, der Begriff »Täter« immer wieder durch den neutraleren Begriff »Mobber« ersetzt. Diese unterschiedliche Benennung soll den Leser darin unterstützen, seine Wahrnehmung hinsichtlich dieser Personengruppe zu objektivieren. Der Ausdruck »Täter« ist gerade durch die Medien und die Gesetzgebung sehr klar besetzt und vernachlässigt, dass Kinder für ihre Taten noch nicht in vollem Unfang verantwortlich sind, da sie ihr eigenes erlerntes Verhalten noch nicht ausreichend reflektieren.

Darüber hinaus zeigen Untersuchungen, dass Täter- und Opferstatus oft eng zusammenhängen: Täter sind mehrheitlich auch Opfer, Opfer können auch Gewalt ausüben (Seyboth-Teßmer 2007, S. 13).

Neben Mobbern und Opfern gibt es bei der typischen schulischen Mobbing-Situation immer noch drei weitere Personen bzw. Personengruppen: die Mitläufer, den Rest der Lerngruppe sowie den Lehrer. Wie Abbildung 7 zu entnehmen ist, spiegelt sich in der zahlenmäßigen Zusammensetzung der Beteiligten das auf S. 26 beschriebene Kräfteungleichgewicht wider.

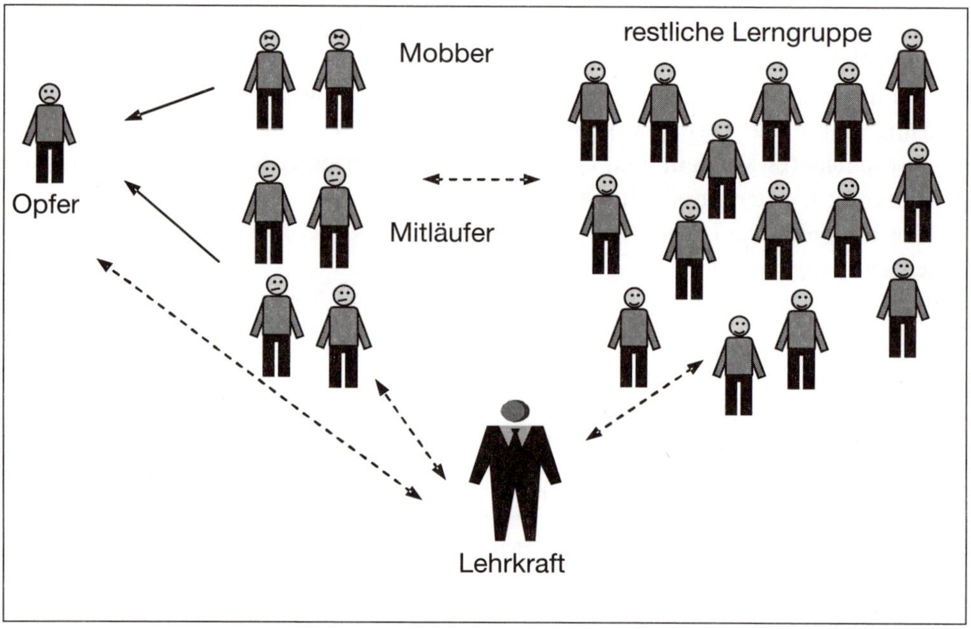

Abb. 7: Die typische Mobbing-Struktur in Lerngruppen und Möglichkeiten der gegenseitigen Beobachtung (gestrichelter Pfeil) bzw. Interaktion (durchgezogener Pfeil)

Diese vier Gruppierungen von Schülern lassen sich hinsichtlich ihres Verhaltens klar voneinander unterscheiden, wie Tabelle 2 darstellt.

Tab. 2: Die vier Gruppierungen einer typischen Mobbing-Situation

Gruppierung	Beschreibung
Opfer	Dies ist immer eine **Einzelperson**.
Täter/Mobber	Dies sind **maximal drei Personen**. Sie sind diejenigen, die die Mobbing-Attacken durchführen oder initiieren.
Mitläufer	Dies sind unterschiedlich viele, aber immer relativ **wenige Personen**. Sie beteiligen sich in wechselnder Zusammensetzung an den Attacken. In dieser Gruppe sind nicht selten ehemalige Mobbing-Opfer zu finden.
restliche Lerngruppe	Der **Großteil einer Lerngruppe** ist primär unbeteiligt. Vier Reaktionen sind in dieser Gruppe möglich: • Die Kinder oder Jugendlichen sind **fasziniert** von dem »Schauspiel«, das ihnen tagtäglich geboten wird. • Andererseits sind sie vielleicht auch **abgestoßen** und haben selbst Angst, Opfer zu werden. • Oft nehmen sie die Mobbing-Situation nicht richtig wahr oder **schätzen sie falsch ein** (»Ist ja alles nur Spaß!«). • In sehr seltenen Fällen versuchen sozial kompetente Mitschüler **einzugreifen**. Dies hat jedoch meist keinen Erfolg.

Die Tatsache, dass Mobber und Mitläufer im Verhältnis zur restlichen Lerngruppe deutlich in der Minderzahl sind, ist für eine konstruktive Anti-Mobbing-Arbeit entscheidend: Schafft der Lehrer es, die »gleichgültige Masse« zumindest zum Teil zu motivieren, gegen Gewalt in der Lerngruppe vorzugehen, ist der Erfolg der Intervention mit großer Sicherheit zu erwarten. Wie man dies konkret erreichen kann, wird in Teil 3 dieses Buches ausführlich beschrieben.

> Die **Reaktion der Lehrkräfte** ist entscheidend für die Verfestigung oder Auflösung einer Mobbing-Situation.

!

Erfolgt z.B. statt einer Intervention ein – häufig ungewolltes – Solidarisieren mit den Tätern oder sticheln die Lehrer selbst ab und zu »im Scherz« mit, so fühlen sich die Mobber in ihrem Verhalten bestärkt. Für den Rest der Klasse bedeutet das einen ungesunden Lerneffekt: »Wenn ich jemanden nur genug unter Druck setze, erreiche ich, was ich will.« Aber auch: »Als Opfer habe ich keine Hilfe vom Lehrer zu erwarten.« Die klare Hierarchie von Lehrern zu Schülern stellt also einen guten Nährboden für Mobbing dar (siehe S. 28).

Einen ähnlichen Effekt bewirkt die **Unterschätzung des Leidensdrucks** beim Opfer. Öffnet sich z.B. ein Schüler nach langem Ringen endlich seinem Klassenlehrer und tröstet dieser ihn mit wenig hilfreichen Sätzen, wie sie auf S. 26 beschrieben werden, so führt das zu einer Verfestigung der Mobbing-Situation. Allgemein wirken Verharmlosungen durch Lehrer oder Eltern oder sogar Schuldzuweisungen an die Opfer wie das Zuschlagen einer Tür: Sie spüren, dass sie mit ihrem Problem alleingelassen werden, dass kein ehrliches Mitgefühl mit ihrem Leid besteht.

Den Lehrern kommt somit eine **Schlüsselposition** in der Anti-Mobbing-Arbeit zu: Genauso wenig, wie das Opfer sich aus eigener Kraft befreien kann, kann der Rest der Lerngruppe von sich aus gegen die Mobbing-Situation vorgehen. Manche Autoren sprechen in diesem Zusammenhang von einer »Interventionspflicht« der Lehrkräfte (Zimmermann 1999, S. 2), wenn sie Gewalt oder Mobbing beobachten.

Da soziales Lernen bei Kindern und Jugendlichen zu einem erheblichen Teil über die Beobachtung der Reaktionen von Erwachsenen abläuft, bieten Lehrer bei konsequentem und verantwortungsvollem Auftreten ein **positives Verhaltensmodell.**

Wie schon auf S. 15 erwähnt, haben Täter ihr Verhalten über Jahre hinweg erlernt. Zeigt die Umwelt keine Konsequenzen auf ihr sozial unverträgliches Verhalten, ist ihr Lernen erfolgreich: Gewalttätige Verhaltensweisen sind für sie demnach bestens geeignet, um ein bestimmtes Ziel zu erreichen.

2.6 Wer sind die Täter?

Die Täter lassen sich hinsichtlich eines Merkmals relativ einfach identifizieren: Zum überwiegenden Teil sind es **Jungen**. Der Anteil männlicher Mobber nimmt mit zunehmendem Alter drastisch zu, wie Abbildung 8 zeigt. Vergleicht man die Zahlen mit denen aus Abbildung 6 (siehe S. 25), so zeigt sich ein bestürzendes Bild: Jungen sind nicht nur häufiger **Täter**, sondern auch häufiger **Opfer**.

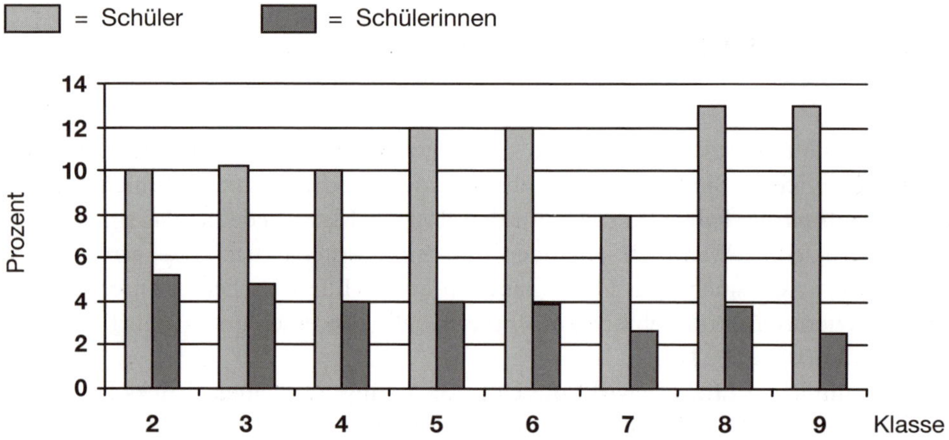

Abb. 8: Anteil der Schülerinnen und Schüler in unterschiedlichen Klassen, die angeben, andere schikaniert zu haben (nach www.schulpsychologie.de)

Das jeweilige Verhalten ist dabei überwiegend auf Personen des eigenen Geschlechts gerichtet, unabhängig von der Verteilung in der jeweiligen Klassenstufe: 80 Prozent der gemobbten Jungen werden von Jungen gemobbt.

In all diesen Zahlen spiegelt sich die allgemeine Beobachtung wieder, dass Jugendgewalt ein **männliches Phänomen** ist.

> Bei der Umsetzung gewaltpräventiver und -interventiver Maßnahmen an Schulen muss die **Geschlechtsspezifik** besonders beachtet werden. Vor allem Jungen gehören in den Fokus struktureller und methodischer Arbeit.

Bei den Mädchen sind 60 Prozent Opfer von anderen Mädchen. Auch diese Zahl zeigt eine Tendenz zur Geschlechtsspezifik hinsichtlich des Mobbing-Verhaltens.

Jungen und Mädchen unterscheiden sich nicht nur in der Häufigkeit der Übergriffe, sondern auch in der Art und Weise, wie sie Konflikte austragen. Jungen bevorzugen physische Lösungsstrategien, Mädchen führen Konflikte eher auf verbaler Ebene (siehe auch S. 18). Es verwundert daher wenig, dass vor allem Jungen das Schulklima häufiger als aggressiv oder gewalttätig empfinden.

Schaut man sich die Persönlichkeit der Täter genauer an, so entdeckt man viele Gemeinsamkeiten (siehe Abb. 9):

- Täter zeigen häufig ein sehr **impulsives** Verhalten. Sie besitzen folglich eine geringe Selbstkontrolle.
- Die **aggressive Durchsetzung** ihrer eigenen Ziele steht beim Miteinander mit anderen Schülern im Vordergrund. Die Ausübung von **Macht** wird dabei oft als lustvoll empfunden und ist das wichtigste Verhaltensmotiv.
- Mobber können potenzielle Schwächen beim Opfer leicht erkennen, zeigen jedoch **wenig Empathie** mit ihm. Sie haben hinsichtlich der Gefühlswelt ihres Gegenübers allgemein eine schlechte Wahrnehmung.
- Sie sind sich ihrer eigenen »**Stärke**« bewusst. Tatsächlich sind sie körperlich im Mittel kräftiger als der Durchschnitt (Olweus 2002, S. 65).
- Sie geben häufig an, dass sie das Opfer mit seinem Verhalten **provoziert** habe. Auf der anderen Seite werden nur 20 Prozent der Opfer auch von Mitschülern als provozierend wahrgenommen.
- Sie haben häufig ein geringes **Selbstwertgefühl** (ein Merkmal, das auch Opfer besitzen!).
- Ihr Repertoire an **Konfliktlösungsstrategien** ist eingeschränkt und unangemessen.
- Durch das Mobbing können Täter auch einen instrumentellen **Gewinn** haben (z.B. Geld, Sachgegenstände).
- In späteren Jahren haben sie eine deutlich **höhere Gefährdung** für sozialfeindliches, kriminelles Verhalten und Alkoholismus (siehe auch S. 19).

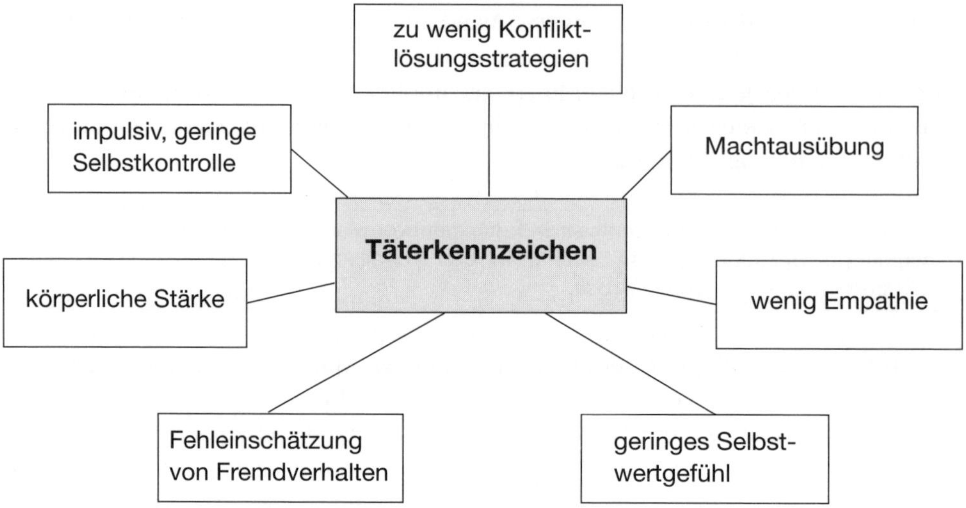

Abb. 9: Kennzeichen der Täterpersönlichkeit

Die typische Täterpersönlichkeit macht klar, dass gewaltpräventive und -interventive Arbeit an Schulen besonders auf die folgenden Punkte achten muss:

- Hilfen zur besseren **Selbstkontrolle** und zur Verhaltensänderung
- Übungen zur Stärkung der **Empathie**
- Aufzeigen alternativer **Konfliktlösungsstrategien**
- Steigerung des **Selbstwertgefühls** durch Erreichen positiver Ziele

Grundsätzlich gilt dabei: »Gewaltfreies Handeln ist eine Kunst, die erlernt werden muss« (Posselt 2007, S. 6). Alle Hilfen und Maßnahmen müssen daher über einen längeren Zeitraum konsequent umgesetzt werden.

Wie schon auf S. 30 erläutert, ist der **Begriff »Täter«** in vielen Fällen unpassend. Sowohl Täter als auch Opfer besitzen nicht selten ein mangelndes Selbstwertgefühl, es fehlt ihnen jedoch an sozialen Kompetenzen, um dieses Persönlichkeitsdefizit zu kompensieren. Aggression oder Rückzug sind die einzigen Verhaltensweisen, die diese Kinder als Konfliktlösungsstrategien entwickelt haben. Täter sind häufig auch Opfer, leider wirken sich ihre Verhaltensweisen jedoch negativ auf ihre Mitmenschen aus – im Gegensatz zu den »echten« Opfern.

Wenn Lehrer Methoden zur Selbstwertsteigerung umsetzen oder alternative Handlungsmuster bei Konflikten vorleben und einüben, erreichen sie damit also einen doppelten Nutzen: Sie stärken sowohl Täter bzw. Mobber als auch Opfer.

Als **Ursachen** für das beschriebene Täterverhalten konnten folgende Faktoren ermittelt werden (siehe Abb. 10):

- Im **Elternhaus** fehlt es an liebevoller Wärme und an Anteilnahme am Leben des Kindes.
- Zur fehlenden Zuneigung kommen **machtbetonte Erziehungsmethoden** sowie **körperliche Gewalt** durch die Eltern hinzu. Häufig geben Täter diese familiäre Unterdrückung an das Opfer weiter.
- Auch die Beobachtung von **Gewalt zwischen den Eltern** erhöht die Gewaltbereitschaft bei Kindern. Dieser Faktor kommt in Bevölkerungsgruppen mit Migrationshintergrund häufiger vor als in deutschstämmigen Familien.
- Ein Mangel an Grenzziehung durch die Eltern kann ebenfalls die beschriebenen Verhaltensweisen fördern (»**übertolerantes**« **Verhalten**). Hierzu zählen auch Fehlinterpretationen von eindeutig gewalttätigem Verhalten (z.B. »Jungs müssen auch mal austeilen dürfen«).
- **Aggressive Vorbilder** können Ursache sein, wenn sie positiv bewertet werden (daher die Bedeutung des Lehrerverhaltens für das Vorbildlernen, siehe S. 16). Dies kann als »soziale Ansteckung« zum passiven Gewalttäter bzw. Mitläufer führen.
- Gewalttätige Medien bewirken erwiesenermaßen **vermindertes Mitleid** mit dem Opfer, sind als Auslöser jedoch nicht eindeutig zu benennen (siehe auch S. 20).

Entgegen weitverbreiteten Vorurteilen sind die folgenden Faktoren **keine Ursachen** für die Entwicklung von Mobbing-Tätern:
- Die **sozioökonomischen Bedingungen** (Einkommen) spielen keine Rolle – Täter kommen sowohl aus ärmsten Familien als auch aus reichem Elternhaus.
- Die **Dauer der elterlichen Erziehung** ist ebenfalls unerheblich. Entscheidend ist vielmehr das Maß der Zuwendung.
- Auch der **Wohnstandard** hat keinen Einfluss – plakativ gesagt kommen Täter ebenso häufig aus Villenvierteln wie aus Plattenbauten.

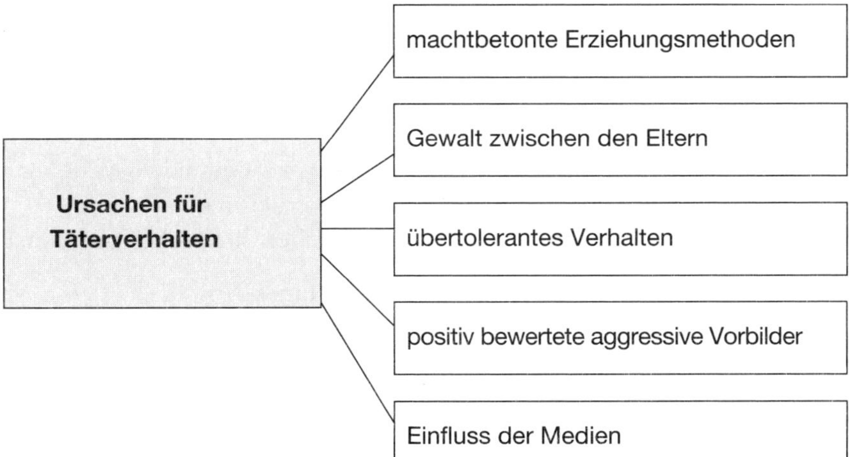

Abb. 10: Ursachen für die Entwicklung von Täterverhalten

Für die Arbeit mit Tätern an Schulen ergeben sich aus dem Gesagten folgende Schlussfolgerungen:

- Wer klare **Grenzen setzt** und auf Grenzverletzungen angemessen reagiert, schafft ein Gegengewicht zum Persönlichkeitsdefizit.
- Bei Konfliktlösungen sollte eine auf Macht beruhende **Gewaltausübung unterlassen** werden. Solche Verhaltensweisen setzen den elterlichen Erziehungsstil fort und sind weitgehend wirkungslos.
- Auch wenn Grenzen im Notfall mit größerer Deutlichkeit verdeutlicht werden müssen, sind **persönliche Verletzungen** zu vermeiden.

Nicht jedes Kind, das den beschriebenen Faktoren ausgesetzt wird, entwickelt zwangsläufig gewalttätiges Verhalten. Es besitzt jedoch ein höheres Risiko dafür als andere Kinder. In eingeschränktem Maße gilt dies auch für die beschriebenen Persönlichkeitsmerkmale der Täter. Mangelndes Selbstwertgefühl und körperliche Stärke zusammengenommen führen beispielsweise nicht zwangsläufig zur Entwicklung von gewalttätigem Verhalten.

Dieser Hinweis ist wichtig, um als Lehrer aus den eingeschliffenen Verhaltensmustern ausbrechen und die Persönlichkeit von Kindern und Jugendlichen weniger voreingenommen beurteilen zu können.

2.7 Wer sind die Opfer?

Bei den Opfern lassen sich zwei Typen unterscheiden, der passive und der provozierende Opfertyp.

Passive Opfer sind die weitaus häufigsten und zeichnen sich vor allem durch folgende Merkmale aus:

- Sie sind **körperlich** eher schwächer als der Durchschnitt.
- Sie sind von ihrer **Persönlichkeit** her eher ängstlich, unsicher, tendenziell sensibler und vorsichtig.
- In der Klasse sind sie oft **still.**
- Sie reagieren auf **Angriffe** eher mit Weinen und Rückzug, sie wehren sich nicht.
- Sie kommen manchmal aus **überbehütenden** Familienstrukturen.
- Sie haben oft ein schwaches **Selbstwertgefühl** und geben sich daher manchmal selbst die Schuld an der Situation.

Provozierende Opfer hingegen sind insgesamt auffälliger als der Durchschnitt und bieten damit eine Angriffsfläche für potenzielle Täter. Typisch für sie sind unter anderem folgende Merkmale:

- Sie sind **ängstlich *und* aggressiv**.
- Sie haben Konzentrationsprobleme und wirken **hyperaktiv**.
- Sie sind **leicht reizbar**.

- Sie spielen sich häufiger in den **Vordergrund**.
- Sie werden von einem Großteil der Klasse **abgelehnt**.

Obwohl es bestimmte Persönlichkeitsmerkmale für Opfer gibt, heißt dies nicht, dass jeder Schüler mit diesen Merkmalen automatisch Opfer wird. Genau wie bei den Tätern führen sie nur zu einem erhöhten Risiko. Äußerlichkeiten als Auslöser für Mobbing sind nämlich individuell sehr verschieden – das Vorurteil »Opfer weichen äußerlich ab« ist sozusagen eine sich selbst erfüllende Prophezeiung: Jeder Mensch besitzt in irgendeiner Form einzigartige Merkmale. Ob ein Schüler also eine bestimmte Kleidung trägt, dick oder dünn ist, eine Zahnspange trägt, besonders kurze oder besonders lange Haare hat – all diese Äußerlichkeiten erhöhen in keiner Weise das Risiko, Mobbing-Opfer zu werden! Damit ergeben sich zwei wichtige Erkenntnisse für die Wahrnehmung von gemobbten Schülern:

- Opfer haben grundsätzlich **keine Schuld** an ihrer Rolle!
- Opfer kann im Prinzip **jeder** werden.

Untersuchungen haben gezeigt, dass die Tatsache, ob ein Schüler in seiner Schullaufbahn Opfer bleibt, wesentlich davon abhängig ist, wie **früh interveniert** wird. Je früher die Lehrkräfte eingreifen, desto eher wird das Opferverhalten abgelegt. Bleibt ein Schüler jedoch lange Zeit Opfer, besitzt er eine höhere Gefährdung, auch im Erwachsenenleben wieder in dieser Rolle zu landen.

2.8 Wer sind die wichtigsten Ansprechpartner bei Schüler-Mobbing?

Ein Defizit bei Lehrern hinsichtlich des Umgangs mit Gewalt ist nicht verwunderlich, nur das Ausmaß dieses Defizits. Wie schon im Vorwort erwähnt, spielt das Thema Gewalt eine untergeordnete Rolle in der auf Methodik und Didaktik ausgerichteten Lehrerausbildung. Wie sollen Lehrer also angemessene Handlungsstrategien entwickeln? Selbst Fortbildungen zu dem Thema sind dünn gesät.

Schüler spüren dies, was möglicherweise mit eine Ursache dafür ist, dass sie sich bei Problemen mit Gewalt eher selten an Lehrer wenden. Auch hierbei gibt es aber eine klare Abstufung hinsichtlich der Altersstufe: Für Schüler der Grundschulen sind Lehrer sehr wichtige Vertrauenspersonen, mit zunehmendem Alter nimmt diese Bedeutung an weiterführenden Schulen ab.

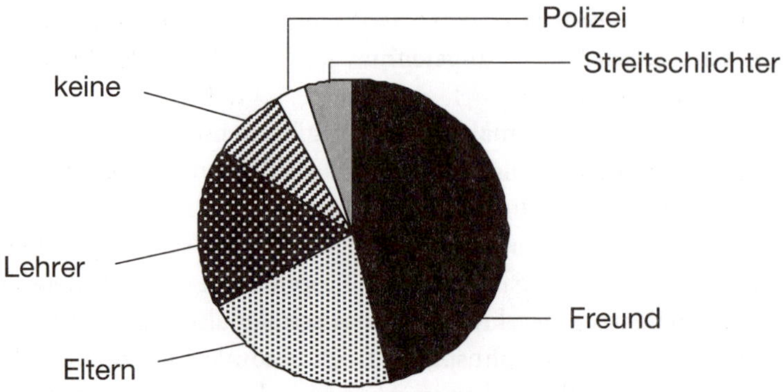

Abb. 11: Ansprechpartner bei Problemen mit Gewalt an Schulen (nach Klett 2005, S. 89)

Wie Abbildung 11 zeigt, sind die wichtigsten Ansprechpartner bei Mobbing-Problemen meist die Freunde. Der Kontakt mit dem Opfer kommt daher häufig über besorgte Mitschüler zustande. Dies zeigt, wie wichtig die Peergroup für die Lösung von Konflikten ist.

> Das Miteinbeziehen von **Klassenmitgliedern** ist für die Lösung von Gewaltproblemen von nicht zu unterschätzender Bedeutung.

Für die Lösung von Mobbing-Problemen spielen **Streitschlichter** hingegen eine untergeordnete Rolle. Dies verwundert aus sachlicher Sicht kaum: Bei Mobbing liegt keine klassische Konfliktsituation mit zwei aktiv beteiligten Parteien vor. Vielmehr hat das Mobbing-Opfer weder einen Streit gesucht noch etwas dafür getan, dass ein solcher weitergeführt wird. Streitschlichtung ist daher ein ungeeignetes Instrument, um gegen Mobbing vorzugehen. Erst bei einem anstehenden Täter-Opfer-Ausgleich nach Beendigung der Mobbing-Situation können Streitschlichter sinnvolle Arbeit leisten.

3. Cyber-Mobbing[4]

3.1 Kennzeichen

Cyber-Mobbing ist eine spezielle Form der Schikane, die in den letzten Jahren stark zugenommen hat. Trotz vieler Gemeinsamkeiten mit »normalem« Mobbing gibt es einige bedeutsame Unterschiede, die es rechtfertigen, dieser Gewaltform ein eigenes

4 Text überarbeitet aus klicksafe 2008. Wir danken der Initiative www.klicksafe.de für die freundliche Abdruckgenehmigung.

Kapitel zu widmen. Wie ernst dieses Thema auch in Fachkreises genommen wird, zeigt eine Initiative der Europäischen Union, nach der im Rahmen des »**Safer Internet Program**« geplant ist, Cyber-Mobbing einheitlich unter **Strafe** zu stellen.

> Unter **Cyber-Mobbing** versteht man das absichtliche Beleidigen, Bedrohen, Bloßstellen oder Belästigen anderer mithilfe moderner Kommunikationsmittel.

Cyber-Mobbing findet entweder im **Internet** (z.B. durch E-Mails, Instant Messenger wie beispielsweise ICQ, in sozialen Netzwerken, durch Videos auf Portalen) oder per **Handy** (z.B. durch SMS oder lästige Anrufe) statt. Dass Cyber-Mobbing zu einem zunehmenden Problem nicht nur im Kontext Schule wird, ist eigentlich nicht verwunderlich. Jugendliches Leben findet zunehmend interaktiv statt: Freundschaften, ja sogar Beziehungen werden heute ganz selbstverständlich im Netz und per Handy gepflegt und gelebt, Kontaktaufnahme und Kontaktpflege online sind mitunter die häufigsten Online-Tätigkeiten. Profilmanagement, Selbstinszenierung und der bloße Aufenthalt (»das Abhängen«) in den verschiedenen sozialen Netzwerken (beispielsweise schülerVZ, »wer-kennt-wen«, »die lokalisten«) nehmen einen Großteil der Zeit junger Menschen ein. Sozial unerwünschtes Verhalten wie gezieltes Ausgrenzen, Bloßstellen und Diskreditieren anderer findet, wie andere Ereignisse des Lebens auch, zunehmend im Netz statt.

Tabelle 3 zeigt Möglichkeiten, wie **neue Technologien** heutzutage sinnvoll genutzt, jedoch auch, wie sie bei Cyber-Mobbing missbraucht werden können.

Cyber-Mobbing ist keinesfalls ein Problem, welches sich auf das Privatleben beschränkt. Immer häufiger wird auch die Schule zum Schauplatz von Cyber-Mobbing; sowohl Lehrer als auch Schüler werden öffentlich an den Pranger gestellt. Gerade Portale wie »spickmich«, in dem Schüler »den Spieß umdrehen« und ihre Lehrer benoten, zeigen auf, wie leicht auch Lehrer öffentlich – ob nun positiv oder negativ – dargestellt werden können. Der Großteil der Mobbing-Opfer sind jedoch Schüler, Mobbing findet bevorzugt zwischen Gleichaltrigen statt (vgl. S. 13).

Als Folge des missbräuchlichen Umgangs mit den neuen Technologien ist insgesamt eine deutliche Mobilisierung innerhalb der Gesellschaft festzustellen. Das Ausmaß an Cyber-Mobbing bei Schülern wird offenbar nicht mehr unterschätzt.

Tab. 3: Sinnvolle Möglichkeiten neuer Technologien und Beispiele für ihren Missbrauch

Technologie	Sinnvolle Eigenschaften	Möglicher Missbrauch
Handys	• Kommunikation durch Text und Bild • Multimediaanwendungen • Internetnutzung	• anonyme Anrufe, gemeine Nachrichten verschicken (z. B. Drohungen, Beleidigungen) • demütigende Bilder oder Videos aufnehmen, herumschicken oder im Internet veröffentlichen
Instant Messenger (IM)	• mit Freunden chatten • schnelle Möglichkeit, in Kontakt zu bleiben	• gemeine Nachrichten, Bilder oder Videos verschicken • einen anderen Account benutzen, um fiese Nachrichten an die Kontaktliste zu verschicken
Chatrooms	• weltweite und zeitgleiche Kommunikation über gemeinsame Interessen • eine gute Möglichkeit für Bekanntschaften	• gemeine oder drohende anonyme Nachrichten verschicken • bestimmte Personen absichtlich ignorieren • Erschleichen persönlicher Daten (mögliche Folgen: Erpressung, Verleumdung)
E-Mail	• elektronische Briefe, Bilder, Dateien schnell und günstig in der ganzen Welt verschicken	• gemeine oder bedrohliche Nachrichten verschicken • unpassende Inhalte (inkl. Videos, Bilder oder auch Computer-Viren) verschicken • auf andere Accounts zugreifen, z. B. um persönliche E-Mails weiterzuleiten oder E-Mails zu löschen
Webcams	• Bilder und Videobotschaften von sich aufnehmen • andere über den Bildschirm sehen und mit ihnen reden	• unangebrachte Inhalte aufnehmen und verschicken • junge Leute zu unangemessenem Handeln überreden oder zwingen
Soziale Netzwerke	• mit Freunden in Kontakt treten, neue Freunde finden und treffen • im Internet kreativ sein (z. B. Musik veröffentlichen) • persönliche Profile und Homepages erstellen	• gemeine Kommentare zu Bildern oder auf die Pinnwand schreiben • fiese Bilder oder Videos veröffentlichen • auf einen anderen Account zugreifen und damit Unsinn anstellen (z. B. Nachrichten schreiben, Informationen löschen oder hinzufügen) • absichtlich gegründete Hassgruppen, die sich gegen eine Person richten • »Fake-Profile« erstellen und vorgeben, eine bestimmte Person zu sein, z. B. um jemanden zu schikanieren oder die Person zu demütigen
Video-Portale	• interessante, unterhaltende und künstlerische Videos abrufen oder eigene hochladen	• beschämende, demütigende Videos über eine Person veröffentlichen • private Aufnahmen online stellen, um jemanden in der Öffentlichkeit zu blamieren
Virtuelle Lern-umgebungen	• Förderung des selbstständigen Lernens • Bereitstellung von Unterrichtsmaterialien	• unangebrachte Nachrichten einstellen
Gaming-Seiten, virtuelle Welten (z.B. World of Warcraft)	• live und weltweit mit Spielern kommunizieren • virtuelle Welten machen es einem Nutzer möglich, eine Figur zu erstellen, die ihn in der virtuellen Welt repräsentiert (sog. Avatar)	• erfahrene Spieler suchen sich schwache, noch unerfahrene Spieler aus, deren Charaktere sie wiederholt töten • gezieltes Ausschließen einzelner Spieler aus Gruppenaktivitäten und Ereignissen

3.2 Besonderheiten

Cyber-Mobbing unterscheidet sich in einigen Punkten vom »einfachen« Mobbing:[5]

- Cyber-Mobbing endet nicht nach der Schule, die Schikanen können **zu jeder Zeit** und damit auch im **Privatleben** stattfinden. Die eigenen vier Wände schützen also nicht vor Mobbing-Attacken, es sei denn, man nutzt keine Neuen Medien.
- Über Nachrichten oder Bilder, die elektronisch herumgeschickt werden und dann online sind, gibt es praktisch **keine Kontrolle** mehr, sie verbreiten sich daher extrem schnell. Filme können beispielsweise ganz einfach von einem Internetportal in ein anderes kopiert werden. Deswegen sind Ausmaß und Spielraum von Cyber-Mobbing viel größer als beim »einfachen« Mobbing. Inhalte, die man schon längst vergessen hat, können **immer wieder** an die Öffentlichkeit gelangen und es Opfern schwer machen, darüber hinwegzukommen.
- Nicht zu wissen, wer der andere ist, kann einem Opfer Angst machen und es verunsichern, weil es nicht weiß, wer es belästigt. Der »Cyber-Täter« zeigt sich seinem Opfer nicht direkt, sondern kann aus der **Anonymität** agieren, was ihm eine wenn auch vielleicht trügerische Sicherheit und oftmals eine zähe Ausdauer verleiht.
- Cyber-Mobbing kann sowohl zwischen **Gleichaltrigen** (z.B. Freunden und Mitschülern) als auch zwischen **unterschiedlichen Generationen** (z.B. Schüler und Lehrer) stattfinden. Alter oder Aussehen spielen dabei keine Rolle, da der Täter sich eine eigene Identität aufbauen kann, die in Wirklichkeit nicht selten ganz anders aussieht.
- Es kann passieren, dass man jemanden **unbeabsichtigt** verletzt, wenn man nicht über die Konsequenzen nachdenkt oder einem nicht wirklich bewusst ist, was z.B. ein übler Scherz oder Witz für einen anderen bedeutet. Da die Reaktionen der Opfer für den Täter nicht sichtbar sind, ist ihm das Ausmaß verletzender Worte oder Bilder häufig nicht klar.

3.3 Ausmaß der Problematik in Deutschland[6]

Das Zentrum für empirische pädagogische Forschung der Universität Koblenz-Landau (zepf) hat in einer Online-Befragung aus dem Jahr 2007 herausgefunden, dass 19,9 Prozent der befragten Schülerinnen und Schüler (1.–13. Klasse) bereits von Cyber-Mobbing betroffen waren bzw. sind (Jäger et al. 2007). Aufgrund rasant steigender Nutzungszahlen kann davon ausgegangen werden, dass der Prozentanteil inzwischen noch höher liegt. **Hauptmedium** hierbei ist das Instant Messaging (IM) – etwa über ICQ (Abb. 12).

5 Crown Copyright. Mit freundlicher Genehmigung von Childnet International.

6 Alle Grafiken nach Jäger et al. 2007.

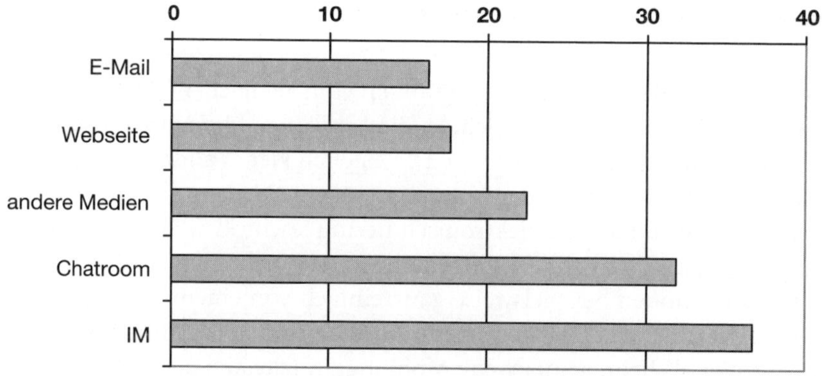

Abb. 12: Anteil verschiedener Medien bei Cyber-Mobbing (Angaben in Prozent)

Als Hauptverursacher werden genau wie bei »einfachem« Mobbing **Mitschüler** angegeben (vgl. Abb. 13). Dies zeigt, wie wichtig auch für diese Form des Mobbings das Miteinander in der Schule und die Reaktionen der Lehrkräfte bei Kenntnis des Problems sind.

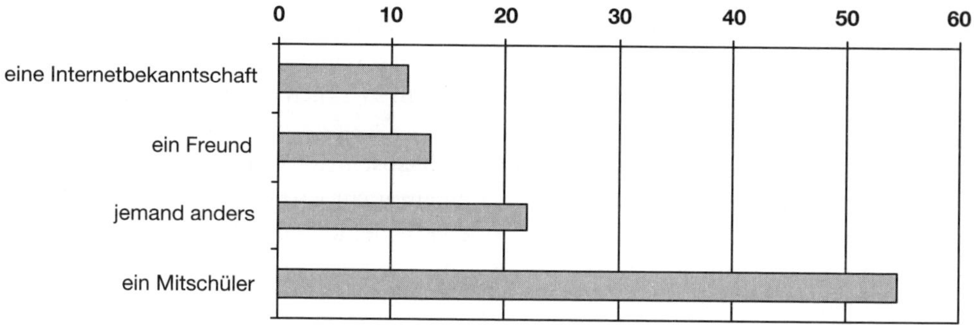

Abb. 13: Personengruppen, die als Täter bei Cyber-Mobbing auftreten (Angaben in Prozent)

Meistens werden Beleidigungen und Gerüchte über das Opfer verbreitet (vgl. Abb. 14). Damit wird der Anteil **verbalen Mobbings** relativ zu anderen Mobbing-Formen erhöht, was mit Sicherheit auch Einfluss auf die Ergebnisse weiterer Studien oder Umfragen zum Thema Mobbing haben wird.

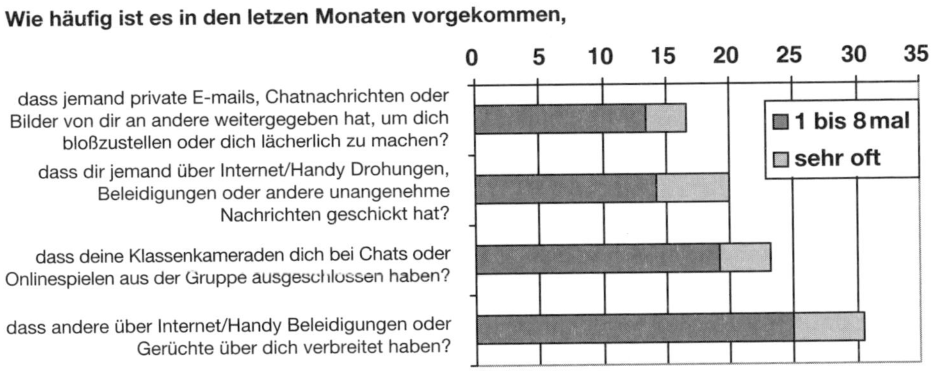

Abb. 14: Häufigkeit verschiedener Formen des Cyber-Mobbings (Angaben in Prozent)

Hinsichtlich der **Klassenstufe** steigt das Cyber-Mobbing an, bei Schülerinnen und Schülern der 8. bis 13. Klasse ist diese Art von Mobbing folglich am weitesten verbreitet (vgl. Abb. 15). Damit verläuft bei dieser Mobbingform der Trend entgegengesetzt den Zahlenwerten bei »einfachem« Mobbing.

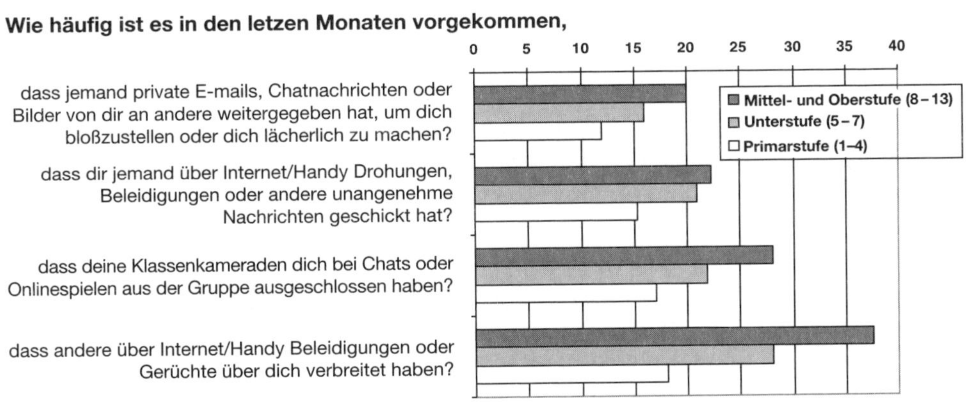

Abb. 15: Häufigkeit von Cyber-Mobbing in verschiedenen Klassenstufen (Angaben in Prozent)

1. Grundlagen der Gewaltprävention und -intervention

1.1 Vorüberlegungen

In einer Studie der Vereinten Nationen wird verlangt: »Schulen müssen sichere, kinderfreundliche Orte sein: Alle Kinder haben ein Recht auf eine gewaltfreie Erziehung« (UN 2006, S. 25). Dass dieser Forderung an Schulen oft nicht nachgekommen werden kann, liegt am fehlenden Kenntnisstand vieler Kollegien. Wie die in Teil 1 formulierten Forderungen und Erkenntnisse verdeutlicht haben, müssen besonders die folgenden Aspekte bei der Planung und Durchführung von gewaltpräventiver und -interventiver Arbeit berücksichtigt werden (siehe Abb. 16):

- Das realistische Ziel sollte **Gewaltverminderung statt Gewaltverhinderung** sein.
- Da Mobbing die häufigste Gewaltform ist, sollte vor allem **Anti-Mobbing-Arbeit** an den Schulen betrieben werden.
- Um eine größtmögliche Effizienz der Maßnahmen zu erreichen, muss Gewaltprävention vor allem die **unteren Klassen** betreffen. Sowohl Täter als auch Opfer können so frühzeitig sozialverträglichere und sozial erfolgreichere Verhaltensweisen erlernen. Als Folge hiervon verkleinert sich automatisch **die Gewaltpyramide** (siehe S. 21), Gewalt bei Jugendlichen nimmt also zahlenmäßig ab.
- Im Fokus müssen die **häufigeren Gewaltformen** stehen, da somit der Lerneffekt in die falsche Richtung unterbunden oder zumindest erschwert wird.
- Schulen müssen einheitliche und klare **Regeln** entwickeln und ihre **Einhaltung** konsequent überwachen. Bei **Regelverstößen** muss zeitnah nach einem hierarchisch geordneten Folgenkatalog sanktioniert werden.
- Lehrer sind der Dreh- und Angelpunkt der gewaltpräventiven und -interventiven Arbeit, sie sind wichtige **Rollenvorbilder** für Kinder und sollten sich dieser Funktion bewusst sein. Ihre Reaktionen sind mitentscheidend für die Verfestigung oder Auflösung einer Mobbing-Situation.
- Gleichzeitig ist aber auch das Miteinbeziehen von **Klassenmitgliedern** für die Lösung von Gewaltproblemen von großer Bedeutung, auch im Hinblick auf die Erweiterung der sozialen Kompetenzen aller Schüler in einer Lerngruppe.
- In Lerngruppen hat der **Opferschutz** Vorrang vor allen anderen Maßnahmen, er muss in allen Bereichen innerhalb der Schule gewährleistet sein.
- Bei Mobbing gibt es **geschlechtsspezifische Unterschiede**, die berücksichtigt werden müssen. Bei gewaltpräventiver Arbeit gehören vor allem Jungen in den Fokus.
- Bei der **Intervention** sollte der Grundsatz »Helfen statt strafen« gelten; machtbetonte, restriktive Reaktionen sind angesichts der Defizite der Täterpersönlichkeit zu vermeiden. Erfolgreich umgesetzte Vereinbarungen müssen beispielsweise belohnt werden – Respekt ist keine Einbahnstraße.

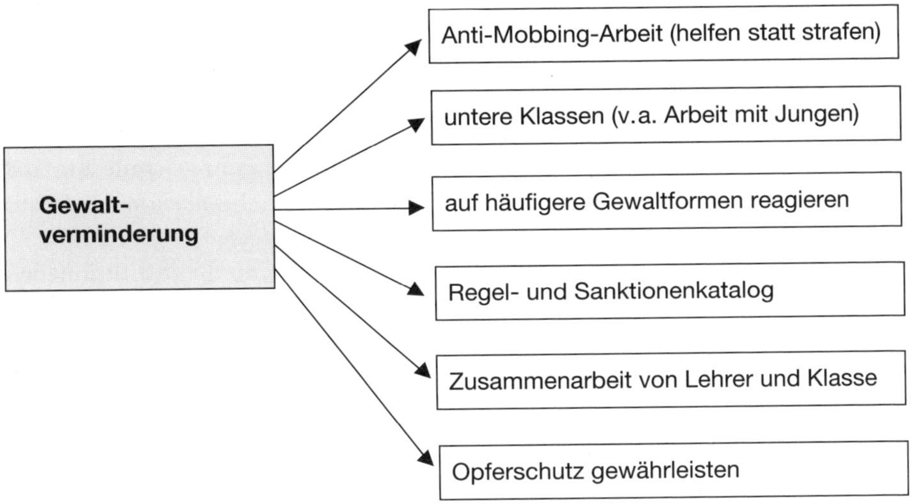

Abb. 16: Voraussetzungen zur Gewaltverminderung an Schulen

Aus diesen Aussagen wird klar, dass der Erfolg von Gewaltprävention und -intervention nur bei ausreichend hohem **Einsatz der Lehrkräfte** möglich ist. Angesichts der großen Belastungen im Lehrberuf scheint eine solche Forderung hoch gegriffen. Es ist jedoch zu bedenken, dass diese Arbeit langfristig einen positiven Effekt für das Arbeitsumfeld hat und sie damit zu einer Stressminderung in der beruflichen Situation führt. Ein solches Ziel sollte viele Lehrer dazu motivieren, sich professionell zu engagieren. Hier einige Beispiele für mögliche positive Auswirkungen:

- Die **Lehrer-Schüler-Beziehung** wird verbessert. Beide Personengruppen begegnen sich entspannter und mit mehr Respekt, die eingefahrenen Verhaltensmuster stehen nicht mehr störend im Weg.
- Dadurch ergeben sich eine gelöstere Unterrichtsatmosphäre und ein besseres Lernklima. In einer gewaltarmen Schule werden bei gleichem Lehrereinsatz **bessere schulische Leistungen** erzielt (Klett 2005, S. 8).
- Stress, Langeweile und Frust als wichtige **Faktoren zur Entstehung von Mobbing** entfallen (siehe S. 29).
- Für Störungen gibt es ein **festes Regelwerk**, das auch dem Lehrer Halt und Sicherheit für seine Reaktionen gibt.
- Das soziale **Gefährdungsrisiko** von Tätern wird vermindert.
- Das **Mobbing-Risiko** bei Opfern wird vermindert.

Wie in vielen Bereichen der Schule gilt aber auch hier der Grundsatz: »Patentlösungen gibt es nicht, sonst hätte man sie schon erfunden« (Kilb/Weidner/Gall 2006, S. 165). In Abhängigkeit vom Schulstandort und/oder der Schulform können gewaltpräventive Maßnahmen erfolgreich sein oder nicht (siehe auch S. 17). Die Auswahl geeigneter Instrumente zur Gewaltverminderung an der eigenen Schule ist daher eine wichtige Aufgabe von Lehrern, Schülern und Eltern. Ob Gewaltprävention bzw. Anti-Mobbing-Arbeit erfolgreich ist, hängt noch von einigen anderen Faktoren ab. An dieser Stelle **fünf Tipps**, wie man typische Fehler zu Beginn der Maßnahmen vermeiden kann (siehe Abb. 17):

- Untersuchungen haben gezeigt, dass ein Konzept, das die **ganze Schule** umfasst und **langfristig** angelegt ist, mehr Erfolg hat als eine reine »Insellösung«, z.B. auf Klassenebene (Karstedt 2000, S. 8).
- Mobbing kann dauerhaft nur dann vermindert werden, wenn die institutionellen Voraussetzungen **für alle verbindlich** sind und Lehrer, Schüler und, wo sinnvoll, auch Eltern gemeinsam am Erreichen dieses Ziels arbeiten.
- Man sollte mit **einfachen Maßnahmen** beginnen – ein großer Plan, der scheitert, dient niemandem.
- Bei der Planung muss darauf geachtet werden, den **Arbeitsaufwand vertretbar** zu halten. Frustration überträgt sich nur allzu schnell auf andere Beteiligte, was zum Scheitern des Konzeptes führt. Entlastend wirkt das Einbeziehen von Schülern und Eltern (z.B. bei der Planung und Durchführung einer Schülerbefragung zum Thema »Mobbing« an der Schule, siehe S. 62).
- Die Umsetzung der hier vorgestellten Konzepte ist kein Allheilmittel, und sie befähigt Lehrer auch nicht dazu, alle Gewaltprobleme an ihrer Schule zu lösen. In schwierigen Fällen sollte immer darauf geachtet werden, rechtzeitig **Hilfe von außen** einzuholen (Polizei, Jugendamt, Sozialarbeiter, Jugendhilfeträger). Eine Entscheidungshilfe, wann es »zu viel« wird oder wann strafrechtliche Maßnahmen unbedingt erforderlich sind, ist auf S. 49f. zu finden. Zusätzlich findet sich in Teil 5 dieses Buches (S. 158f.) eine Sammlung wichtiger Gesetzestexte zum Thema Gewalt bzw. Mobbing. In außergewöhnlichen Fällen sollten auch Schulen nicht davor zurückschrecken, den gerichtlichen Weg einzuschlagen.

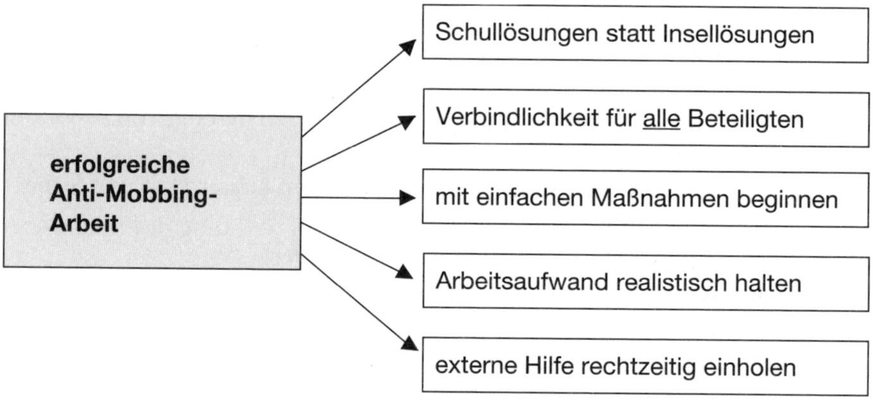

Abb. 17: Merkmale erfolgreicher Anti-Mobbing-Arbeit

1.2 Handlungsebenen, Arbeitsgrundlagen und Ziele

Gewaltprävention bzw. Anti-Mobbing-Arbeit kann auf verschiedenen **Handlungsebenen** stattfinden, wobei eine Reihe Grundlagen in der praktischen Arbeit zu beachten ist. Je nach Situation können dadurch verschiedene **Ziele** erreicht werden. Im Folgenden sollen die Aspekte, die für die Planung und Umsetzung von Konzepten entscheidend sind, näher dargestellt werden.

An Schulen gibt es drei klar voneinander abgegrenzte Ebenen für die Gewaltprävention und -intervention:

- Auf **Schulebene** werden alle Beteiligten miteinbezogen (Lehrer, Schüler und Eltern). Maßnahmen in diesem Bereich haben eine besonders große Wirksamkeit, erfordern jedoch die Zusammenarbeit aller Kollegen der Schule über einen längeren Zeitraum hinweg.
- Auf **Klassenebene** arbeiten die Fachlehrer und/oder Klassenlehrer mit den Schülern einer Lerngruppe. Die Eltern werden dort, wo es sinnvoll ist, eingebunden. Prinzipiell unterscheidet sich die Arbeit auf Klassenebene nur wenig von der auf Schulebene.
- Auf **individueller Ebene** arbeitet ein verantwortlicher und/oder ein beratender Lehrer mit einzelnen Mobbing-Opfern und -Tätern sowie im Einzelfall auch mit deren Eltern. Auf dieser Ebene sind die Anforderungen an die Kompetenzen der Lehrer im Bereich der Gesprächsführung, der Gruppenleitung und der Lösungsstrategien besonders hoch. Auf der anderen Seite gibt es für diesen Bereich eine Vielzahl erprobter Handlungsstrategien mit guter Erfolgsquote.

Wenn in Schulen auf diesen drei Ebenen gleichzeitig gearbeitet wird, können dadurch **vier wesentliche Ziele** erreicht werden (verändert nach Paulus 2007, S. 33):

- eine Verbesserung des **Schulklimas** auf psychosozialer Ebene (z. B. durch Vereinbarungen zum Umgang miteinander oder durch Umgestaltung des Gebäudes und der Außenanlagen);
- die Entwicklung der **Lebenskompetenzen** der Schüler (z. B. durch Förderung der Empathie oder durch Umsetzung von Zivilcourage);
- Hilfen für die **Mobbing-Täter** (z. B. durch Sanktionierung von problematischen Verhaltensweisen oder durch Förderung konstruktiven Verhaltens);
- Hilfen für die **Mobbing-Opfer** (z. B. durch Übungen zur Stärkung des Selbstwertgefühls oder durch Umsetzung des Opferschutzes).

Die im weiteren Verlauf vorgestellten Konzepte zur Gewaltintervention an Schulen können prinzipiell auf jeder der drei Ebenen Anwendung finden.

In Teil 3 dieses Buches werden Methoden und Maßnahmen im Bereich der Prävention und Intervention beschrieben, die auf allen drei Ebenen Anwendung finden können. Konkrete Konzepte für die Intervention findet der Leser in Teil 4.

Methoden und Konzepte müssen ineinandergreifen. Wer an seiner Schule den Schwerpunkt nur auf Intervention legt, wird das sprichwörtliche Feuer zwar immer wieder löschen. Auf Dauer ist es jedoch sinnvoller, die Brandursache zu bekämpfen. Andererseits kann man eine solche Prävention nur effektiv betreiben, wenn es für den Fall von Übergriffen konkrete Handlungsanleitungen gibt. Prävention und Intervention dürfen bei der Anti-Mobbing-Arbeit daher nie voneinander getrennt werden.

Wie ein Mehrebenen-Konzept in der konkreten Situation einer Schule umgesetzt wird, hängt von der Entscheidung der Schulgremien ab. Im Hinblick auf größtmöglichen Erfolg ist es empfehlenswert, zuerst mit kleinen Bausteinen zu beginnen und nach erfolgter Evaluation Änderungen durchzuführen.

Für welches der vorgestellten Konzepte sich ein Kollegium auch entscheidet, es müssen drei grundlegende Faktoren bei der **Umsetzung** beachtet werden:

- Alle ausgewählten Maßnahmen sollten in ihrer Wirkung **evaluiert** werden (z.B. durch einen Schüler-Befragungsbogen oder durch Zählen der Klassenbucheintragungen etc.). Nur durch Evaluation ist sichergestellt, dass geeignete Maßnahmen beibehalten und ungeeignete ausgetauscht werden.
- Alle Maßnahmen müssen **dokumentiert** werden (z.B. in Gesprächsprotokollen). Für eine solche Dokumentation gibt es vier wichtige Gründe:
  - Bei vielen gleichzeitig zu bearbeitenden Mobbing-Fällen können die beratenden Lehrer leichter den **Überblick** behalten.
  - Schüler, die als Opfer oder Täter **häufiger auffallen**, können so schneller erkannt und geeignete Maßnahmen zeitnah umgesetzt werden. Gegebenenfalls können zudem externe Fachkräfte frühzeitig herangezogen werden.
  - Die Gesprächsprotokolle sind eine wichtige **Gesprächsgrundlage** für Elterngespräche, vor allem bei »schwierigen« Eltern.
  - Die Dokumentation ist auch eine **rechtliche Absicherung** des beratenden Lehrers für den Fall, dass ein Übergriff erhebliche Folgen haben sollte oder ein Schüler extreme Verhaltensweisen an den Tag legt (im schlimmsten Fall z.B. einen Amoklauf). Die Schule kann dann nachweisen, dass sie alle aus ihrer Sicht erforderlichen Schritte eingeleitet hat (z.B. rechtzeitige Kontaktaufnahme mit externen Hilfestellen, Informationen an die Eltern).
- Alle am Prozess beteiligten Gruppen (Lehrer, Schüler, Eltern) müssen über die sie betreffenden Maßnahmen rechtzeitig und vollständig **informiert** werden. Die dadurch ersichtlichen Grenzen geben Sicherheit. Auf diese Weise ist auch gewährleistet, dass eingesetzte Maßnahmen nicht immer wieder neu begründet werden müssen.

In Abbildung 18 sind die wesentlichen Merkmale eines Konzeptes gegen Gewalt zusammengefasst.

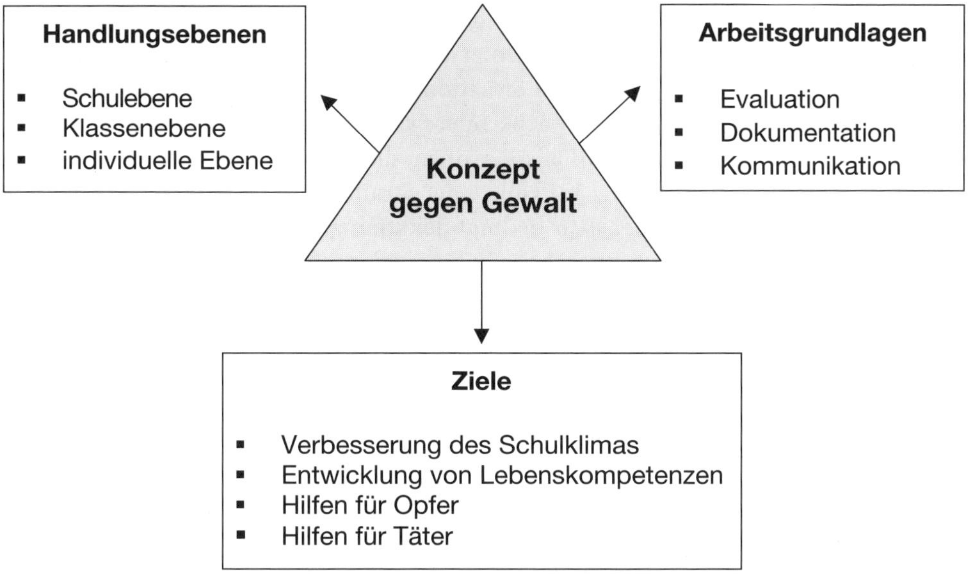

Abb. 18: Ziele, Handlungsebenen und Arbeitsgrundlagen zur Gewaltprävention und Anti-Mobbing-Arbeit an Schulen

Die Vielzahl der Vorschläge in Teil 4 dieses Buches soll für den Leser eine Anregung sein, sich mit den verschiedenen Methoden auseinanderzusetzen und den Mut zu finden, einzelne davon auszuprobieren.

Damit der Überblick und damit die Entscheidungsfindung etwas leichter fallen, werden die Vorgehensweisen nach folgenden Gesichtspunkten zusammengefasst:

- Ein sogenannter **Maßnahmenkatalog** beschreibt, mit welchen konkreten **Mitteln** man in der Praxis eine Einschränkung oder Prävention von Mobbing erreichen kann.
- Ein **Fahrplan** liefert, vergleichbar mit einer Checkliste, einen roten Faden zur Orientierung, in welcher **Reihenfolge** man welche der Maßnahmen einsetzen kann. Alle Methoden werden hierzu ausführlich in ihrer Planungs- und Umsetzungsphase beschrieben. Diese Fahrpläne sind natürlich nur ein Vorschlag, sie können genau wie alle anderen Bausteine verkürzt, verlängert oder verändert werden.

1.3 Rechtliche Aspekte schulischer Gewalt

Die rechtlichen Aspekte schulischer Gewalt werden häufig zu wenig beachtet, können jedoch bei der Reaktion auf Gewalthandlungen eine wichtige Hilfe sein. Sie betreffen vor allem das Strafgesetzbuch (StGB, siehe S. 158) und das Jugendgerichtsgesetz (JGG, siehe S. 160). Werden Lehrer beispielsweise mit sehr gewaltbereiten Jugendlichen konfrontiert, sind sie in der Regel schlichtweg überfordert. In diesen **Extremfällen** ist es gut zu wissen, wann man Unterstützung von rechtsstaatlicher Seite einholen kann. Für eine Einschätzung der Situation ist dabei die Zuordnung der Begriffe »Kind«, »Jugendlicher« und »Heranwachsender« von Bedeutung:

- Als **Kinder** bezeichnet das StGB alle Personen, die unter 14 Jahre alt sind. Sie sind grundsätzlich **strafunmündig**! Im Falle einer Straftat sind sie jedoch zivilrechtlich ab dem vollendeten 7. Lebensjahr bedingt deliktfähig, d.h. sie müssen einen angerichteten Schaden wiedergutmachen. Voraussetzung dafür ist, dass sie die Tragweite ihrer Handlung voll verstanden haben. In der Regel wird ein Schaden von den Eltern oder einer Haftpflichtversicherung übernommen, da die Einsicht bei Kindern schwierig einzuschätzen ist und zudem die Erwachsenen die Aufsichtspflicht haben.
- **Jugendlicher** ist, wer über 14 und unter 18 Jahre alt ist. Bei Straftatbeständen nach dem StGB greift hier jedoch nicht das Erwachsenenrecht, sondern das Jugendgerichtsgesetz (JGG).
- Anders sieht es bei **Heranwachsenden** aus, den Personen von 18 bis 20 Jahren: Hier entscheidet das Gericht, inwieweit die Persönlichkeit gereift erscheint und ob das StGB oder das JGG zur Anwendung kommt.

Wird eine Straftat von einem Jugendlichen begangen, so stehen nach dem JGG drei Reaktionsmöglichkeiten zur Verfügung: Jugendstrafe, Erziehungsmaßregeln und Zuchtmittel.

- Unter **Jugendstrafe** versteht man den Freiheitsentzug in einer Jugendstrafanstalt. Sie wird nur verhängt, wenn die anderen Maßnahmen nicht ausreichen oder wenn die Schuld so schwer ist, dass eine Jugendstrafe erforderlich ist.
- Als **Erziehungsmaßregeln** werden Weisungen und die Anordnung einer Erziehungshilfe (z.B. Wohnen in einer betreuten Wohngruppe) ausgesprochen. Unter **Weisungen** versteht man dabei beispielsweise folgende Maßnahmen:
  - Die Erbringung von **Arbeitsleistungen**.
  - Die Inanspruchnahme eines Betreuungshelfers.
  - Die Teilnahme an einem **sozialen Trainingskurs**.
  - Das **Wiedergutmachen** von angerichtetem Schaden (Täter-Opfer-Ausgleich).
- Bei den **Zuchtmitteln** gibt es eine Stufenleiter von drei Maßnahmen:
  - Durch eine **Verwarnung** soll dem Delinquenten das Unrecht der Tat klargemacht werden.
  - Es können **Auflagen** erlassen werden, z.B. sich persönlich bei dem Opfer zu entschuldigen, Arbeitsleistungen zu erbringen oder einen Geldbetrag zugunsten einer gemeinnützigen Einrichtung zu zahlen.
  - **Jugendarrest** als Freizeitarrest kann bis zu einer Höchstdauer von vier Wochen verhängt werden.

Die Rechtsprechung macht deutlich, dass Strafe für den Gesetzgeber das letzte Mittel ist. Im Vordergrund stehen **Hilfen zur Verhaltensänderung**. Durch die öffentlichen

Diskussionen wird dieses Hilfeprinzip jedoch möglicherweise unterlaufen werden, was angesichts rückläufiger Zahlen im Bereich der Jugendstraffälligkeit nicht nachvollziehbar ist.

Von den im StGB beschriebenen Straftaten kommen einige auch an Schulen vor. Sie werden jedoch so gut wie nie geahndet, da den meisten Lehrern altersabhängige Strafmündigkeit nicht bekannt ist. In einigen Fällen versuchen aber auch Schulen, problematische Vorfälle zu **vertuschen**, um den Ruf der Institution nicht zu gefährden. Auch hier wird an die Schüler das falsche Signal gegeben: Übergriffe können praktisch ungestraft ausgeübt werden, Gewalt ist folglich ein äußerst wirksames Mittel, eigene Ziele zu erreichen! Für das Opfer ist es ein Schlag ins Gesicht, da das Unrecht nicht oder zu schwach geahndet wird. Für die Mitschüler ist die Beobachtung all dieser Vorgänge mit Sicherheit »lehrreich«. Es darf daher bezweifelt werden, ob die Reaktion der Vertuschung wirklich hilfreich für alle Beteiligten ist.

Folgende Situationen erfordern eine **Kontaktaufnahme mit der Polizei** oder sogar eine Strafanzeige seitens der Schule oder seitens der Eltern eines geschädigten Schülers (verändert nach Zimmermann 1999, S. 3):

- Angriff mit Körperverletzung auf Mitschüler und/oder Lehrer
- vorsätzliche Zerstörung des Eigentums von Mitschülern und/oder Lehrern
- Bedrohung, Telefonterror, Rufschädigung
- Waffenbesitz
- Vergewaltigung, sexuelle Nötigung, Missbrauch
- räuberische Erpressung, Schutzgelderpressung
- Handel mit Drogen und Waffen

Zu diesen Straftatbeständen zählt auch die Nutzung von **Handys** als Tatmittel. So ist z.B. das Herstellen und Anbieten von Gewaltdarbietungen nach §131 StGB nicht erlaubt, ebenso das Übertragen oder Herstellen von Bildaufnahmen in einer Wohnung oder einem gegen Einblicke besonders geschützten Raum (§201a StGB, §22f. Kunsturhebergesetz). Wenn Schüler also z.B. mit dem Fotohandy Bilder in der Sportumkleide machen und diese anschließend per Bluetooth verbreiten, machen sie sich strafbar! Alle hier genannten Gesetzestexte sind ausführlich auf S. 158f. nachzulesen.

Schülern über 14 Jahren die im StGB genannten Straftatbestände zu erklären ist ein Notanker für diejenigen Fälle, in denen die Täter bereits relativ hoch in der Gewaltpyramide zu finden und damit auch schon älter sind. Untersuchungen haben ergeben, dass Jugendliche die **Vernehmungssituation** direkt nach freiheitsentziehenden Maßnahmen als besonders schwerwiegende Folge einer Straftat ansehen (Karstedt 2000, S. 5). Selbst wenn es sich nur um eine »harmlose« Befragung durch einen Polizeibeamten handelt, hinterlässt diese einen nachhaltigen Eindruck auf potenzielle Täter: Die Wahrscheinlichkeit für eine Wiederholung der Straftat ist dann vermindert.

Es ist jedoch zu bedenken, dass der Ruf nach der Polizei ein Messer ist, das sehr leicht stumpf werden kann, wenn es zu häufig und unangemessen angewendet wird. Rechtsstaatliche Gewalt sollte nicht als Ersatz für die Verantwortlichkeit aller Lehrkräfte dienen und nur in **Notsituationen** eingesetzt werden.

2. Maßnahmen auf Schulebene

2.1 Der Maßnahmenkatalog

Maßnahmen auf Schulebene sind besonders wirksam, jedoch nur dann, wenn alle Beteiligten über einen längeren Zeitraum hinweg an einem Strang ziehen. Dies gilt natürlich vor allem für diejenigen Lehrer, die für die Umsetzung der Vereinbarungen hauptverantwortlich sind.

Sinnvolle Regeln setzen **Grenzen**, die es Kindern und Jugendlichen ermöglichen, soziales Lernen in einem geschützten Raum zu erfahren. Wie diese Grenzen definiert werden, ist jedoch nicht immer einfach, denn »Grenzziehung ist eine der wichtigsten und gleichzeitig schwierigsten Erziehungsaufgaben« (Kilb/Weidner/Gall 2006, S. 31). Das Regelwerk muss unter Beachtung der folgenden Grundsätze aufgestellt werden:

- Alle Regeln müssen **einfach, klar und verständlich** sein.
- Die Regeln müssen **von allen Beteiligten** (also auch den Lehrkräften!) eingehalten werden.
- Je **weniger Regeln**, desto besser.
- Bei Regelverstoß muss die Reaktion **zeitnah und konsequent** erfolgen.

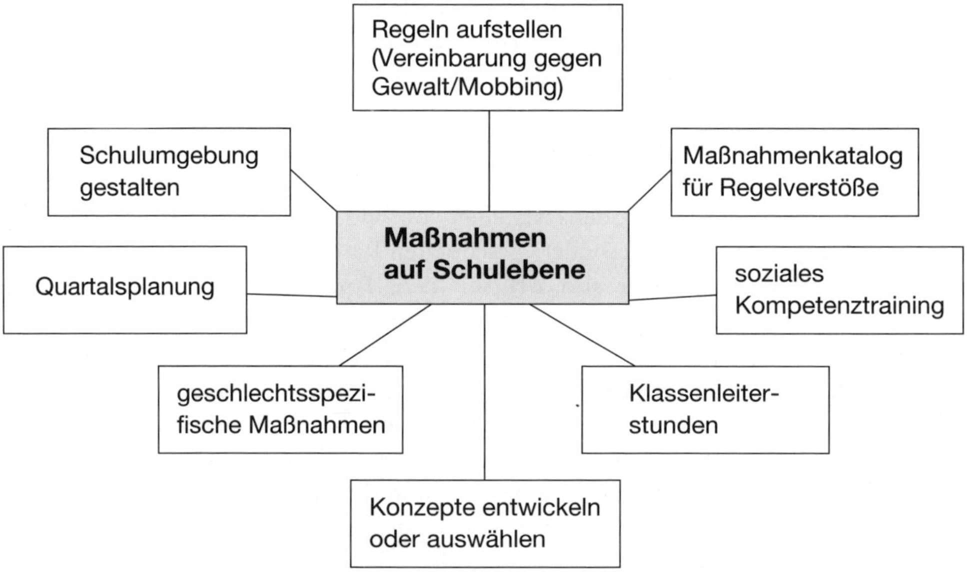

Abb. 19: Übersicht zu wichtigen gewaltpräventiven und -interventiven Maßnahmen auf Schulebene

Die wichtigsten Maßnahmen auf Schulebene sind in Abbildung 19 dargestellt. Manchen Lesern fehlt in dieser Übersicht vielleicht der ein oder andere Baustein, z.B. die Trainingsraum-Methode (vgl. Bründel/Simon 2007) oder die konfrontative Pädagogik. Es sei daher darauf hingewiesen, dass dieses Buch als Anregung dienen soll und keinen Anspruch auf Vollständigkeit erhebt.

2.1.1 Regeln und Sanktionen

Wenn auf schulischer Ebene der Beschluss gefasst wurde, gegen Gewalt bzw. Mobbing vorzugehen, kann ein **Erfassungsbogen** (siehe S. 164f.) als Einstieg hilfreich sein, um die schuleigenen Perspektiven zu überprüfen. Er verschafft z.B. einen Überblick darüber, wer was an der Schule macht, welche außerunterrichtlichen Aktivitäten stattfinden und wo noch Defizite aufzuarbeiten sind. Es ist immer wieder überraschend, wie viele Möglichkeiten an der eigenen Schule vorhanden sind. Oft fehlt nur eine Vernetzung der verschiedenen Aktivitäten. Aber auch Lücken können auf diese Art und Weise sehr schnell sichtbar gemacht werden. So wird vielleicht Alltägliches aus einem neuen (professionalisierten) Blickwinkel gesehen.

Sollte das Kollegium auf der Basis des Erfassungsbogens beschließen, Gewaltprävention bzw. Anti-Mobbing-Arbeit an der eigenen Schule umsetzen zu wollen, so steht zu Beginn aller weiteren Überlegungen eine Bestandsaufnahme über Qualität und Quantität des Gewaltproblems in der Schülerschaft. Eine solche Bestandsaufnahme erfolgt am sinnvollsten über einen **Fragebogen**. Auf S. 62f. wird genauer beschrieben, welche Überlegungen im Zusammenhang mit der Formulierung und Auswahl der Fragen wichtig sind.

Ein weiteres wichtiges Instrument auf Schulebene ist die Verfassung einer Vereinbarung gegen Gewalt bzw. eine **Anti-Mobbing-Vereinbarung**. Eine solche Konvention sollte von allen Beteiligten z.B. in Form eines unterschriebenen Vertrages zur Kenntnis genommen werden. Dabei ist zu beachten, dass sich mit steigender Anzahl von Regeln die Wahrscheinlichkeit verringert, dass ein Regelbruch bemerkt wird bzw. dass er Folgen haben wird. Abbildung 20 zeigt ein Beispiel für eine solche Vereinbarung.

Vereinbarung gegen Gewalt und Mobbing
der XY-Schule in Schulhausen

Schüler/innen, Lehrer/innen und Eltern der XY-Schule vereinbaren hiermit, dass sie im täglichen Umgang miteinander auf folgende Punkte besonders achtgeben wollen:

- Wir **mobben** andere Schülerinnen und Schüler **nicht**.
- Wir **versuchen**, Schülerinnen und Schülern, die gemobbt werden, zu **helfen** oder Hilfe für sie zu holen.
- Wir geben uns **Mühe**, Schülerinnen und Schüler **einzubeziehen**, die leicht ausgegrenzt werden.
- Wir **unterstützen** gemeinsam alle **Maßnahmen**, die dazu dienen, dass Mobbing und Gewalt an unserer Schule weniger werden.

____

Unterschrift Schüler/Elternteil/Lehrer

Abb. 20: Beispiel für eine Vereinbarung gegen Gewalt und Mobbing

Teil 2 Handlungsstrategien

Bei der Formulierung sollte man darauf achten, die Wir- oder Ich-Form zu verwenden, um eine wirkliche Identifikation mit der Vereinbarung zu erreichen. Die Vereinbarung muss von Lehrern, Eltern und Schülern gemeinsam erarbeitet werden, damit ein möglichst großer Konsens an der Schule besteht. Alle unterschriebenen Verträge werden in einem **Ordner** gesammelt; in jeder Klasse bzw. jedem Raum der Schule wird ein Exemplar der Vereinbarung ausgehängt.

Um den Eltern die oben (S. 26f.) beschriebene inhaltliche Abgrenzung des Mobbing-Begriffs zu verdeutlichen, sollte an sie ein Informationsblatt verteilt werden. Ein Muster für einen solchen Eltern-Flyer ist auf S. 168f. zu finden.

Ob es sich nun um eine Anti-Mobbing-Vereinbarung handelt oder aber um eine Schulordnung oder Klassenregeln: Diese Maßnahmen können nur dann greifen, wenn ein Verstoß gegen die Regeln Folgen hat. Kinder und Jugendliche erfahren im Alltagsleben, dass sie sehr viele **Regelbrüche** begehen können, ohne dass die Erwachsenenwelt reagiert. Schlechtes Vorbild dabei sind die Erwachsenen selbst – man denke nur daran, wie häufig z.B. Verkehrsregeln gebrochen werden.

Kinder und Jugendliche haben jedoch ein starkes Bedürfnis nach **Grenzsetzung.** Wenn man als Lehrer seine Schüler fragt, was man z.B. in unruhigen Klassen unternehmen soll, so wird sofort der Wunsch nach deutlicheren Grenzen geäußert: »Seien Sie doch mal etwas strenger mit denen!« Auf der Suche nach solchen Grenzen neigen Schüler fast immer dazu, drakonische Strafen für Regelbrüche einzufordern. Sie sind dabei wesentlich »kreativer« als mancher Lehrer.

Jeder Mensch in einer Gruppe muss Grenzen beachten, da sonst ein Miteinander nicht möglich ist. Grenzen geben auch Halt, einen Halt, den vor allem Kinder an Schulen möglicherweise vermissen. Grenzziehung darf dabei aber nicht mit willkürlicher Bestrafung gleichgesetzt werden. Auch Olweus fordert z.B. als Folgen für Regelbrüche im Bereich der Gewaltprävention »nichtfeindliche, nichtkörperliche Strafen« (Olweus 2002, S. 112).

Je mehr man die Schüler in die Planung der Regeln mit einbezieht, desto weniger werden sie auch die Konsequenzen bei Regelbrüchen als ungerechte Bestrafung empfinden. Schließlich liegt ein Fehlverhalten in ihrer eigenen Entscheidung: Nicht der Lehrer straft sie, sondern sie sich selbst!

Aus dem Gesagten wird klar, dass eine Anti-Mobbing-Vereinbarung nur dann Erfolg haben kann, wenn daneben auch ein **Maßnahmenkatalog** für Regelverstöße existiert. Dieser Katalog muss folgende Merkmale haben:

- Die darin festgehaltenen Konsequenzen sollten (vergleichbar mit dem JGG) **hierarchisch** aufgebaut sein. Das bietet den Vorteil, dass man einerseits bei mehrmaligen Verstößen die Einwirkungen auf den Schüler verstärken und andererseits bei sehr schlimmen Übergriffen in der Maßnahmenhierarchie höher angesiedelte Konsequenzen auswählen kann.
- Alle Maßnahmen sollten vergleichbar dem Regelwerk **eindeutig und leicht** zu verwirklichen sein.

Der Maßnahmenkatalog muss **zeitnah und konsequent** umgesetzt werden, wobei die Reaktionen der jeweiligen Situation angepasst sind. Wer erst nach einer Woche auf einen Regelbruch reagiert, kann nicht erwarten, dass dem Schüler ein enger Zusammenhang zwischen Tat und Folge bewusst wird.

Ein wirksames Instrument gegen Regelverstöße stellt z. B. der in Abbildung 21 dargestellte **Reflexionsbogen** dar (Kopiervorlage auf S. 195). Er kann für einen gewissen Zeitraum (z. B. zwei Monate) in der Stammakte des betreffenden Schülers verwahrt werden. Dem Betreffenden soll klar werden, dass er es selbst in der Hand hat, wie er behandelt wird, und dass seine Handlungen direkte Wirkung auf seine Umwelt haben.

Ausführlichere Reaktionen erlauben Konzepte, wie sie in Teil 4 dieses Buches beschrieben werden.

Name:	*Klasse:*	*Datum:*

Du hast heute gegen eine der Regeln verstoßen, die alle Schüler/innen, Lehrer/innen und Eltern gemeinsam für unsere Schule erarbeitet haben.

Du weißt, dass ein solcher Regelverstoß Konsequenzen für dich hat. Heute sollst du aus den folgenden Aufgaben diejenigen, die angekreuzt sind, erledigen (dein Fachlehrer bzw. deine Fachlehrerin sagt dir, wie viele Seiten du schreiben sollst):

- ❑ Beschreibe auf ...... DIN-A4-Seiten Situationen, in denen du gegen eine Regel verstoßen hast (z. B. zu Hause oder in der Schule). Was waren die Folgen deines Verhaltens?
- ❑ Beschreibe auf ...... DIN-A4-Seiten Beispiele aus Fernsehserien oder Spielfilmen, in denen jemand gegen eine Regel verstößt. Was sind die Folgen dieses Verhaltens?
- ❑ Beschreibe auf ...... DIN-A4-Seiten, warum du immer wieder Regeln brichst oder dich schlecht benimmst, obwohl du weißt, dass dies nicht gut ist. Beschreibe auch, welche Vorteile es dir deiner Meinung nach bringt, dass du dich so verhältst.
- ❑ Schreibe auf .... DIN-A4-Seiten eine Geschichte über einen Jungen oder ein Mädchen, der/das eine Regel bricht, und über die schlechten Folgen dieses Regelbruchs. Erzähle in der Geschichte, wie der Junge oder das Mädchen mit dieser Situation umgeht und eine Lösung findet, die die Folgen des Regelbruchs wiedergutmacht.

Abb. 21: Reflexionsbogen (KV 28)

2.1.2 Soziales Kompetenztraining und Klassenleitung

Anti-Mobbing-Arbeit ist von der Mitarbeit aller Lehrer eines Kollegiums abhängig. Eine besonders große Bedeutung haben dabei die Klassenlehrer. Aus diesem Grunde sollten vor allem in den Grundschulen sowie den Klassen 5–7 regelmäßige **Klassenleiterstunden** im Stundenplan eingerichtet werden. Vor allem beim Übergang zur weiterführenden Schule kommt es durch die Neuzusammensetzung der Lerngruppe zu einer kurzzeitigen Zunahme von Mobbing-Vorfällen. Es ist daher besonders wichtig, dass zumindest in Klasse 5 solche Klassenleiterstunden installiert werden. Diese können z.B. in einwöchigem oder zweiwöchigem Rhythmus stattfinden. Man kann aber auch die Abstände flexibel gestalten, je nach Bedarf.

Regelmäßige Klassenleiterstunden haben auch den Vorteil, dass sich die Lehrer-Schüler-Beziehung verbessert und damit das Lernklima gefördert wird (siehe auch S. 28f.).

Für den Beginn der Arbeit muss eine sinnvolle **Quartalsplanung** vorliegen, die es jedem Lehrer erleichtert, Maßnahmen in der Klasse durchzuführen und einzuüben. Abbildung 22 zeigt ein Beispiel, wie eine solche Quartalsplanung aussehen könnte (alle in der Abbildung genannten Bausteine zum sozialen Kompetenztraining werden in Teil 3 dieses Buches ausführlich beschrieben).

Klasse: ____ **Klassenleitung:** ______________________________	
Datum	**Planungspunkt**
	Tipps zum Lernen: • Heftführung (unterstreichen, Abbildungen einkleben, Absätze einhalten) • Wandplakate (Überschrift, Gliederung, Grafiken und Bilder sinnvoll auswählen)
	Soziales Kompetenztraining: • Gesprächsregeln aufstellen • Worüber ich mich freue • Wochenaufgabe: ______________________________
	Tipps zum Lernen: • Vortrag (Thema nennen, Notizen verwenden, frei sprechen, Pausen einhalten, nachfragen)
	Soziales Kompetenztraining: • Wochenrückschau • Regeln erstellen: »Wie gehen wir miteinander um« • Wochenaufgabe fortführen (ja/nein) • neue Wochenaufgabe: ______________________________
	Tipps zum Lernen: • Arbeitsblatt (Überschrift, Schlüsselbegriff finden, Gliederung, Grafiken und Bilder sinnvoll auswählen)
	Soziales Kompetenztraining: • Wochenrückschau • Rückmeldung über die Einhaltung der Regeln • Vertrauensübung »Der Pendelkreis« • neue Wochenaufgabe/Fortführung der alten Wochenaufgabe: ______________________________
	…

Abb. 22: Beispiel für eine Quartalsplanung mit den Themenbereichen »Lernen lernen« und »Soziales Kompetenztraining«

Wenn man nach diesem Beispiel vorgeht, lässt sich ein soziales Kompetenztraining sogar mit methodischer Arbeit verknüpfen, was durchaus synergetische Effekte haben kann.

Sind einzelne Schüler in einer Klasse auffällig, entweder durch besonders sozialunverträgliches Verhalten oder z.B. durch besondere Fähigkeiten, ist es sinnvoll, bei einem Klassenleiterwechsel die neue Klassenleitung zu informieren. Es ist eine bekannte Erfahrung, dass Schüler bei neuen Lehrern immer auch die Grenzen austesten, wie weit sie gehen können. Wissen jedoch die neuen Klassen- und Fachlehrer im Vorfeld über bestimmte Schüler Bescheid, so sind z.B. **individuelle Förderung** bei Defiziten oder eine **rasche Reaktion** bei Regelbrüchen einfacher möglich.

Das Argument, dass auch schwierige Schüler unter neuen Bedingungen eine Chance bekommen sollten, sozusagen »bei null« wieder anfangen zu können, ist zwar nachvollziehbar. Jeder Kollege wird jedoch zustimmen, dass sich Gerüchte über z.B. schwierige Schüler am Standort Schule vor allem im Lehrerkollegium sehr schnell verbreiten. Eine Übergabe nach dem beschriebenen Muster kann solche Gerüchte richtigstellen und eine Überreaktion bei den Lehrern verhindern. Der Schüler hat dann die Möglichkeit, dem **Teufelskreis** aus eigenem Verhalten und selbsterfüllender Prophezeiung zu entkommen (Lehrer erwarten ein Fehlverhalten, das durch die dementsprechende Behandlung des Lehrers schlussendlich auch provoziert wird). Dies geht natürlich nur, wenn die neuen Lehrer in einer Klasse ihr Wissen nicht zu einer wie auch immer gearteten Etikettierung einzelner Schüler missbrauchen.

Abbildung 23 zeigt ein Muster, wie ein **Übergabebogen** bei einem Klassenleiterwechsel aussehen könnte. Der Bogen kann zur Information für die Fachlehrer in einer Klasse in den Personalakten des Schülers verwahrt werden. Dies sollte jedoch nur für einen sinnvollen Zeitraum erfolgen, um bei negativ auffälligen Schülern eine unnötige Stigmatisierung zu vermeiden. Die Schüler erhalten so eine Chance, ihre Bereitschaft zur Verhaltensänderung zu beweisen.

Auch wenn Lehrer dem Übergabebogen skeptisch gegenüberstehen sollten, ist zumindest eine Gesprächsnotiz über ein erfolgtes Gespräch zwischen alter und neuer Klasseleitung zu Beginn des Schuljahres zu empfehlen.

Klasse:	
Klassenleitung alt:	**Klassenleitung neu:**
Schüler/innen mit sozialen und/oder sonstigen Stärken oder Defiziten	
Name/Vorname	Art der Stärke/des Defizits
Sonstige Bemerkungen	

Abb. 23: Muster für einen Übergabebogen beim Klassenleitungswechsel

Neben den beschriebenen regelmäßigen Klassenleiterstunden kann soziales Kompetenztraining auch im Rahmen von sogenannten **Kennenlernaktionen** (z.B. Zwei-Tages-Fahrt in der 5. Klasse) stattfinden. Auch hier ist die Maßnahme dazu gedacht, den Schülern die Kontaktaufnahme im neu zusammengesetzten Klassenverband zu erleichtern. Es bietet sich die Kooperation mit einem freien Jugendhilfeträger an, der erfahrene und ausgebildete Mitarbeiter in diesem Bereich hat (z.B. bei erlebnispädagogischen Projekten). Neben spielerischen Elementen, die jedem Lehrer vertraut sind, kann ein solches soziales Kompetenztraining auch Bausteine aus Teil 3 dieses Buches enthalten.

Eine weitere Möglichkeit für das Einüben sozialer Kompetenzen stellt ein **Selbstbehauptungstraining** dar. Dieses sollte, wenn möglich, getrennt für Mädchen und Jungen durchgeführt werden. Das ist zugegebenermaßen mit hohem Aufwand verbunden und nur schwer finanzierbar, wenn man professionelle Betreuer haben will. Wo dies möglich ist, sollten daher Kooperationspartner aus dem Bereich der freien Jugendhilfe, der Polizei oder der Jugendämter angesprochen werden. Vor allem freie Jugendhilfeträger haben auch aufgrund des neuen Jugendhilfegesetzes ein großes Interesse an der Zusammenarbeit mit Schulen.

Alle beschriebenen Maßnahmen können auf Schulebene als **Handlungsplan** festgeschrieben werden. Dies hat den Vorteil, dass die Planungsarbeit nur einmal durchgeführt werden muss. In den Folgejahren wird dann das Konzept einfach weitergeführt bzw. nur noch in einzelnen Punkten geändert. Abbildung 24 zeigt ein Beispiel, wie ein solcher Handlungsplan aussehen kann:

Klasse 5		
Termin/Zeitrahmen	**Maßnahme**	**Bemerkungen**
erste bis zweite Woche nach Schuljahresbeginn/ eine Doppelstunde	in Klassenleiterstunden Regeln aufstellen	keine
dritte Woche nach Schuljahresbeginn/ganztägig	Kennenlernfahrt	in Kooperation mit freien Jugendhilfeträgern
zwölfte Woche nach Schuljahresbeginn/ganztägig	Projekttag mit dem Schwerpunkt »Miteinander statt gegeneinander« (Erlebnispädagogik: Survival-Übung im Stadtwald)	Kosten werden zum Teil vom Förderverein übernommen
Beginn 2. Halbjahr/drei bis vier Doppelstunden	Thema »Mobbing« als Lektüre im Deutschunterricht (z.B. »Sonst bist du dran!« von Renate Welsh)	möglichst ohne Klassenarbeit

Klasse 6		
Termin/Zeitrahmen	**Maßnahme**	**Bemerkungen**
erste bis zweite Woche nach Schuljahresbeginn/ eine Doppelstunde	in Klassenleiterstunden Regeln aufstellen	keine
dritte Woche nach Schuljahresbeginn/nach Bedarf	Installation einer regelmäßigen Sprechstunde mit dem Jugendhilfeträger »NN« in den großen Pausen am Mittwoch	bei gutem Besuch weitere Sprechstunden an einem anderen Wochentag
ab zweiter Woche nach Schuljahresbeginn/ einstündig am Freitag, [illegible]. Stunde	zweiwöchige Klassenkonferenzen in geschlechtergetrennten Gruppen	eventuell klassenübergreifend, falls stundenplanmäßig machbar
2. Halbjahr/ein Nachmittag	Besuch eines Seilgartens oder einer ähnlichen erlebnispädagogischen Einrichtung im Rahmen des Wandertags	in Kooperation mit freien Jugendhilfeträgern

Klasse 7		
Termin/Zeitrahmen	**Maßnahme**	**Bemerkungen**
erste bis zweite Woche nach Schuljahresbeginn/ eine Doppelstunde	in Klassenleiterstunden Regeln aufstellen	keine
1. Halbjahr/drei bis vier Doppelstunden	Bewertung und Besprechung von Websites zum Thema »Gewalt an Schulen/ Mobbing« im Fachunterricht Politik/Sozialwissenschaften	möglichst ohne Klassenarbeit (Kurzgeschichten-Wettbewerb oder gemeinsamer Zeitungsartikel ist denkbar)
2. Halbjahr/drei Tage	im Rahmen der Klassenfahrt ein halbtägiger Besuch in einer Kletterhalle	gegenseitiges Sichern der Schüler, Vertrauensübung

Abb. 24: Beispiel für die Verankerung verschiedener Bausteine der Gewaltprävention bzw. Anti-Mobbing-Arbeit im Jahresprogramm einer Schule

Dieser Handlungsplan erscheint dem Leser möglicherweise als zu wenig umfangreich. Doch es gilt die Devise: Ein Zuviel an Maßnahmen im sozialen Bereich kann auch kontraproduktiv sein. Die Schule muss darauf achten, dass es nicht zu einer Überlastung der einzelnen Kollegen kommt. Wenige gut gelungene Aktionen sind sinnvoller als viele halbherzig durchgeführte. Zudem muss bedacht werden, dass ein solcher Handlungsplan nur *ein* Baustein des Gesamtkonzeptes einer Schule sein kann.

2.1.3 Geschlechtsspezifik

Wie auf S. 32f. dargestellt ist Mobbing vor allem ein **Jungenproblem**. Unter diesem Aspekt bietet es sich an, an Schulen regelmäßige Maßnahmen durchzuführen, die in geschlechtergetrennten Gruppen stattfinden. Hierzu einige Anregungen:

- Eine Trennung der Geschlechter macht an weiterführenden Schulen vor allem in den Klassen 6, 7 und 8 Sinn, in denen Jungen und Mädchen sich in ihrer Entwicklung sehr stark unterscheiden. **Unterrichtsfächer**, in denen eine Geschlechtertrennung empfehlenswert ist, sind z.B. Sport und Sprachen.
- Die auf S. 55 erwähnten Klassenleiterstunden können klassenübergreifend in einer Jahrgangstufe auch geschlechtergetrennt organisiert werden. Ein solches Modell hat z.B. Uli Boldt mit großem Erfolg an der Martin-Niemöller-Gesamtschule in Bielefeld installiert (Boldt 2004). In reinen **Jungen- oder Mädchenkonferenzen** kommen auch Themen zur Sprache, die in einer gemischtgeschlechtlichen Gruppe nicht ausgesprochen werden können.
- Am bundesweiten **Girls'Day** ist es in jedem Fall sinnvoll, Alternativen für die Jungen zu entwickeln. Dieser Ansatz ist mittlerweile auch von den Organisatorinnen des Girls'Day umgesetzt worden unter dem Titel »Neue Wege für Jungs« (Informationen unter: www.neue-wege-fuer-jungs.de). Ein zusätzlicher Boys'Day hat nicht nur den Vorteil, dass man als Lehrer keine Rumpfklassen unterrichten muss. Die Jungen haben darüber hinaus die Chance, an typischen Frauenarbeitsplätzen neue Ideen für ein Miteinander zu bekommen. Wenn der Aufwand für alle Klassen 5–10 zu hoch erscheint, kann die Maßnahme auch auf einen oder zwei Jahrgänge beschränkt werden.
- Schließlich sollte im Rahmen von **Projekttagen** immer darauf geachtet werden, dass es einige Projekte nur für Jungen bzw. Mädchen gibt. Es ist immer wieder interessant, wie solche Veranstaltungen zu einem ganz neuen und positiven Zugang zu sonst problematischen Schülern führen – ein Effekt, der sich im Unterrichtsalltag für eine gewisse Zeit fortsetzt.

2.1.4 Sonstige Maßnahmen

Neben den bisher beschriebenen aufwendigen Maßnahmen können Schulen auch mit geringem Aufwand erste Schritte zur Gewaltprävention bzw. Anti-Mobbing-Arbeit einleiten. Hierzu einige Beispiele:

- Die **Pausenaufsicht** kann grundsätzlich oder bei Bedarf (z.B. um ein Mobbing-Opfer zu schützen) verstärkt werden. Untersuchungen von Olweus haben gezeigt, dass mit steigender Lehrerpräsenz auf dem Pausenhof das Mobbing abnimmt.
- Im Freien und im Schulgebäude sollte für eine gut ausgestattete und **attraktive Umgebung** (z.B. Anti-Aggressions-Raum, Klettergerüste, Spielmöglichkeiten) gesorgt sein. Auch hier haben die Untersuchungen von Olweus gezeigt, dass es umso weniger Mobbing gibt, je attraktiver die Schule gestaltet ist.

- Richten Sie einen **Beratungsraum** ein, der nicht einsehbar, schalldicht und für Schüler ohne Umstände (»Spießrutenlauf«) zu erreichen ist. Die Ausstattung mit einem Telefonanschluss ist sinnvoll (z.B. um bei konkreter Gefährdung Hilfe einholen zu können).
- Fachunterricht in einer **Einzelstunde** pro Woche sollte vermieden werden: In den wenigen Stunden kann sich keine tragfähige Lehrer-Schüler-Beziehung aufbauen, der Unterricht wird dadurch als regelschwacher Raum erlebt. Schüler neigen dann dazu, Regeln zu brechen und allgemein Grenzen übermäßig auszuweiten bzw. zu überschreiten. Eine Alternative stellt der doppelstündige Unterricht in parallelen Klassen für jeweils ein halbes Jahr dar.
- Um den Opfern den Schritt aus der Anonymität zu erleichtern, sollte an einer Stelle im Schulgebäude, die möglichst unauffällig und jederzeit erreichbar ist, ein **Kummerkasten** aufgehängt werden. Eine elegantere Alternative ist die Einrichtung einer Mail-Adresse (z.B. ich-brauche-hilfe@schulname.de). Hier kann ein Schüler völlig unbeobachtet seine Sorgen loswerden. Beide Kontaktwege müssen von mindestens zwei Lehrern verantwortlich betreut und regelmäßig eingesehen werden.
- In den Schulklassen können **Informations-Flyer** zum Thema Mobbing verteilt werden. Diese sollten neben der Mail-Adresse für Notfälle auch einige geeignete Internet-Seiten (z.B. mit Chats) anbieten. Eine Auswahl für solche Websites ist auf S. 149f. sowie im Downloadbereich zu finden, ein Muster für einen Flyer auf S. 170.

Die Ausbildung von **Streitschlichtern** und/oder **Mediatoren** ist im Zusammenhang mit Anti-Mobbing-Arbeit als Möglichkeit der Intervention nur wenig sinnvoll (siehe hierzu S. 38f.). Im Rahmen der Postvention können solche Schüler jedoch bei der Erarbeitung eines **Täter-Opfer-Ausgleichs** gute Arbeit leisten. Gleichzeitig wird der verantwortliche Lehrer entlastet.

Die Organisation von **Bus-Guides** nach dem Modell der Stadt Sundern im Sauerland ist ebenfalls eine sinnvolle Ergänzung im Bereich der Prävention, da sie in Grenzen dem Schulwege-Mobbing vorbeugt. Da diese Methode jedoch sehr umfangreich in der Organisation ist, wird sie an dieser Stelle nicht näher erläutert, sondern auf die entsprechende Broschüre der Westfälischen Verkehrsgesellschaft (2003) hingewiesen (siehe S. 156).

2.2 Der Fahrplan

Wenn man mit Anti-Mobbing-Arbeit auf Schulebene beginnen will, ist es wichtig, sich im Vorfeld über den **Ablauf** der verschiedenen Projektschritte im Klaren zu sein. Eine Hilfe für diese Überlegungen bieten die im Folgenden vorgestellten Fahrpläne. Es handelt sich hierbei nur um Vorschläge, da jede Schule andere Schwerpunkte setzen kann und folglich andere Bausteine aus den verschiedenen Konzepten auswählen wird.

Wichtig ist, dass mit kleinen Schritten **erfolgreich** begonnen wird, statt ein Riesenprojekt scheitern zu lassen. Bei der Planung sollte man sich Zeit lassen, denn Maßnahmen, die mit heißer Nadel gestrickt sind, halten nicht lange.

Eine grundlegende Empfehlung noch zur zeitlichen Planung: Der Beginn eines neuen Schuljahres eignet sich am besten zum praktischen Einstieg in die konkrete Umsetzung der Anti-Mobbing-Arbeit.

2.2.1 Das Thema Gewalt bzw. Mobbing kommt auf die Tagesordnung der Schule

Um das Thema in das Bewusstsein aller Beteiligten zu bringen und klarzumachen, dass es an dieser Schule keine »Kultur des Wegsehens« mehr geben soll, ist es sinnvoll, mit einer Schülerbefragung zu beginnen. Ein entsprechender **Fragebogen** sollte unbedingt unter Beteiligung der Schüler erstellt werden (z.B. über die Kontaktstelle Verbindungslehrer/Schülerrat), nur dann wird eine solche Aktion von den Kindern und Jugendlichen ernst genommen. Wird die »Zielgruppe« nicht in den Prozess mit einbezogen, wird es Widerstände geben, das Projekt zur Gewaltprävention wird folglich scheitern.

Alle gezielten Fragen nach Mobbing-Handlungen müssen auf einen bestimmten **Zeitraum** eingegrenzt sein (z.B.: »Bist du *in diesem Schuljahr* schon einmal geschlagen worden?«). Dies beugt einer Verzerrung der Befragungsergebnisse vor: Ein Zehntklässler hat beispielsweise schon fünf Jahre an seiner Schule verbracht. Die Wahrscheinlichkeit ist daher um ein Vielfaches höher als bei einem Fünftklässler, dass er irgendwann einmal Mobbing-Handlungen ausgesetzt war. Wird diese Einschränkung nicht gemacht, spiegelt das Ergebnis der Umfrage natürlich nicht die in Abbildung 6 (siehe S. 25) gezeigten wissenschaftlichen Untersuchungsergebnisse wider. Teil 5 dieses Buches enthält auf S. 166 einen Musterfragebogen, der als Starthilfe genutzt werden kann.

Die **Auswertung** des Fragebogens kann im Rahmen des Unterrichts erfolgen (z.B. im Fach Informatik). Schüler sind so viel eher an den Ergebnissen interessiert und auch weiterhin am Arbeitsprozess aktiv beteiligt.

Abschließend müssen die **Ergebnisse** der Mobbing-Umfrage allen Beteiligten bekannt gegeben werden:

- Für die **Schüler** kann dies auf einer gesondert einberufenen Schülervollversammlung durch die Schülersprecher, die Verbindungslehrer und/oder die Schulleitung erfolgen. Die Veranstaltung sollte nicht zu zeitintensiv sein; es genügt eine kurze sachliche Darstellung der Ergebnisse mit dem Hinweis, dass nun weitere Schritte zur Behebung der Missstände an der Schule unternommen werden. Hierzu kann man schon an dieser Stelle interessierte Schüler einladen, aktiv bei der Planung und Umsetzung mitzuarbeiten. Die Ergebnisse der Fragebogenaktion können zusätzlich noch im Eingangsbereich der Schule **ausgehängt** werden. Dies hat den

Vorteil, dass die Schüler beim Vorbeigehen immer wieder an die Thematik erinnert werden.

- Für die **Lehrer** ist eine Lehrerkonferenz der erforderliche Rahmen. Auch hier gilt: Je kürzer und prägnanter die Informationen weitergegeben werden, desto höher ist das Aufmerksamkeitsniveau bei den Kollegen. Die hauptverantwortlichen Kollegen für das weitere Vorgehen müssen in diesem Rahmen bereits gesucht werden. Es empfiehlt sich, mindestens vier Lehrer für diese Aufgabe zu gewinnen.
- In einem abschließenden Schritt muss über die Durchführung eines **Pädagogischen Tages** zum Thema »Gewalt« bzw. »Mobbing« unbedingt positiv abgestimmt werden. Nur so kann das ganze Kollegium auf einen gemeinsamen Kenntnisstand über das Problemfeld gebracht werden. Die Ausführungen in Teil 1 dieses Buchs sollten jedem Leser klargemacht haben, dass sachliche Informationen zum Thema bereits der erste Schritt in Richtung einer Lösung sind.
- Schließlich sollten auch die **Eltern** auf einem gesonderten Themenabend informiert werden. Um schon an dieser Stelle zu verdeutlichen, dass Gewaltprävention alle Beteiligten betrifft, ist es sinnvoll, an der Umfrage aktiv beteiligte Schüler (z.B. aus dem Schülerrat) als »Mitreferenten« einzuladen.

Besonders den Schülern und Eltern gegenüber muss die Schule bei solchen Veranstaltungen klarmachen, dass sie das Thema ernst nimmt und konkrete Schritte unternehmen will.

Allein durch das Darüberreden wird die alltägliche »kleine Gewalt« in der Schule stärker wahrgenommen. Opfer schöpfen neue Hoffnung, und Täter überlegen es sich zweimal, ob sie mit ihrem Tun weitermachen. Ein ähnlicher Effekt ist auch bei der Arbeit auf Klassenebene beobachtbar, wenn die ersten Gespräche mit dem Opfer stattgefunden haben: Durch die veränderte Situation ist das Mobbing oft auch schon ohne weitergehende Intervention beendet.

2.2.2 Planung der Anti-Mobbing-Arbeit

Die weiteren Planungen sollten nicht von den Lehrern allein, sondern von allen Beteiligten durchgeführt werden. Ein solcher **Arbeitskreis** ist der Dreh- und Angelpunkt der folgenden Arbeitsschritte. Die Mitglieder dieses Arbeitskreises können, wie bereits im vorhergehenden Kapitel beschrieben, auf den jeweiligen Informationsveranstaltungen angeworben werden: Lehrer auf der Lehrerkonferenz, Schüler als Vertreter/Mitglieder des Schülerrats, Eltern als Teilnehmer eines Elternabends oder der Pflegschaften.

Die wichtigste Aufgabe auf den ersten Sitzungen des Arbeitskreises ist die Auswahl geeigneter **Bausteine** zur Gewaltprävention und -intervention bzw. Anti-Mobbing-Arbeit. Selbstverständlich können hierbei auch andere Methoden als die hier vorgestellten ausgewählt werden.

Da die Lehrkräfte diejenigen sind, die die meiste Arbeit im Rahmen der Mobbing-Prävention zu leisten haben, ist ein **Pädagogischer Tag** für die Vorstellung der einzelnen Bausteine unerlässlich. Eine solche Veranstaltung sorgt für einen gemeinsamen Wissensstand aller Kollegen. Dies ist von größter Wichtigkeit, um einen Konsens in der Lehrerschaft zu erleichtern. Man spart sich viel mühsame Überzeugungsarbeit in Einzelgesprächen, wenn jeder weiß, welchen Hintergrund die verschiedenen Maßnahmen haben. Es empfiehlt sich, einen Experten als Referenten zumindest für die theoretischen Hintergründe einzuladen, z.B. den örtlichen Schulpsychologen.

Im Laufe des Pädagogischen Tages sollten die Vertreter des Arbeitskreises die bisher ausgewählten Maßnahmen vorstellen. Grundsätzlich sollten dies solche Maßnahmen sein, denen möglichst viele Kollegen zustimmen, sonst wird die Anti-Mobbing-Arbeit recht bald scheitern. Bei den Forderungen sollte man realistisch bleiben und sich und die Kollegen nicht überfordern (siehe auch die Bemerkungen auf S. 46).

Zumindest am Anfang müssen – abhängig von der Schulgröße – mindestens **zwei Kollegen** über die Mitglieder des Arbeitskreises hinaus hauptverantwortlich die beschlossenen Maßnahmen betreuen. Ein entsprechender Vermerk muss in den Geschäftsverteilungsplan der Schule mit aufgenommen werden, eine angemessene Zahl von Entlastungsstunden ist sicherlich sinnvoll.

Wird der Entwurf des Arbeitskreises positiv beschieden, müssen alle Maßnahmen verständlich ausformuliert für Lehrer, Eltern und Schüler verfügbar gemacht werden (z.B. in Form eines **Informationsblattes**). Die Regeln der Anti-Mobbing-Arbeit werden so für alle Beteiligten transparent und damit der Grundsatz »Kommunikation« umgesetzt. Das Informationsblatt muss an alle Personen verteilt werden, ein Aushang allein reicht z.B. nicht aus, er wird häufig nicht gelesen.

Als zusätzlichen Service für die Eltern kann man neben der Vorstellung des schuleigenen Konzeptes auch wichtige Fakten zum Thema Mobbing als Flyer zusammenfassen (z.B.: Wie erkenne ich Mobbing? Wie kann ich meinem Kind helfen?). Ein Muster für solch ein Merkblatt ist auf S. 168f. zu finden.

Zeitgleich muss gegebenenfalls für die **Streitschlichter** eine besonders intensive Einführung in ihre neuen Aufgaben im Zusammenhang mit der Anti-Mobbing-Arbeit gegeben werden. Sie müssen z.B. bei Umsetzung des Anti-Bullying-Konzeptes (siehe S. 121f.) wissen, wann sie einen »Streitfall« an einen der verantwortlichen Lehrer weiterleiten sollen.

2.2.3 Umsetzung der Planung in der Praxis

Der erste Schritt der Planung sollte unbedingt die Erarbeitung einer Vereinbarung gegen Gewalt bzw. eine **Anti-Mobbing-Konvention** enthalten. Diese sollte nach dem Muster auf S. 53 formuliert werden:

- wenige, klar und verständlich formulierte Regeln
- Maßnahmen bei Zuwiderhandeln

Die Vereinbarung muss zu Beginn des neuen Schuljahres von allen Schülern und auch Lehrern **unterzeichnet** und damit als verbindlich anerkannt werden. Es wäre illusorisch zu glauben, dass sich dadurch alle Beteiligten an die Regeln halten würden. Andererseits wachsen die Schüler der neuen Klassen mit der Anti-Mobbing-Konvention auf, für sie wird sie damit ein Stück selbstverständlicher Schulrealität. Es wird sicherlich einige Jahre dauern, bis die Regeln bei allen Beteiligten verinnerlicht sind. Entscheidend für die Durchsetzung ist aber, dass alle Beteiligten an einem Strang ziehen.

Auch die Einrichtung eines **Beratungsraums** ist erforderlich, falls noch nicht vorhanden. Diese Maßnahme muss zeitgleich mit der Anti-Mobbing-Konvention erfolgen, damit der Raum zu Beginn des neuen Schuljahres zur Verfügung steht. Ebenso sollte zu diesem Zeitpunkt eine **Mail-Adresse** für Gewalt- oder Mobbing-Opfer an der Schule eingerichtet sein (siehe S. 61).

Zur Dokumentation aller Täter-, Opfer- und/oder Elterngespräche müssen **Protokollbögen** entworfen werden. Ein Muster dafür ist auf S. 182 zu finden. Wichtig ist, dass die Anwesenheit aller Personen sowie die wichtigsten Gesprächsinhalte (Vorgeschichte, Vereinbarungen) dokumentiert werden. Für die Strukturierung des weiteren Vorgehens sollte immer ein Folgetermin festgehalten werden (Näheres hierzu auf S. 137).

Je nach ausgewähltem Konzept sollten auch die **Briefe an die Eltern** vereinheitlicht werden. Struktur und Transparenz auch nach außen hin helfen erfahrungsgemäß bei der Umsetzung eines solch groß angelegten Projektes. Wenn die Kollegen z.B. alle unterschiedliche Briefe an die Eltern versenden, kann dies leicht zum Eindruck der Uneinigkeit führen. Musterbriefe sind auf S. 171 und 172 zu finden.

2.2.4 Evaluation und gegebenenfalls Korrektur der ergriffenen Maßnahmen

Gegen Ende des Schuljahres kommt noch einmal etwas Arbeit auf Lehrer und Schüler zu. Um zu überprüfen, ob die eingeführten Maßnahmen tatsächlich wirken oder ob und wo es noch Schwierigkeiten gibt, sollte die Umfrage vom Schuljahresanfang noch einmal wiederholt werden. Hierzu muss der gleiche **Fragebogen** verwendet werden, damit die Ergebnisse vergleichbar sind.

Je nachdem, welche Resultate die Umfrage erbringt, muss der Arbeitskreis die Maßnahmen anpassen oder neue auswählen. **Qualitätsmanagement** bedeutet in diesem Zusammenhang ganz bewusst das Zulassen von Fehlern, um es beim nächsten Mal besser zu machen.

Sollte das Projekt mit einem Erfolg gestartet sein, muss das den Schülern und Eltern vermittelt werden. In einem solchen Fall sollte man die **Presse** dazu benutzen, positive Nachrichten zum Thema »schulische Gewalt« zu verbreiten. Auch Kinder und Jugendliche freuen sich über diese Form der öffentlichen Anerkennung. Gleichzeitig wird damit das Wir-Gefühl an der Schule gestärkt und die Anti-Mobbing-Arbeit auf anderer Ebene weitergeführt.

Alternativ oder zusätzlich kann auch ein Schreiben an die Eltern verfasst werden. Die Schule sollte ihnen zeigen, dass sie »am Ball bleibt«, d.h. die Ergebnisse ernst nimmt und das Projekt nicht aus den Augen verlieren will.

Wenn sich das erste Jahr mit Anti-Mobbing-Arbeit dem Ende entgegenneigt, ist dies die gefährlichste Zeit, da der Alltag die anfängliche Euphorie allmählich verfliegen lässt. Alle beteiligten Lehrer sollten daher daran denken, sich auch selbst für ihre bisher geleistete Arbeit zu **belohnen** – nur so bleibt die Motivation erhalten, die Arbeit gegen Gewalt an ihrer Schule weiterzuführen. Ein gemeinsames Fest des Kollegiums ist sicherlich ein geeignetes Instrument zur Belohnung.

Das verbesserte soziale Klima an der Schule wird ein zusätzlicher Anreiz sein, die Anti-Mobbing-Arbeit weiterzuführen. Eine Durchsicht der verschiedenen Konzepte und Bausteine sollte erfolgen, und es sollte überlegt werden, welche Maßnahmen noch sinnvoll sein könnten. Anti-Mobbing-Arbeit darf nichts Statisches sein. Schüler, Lehrer, Eltern, Schulpolitik und Gesellschaft ändern sich fortwährend, ob erwünscht oder nicht. Den sich dadurch ändernden Anforderungen an gewaltpräventive und -interventive Arbeit muss Rechnung getragen werden.

2.2.5 Die Checkliste

Um bei der Vielzahl von Arbeitsschritten die Orientierung nicht zu verlieren, zeigt Abbildung 25 eine Übersicht über die wichtigsten Schritte und Maßnahmen auf Schulebene. Für die Umsetzung ist die folgende Frage entscheidend: Wer macht was wann und wie?

Jede Schule kann diese Checkliste nach eigenen Vorstellungen erweitern oder verkürzen, die Zeitplanung ist daher nicht vorgegeben. Wenn das letzte Kästchen abgehakt ist, sind in jedem Fall alle wichtigen Vorarbeiten geleistet und die Anti-Mobbing-Arbeit ist an der Schule erfolgreich installiert!

	verantwortlich	Aufgabe	Termin/ Zeitraum	erle- digt
Schritt 1	Klassen- und Fachlehrer	Fragebogenaktion		❍
	Fachlehrer und Schüler	Auswertung des Fragebogens		❍
	Schulleitung/Beratungslehrer/ SV-Lehrer/Schüler	Bekanntmachen der Umfrageergebnisse		❍
	Schulleitung/Beratungslehrer/ SV-Lehrer/Schüler	Infoabend für Eltern		❍
Schritt 2	Schulleitung	Einrichten eines Arbeits- kreises		❍
	Arbeitskreis	Auswahl geeigneter Maß- nahmen		❍
	Schulleitungsteam/ Fortbildungskoordinatoren	Pädagogischer Tag		❍
	Arbeitskreis	Infobrief an die Eltern, Schüler und Lehrer		❍
	Lehrer	Einweisung der Streit- schlichter		❍
Schritt 3	Arbeitskreis	Anti-Mobbing-Vereinbarung		❍
	Schulleitung/Beratungslehrer/ SV-Lehrer/Informatiklehrer	Einrichtung eines Beratungs- raums, Einrichtung einer E-Mail-Adresse		❍
	Arbeitskreis	Erstellen von Formularen		❍
Schritt 4	Klassen- und Fachlehrer/ Schüler	Fragebogenaktion am Schul- jahresende und Auswertung		❍
	Arbeitskreis	eventuell Auswahl neuer Maßnahmen		❍
	Arbeitskreis	Bekanntmachen der Umfrageergebnisse		❍
	Schulleitung	Infoschreiben an die Eltern/ Presse		❍

Abb. 25: Checkliste zum Anti-Mobbing-Fahrplan auf Schulebene

3. Maßnahmen auf Klassenebene

3.1 Der Maßnahmenkatalog

Maßnahmen auf Klassenebene können drei verschiedene **Auslöser** haben:

- Es gibt keine Anti-Mobbing-Arbeit auf Schulebene, in einer Klasse gibt es jedoch Übergriffe und es besteht konkreter Handlungsbedarf.

- Es gibt Anti-Mobbing-Arbeit auf Schulebene, die es den Klassenlehrern jedoch freistellt, ob sie in ihrer Lerngruppe zusätzliche Maßnahmen zur Gewaltprävention oder -intervention einsetzen.
- Es gibt Anti-Mobbing-Arbeit auf Schulebene, die die Arbeit auf Klassenebene ausdrücklich einfordert.

Egal, unter welcher dieser drei Bedingungen man mit einem Anti-Mobbing-Projekt auf Klassenebene beginnt, es sind dabei einige einfache Grundregeln zu beachten:

- Man sollte mit **kleinen Schritten** beginnen, damit es nicht zur Überlastung der Fachlehrer und Schüler kommt.
- Wie auch auf Schulebene sollten, soweit sinnvoll, **alle Beteiligten** (Fachlehrer, Schüler, Eltern) mit einbezogen werden.
- Möglichst viel Arbeit sollte **an die Klasse delegiert** werden. Dies stärkt auf der einen Seite die sozialen Kompetenzen aller Schüler, auf der anderen Seite führt es aber auch zur Entlastung des Lehrers.
- Das Thema sollte im Schuljahresverlauf **immer wieder aufgegriffen** werden, z.B. in verschiedenen Unterrichtsfächern. Dabei sollte man aber darauf achten, jeweils neue Aspekte von Gewalt bzw. Mobbing zu beleuchten, da sonst ein Übersättigungseffekt bei den Schülern auftritt.

Der Maßnahmenkatalog auf Klassenebene ist in vielen Punkten mit dem auf Schulebene identisch. Es liegt in der Natur der Sache, dass hier jedoch vor allem die **Klassenlehrer** mehr Arbeit leisten müssen. Der Zeitaufwand lässt sich jedoch in Grenzen halten, nur in den ersten Wochen ist von einer erhöhten Arbeitsbelastung auszugehen. Bei Vergabe von machbaren Arbeiten an die Schüler (z.B. Regeln aufschreiben, Fragebögen auswerten) verringert sich der Arbeitsaufwand spürbar. Zugleich wird der Klasse vermittelt, dass Anti-Mobbing-Arbeit kein Privatvergnügen der Lehrer ist, sondern in der Verantwortung jedes Einzelnen liegt.

Die Befürchtungen wegen des anfänglichen Unterrichtsausfalls werden sich schon bald als unbegründet herausstellen: Durch das verbesserte **Lernklima** wird der Unterrichtsstoff schnell wieder hereingeholt!

Wie schon erwähnt greifen alle beschriebenen Maßnahmen besonders gut in den unteren Klassen. Betrachtet man noch einmal die auf S. 52f. aufgeführten Maßnahmen, so lassen sich davon auf Klassenebene die folgenden Bausteine sinnvoll einsetzen:

- Durchführung einer **Umfrage** zum Thema »Gewalt an Schulen« bzw. »Mobbing« mit anschließender Auswertung
- **Informationen** an Schüler und Eltern über die Ergebnisse der Umfrage
- Erarbeitung von **Klassenregeln** und eines **Sanktionenkatalogs**. Auf Klassenebene ist es durchaus sinnvoll, auch positive Konsequenzen als Anreiz anzubieten. Wenn die Klasse es z.B. schafft, eine Woche lang auf verbale Übergriffe zu verzichten, erhält sie als Belohnung in einem Unterrichtsfach keine Hausaufgaben. Wichtig dabei ist, dass man den Anreiz tatsächlich quantifizierbar formuliert (siehe hierzu auch S. 72).

- Erstellen von **Formularen** und **Protokollbögen**
- **weitergehende Informationen** für Schüler, Eltern und Fachlehrer
- gemeinsames zeitnahes und konsequentes **Umsetzen** aller Vereinbarungen
- Einrichten eines **Kummerkastens** bzw. einer **E-Mail-Adresse** für Notfälle
- Einführung von regelmäßigen **Klassenleiterstunden**

Zusätzlich sind noch die folgenden ebenenspezifischen Maßnahmen möglich:
- Ein wichtiger Schwerpunkt in der Prävention ist die Behandlung des Themas »Gewalt« bzw. »Mobbing« in verschiedenen **Unterrichtsfächern**. Hier bieten sich nicht nur die Fächer Deutsch und Sport an, es gibt auch gute Literatur für den Englischunterricht. Das Aufnehmen des Themas muss gut geplant über das Schuljahr verteilt sein, damit es nicht zu Verschleißerscheinungen bei den Schülern kommt (»Nicht schon wieder Mobbing!«). Beispiele für Materialien sind auf S. 118f. zu finden.
- Statt Frontalunterricht sollten, wo sinnvoll und möglich, **kooperative Lerntechniken** eingesetzt werden. Hierbei sollte versucht werden, Opfer und Täter vorsichtig in den Arbeitsgruppen zusammenzubringen.
- Bei außerschulischen Unternehmungen sollte den **Opfern** die Möglichkeit zur **Mitwirkung** gegeben werden (z.B. Besorgungen erledigen). Dies steigert das Selbstwertgefühl, die Integration wird erleichtert.
- Neben Prävention muss auch an **Intervention** gedacht werden. Beispiele für erfolgreiche Konzepte werden in Teil 4 dieses Buches vorgestellt. Obwohl diese Methoden für die Schulebene gedacht sind, kann man sie im Einzelfall auch auf Klassenebene einsetzen.
- Besonders geeignet für solche Fälle ist das **Gegen-Gewalt-Konzept**, da es neben einem gesicherten Opferschutz auch einen Großteil der Klasse in den Bearbeitungsprozess mit einbezieht (Näheres hierzu auf S. 129f.). Auf einem vergleichbaren Prinzip beruht der ebenfalls sehr empfehlenswerte **No-Blame-Approach** (siehe S. 127f.).
- Für die Intervention mitentscheidend ist der **Opferschutz**. Dieser kann über die Benennung freiwilliger Trainer oder Coaches erfolgen. Die entsprechenden Schüler übernehmen den Opferschutz, helfen aber auch den Tätern, ihr Verhalten besser in den Griff zu bekommen. Erfolg oder Misserfolg der Trainertätigkeit wird mit speziellen Beobachtungsbögen und/oder Erfolgsplakaten kontrolliert. Näheres zur Umsetzung dieser Methode ist auf den Seiten 111f. und 129f. nachzulesen.

3.2 Der Fahrplan

Der folgende Fahrplan ist ein Vorschlag, wie man einzelne der genannten Bausteine verknüpfen kann. Er entspricht jedoch einem **Minimalkatalog**, was man auf Klassenebene im Bereich der Prävention unternehmen muss, um messbaren Erfolg zu haben.

Der Fahrplan muss zwangsläufig kürzer sein als auf der Schulebene, da die Gruppendynamik in einer Klasse die Umsetzung von Regeln manchmal erschwert. Beziehungsstrukturen, persönliche Anti- und Sympathien strahlen vielleicht in den Arbeitsprozess hinein und machen es schwer, ein festes Raster für die Reaktion der Lehrer vorzugeben. Für den Erfolg mitentscheidend ist daher die Professionalität in der Anwendung der Methoden.

Vor allem in Gruppengesprächen ist ein gewisses Maß an **Gesprächsführungstechniken** erforderlich. Als Beispiel sei die Verwendung des Wörtchens »man« genannt: Werden Schüler aufgefordert, im Rahmen eines Gesprächs ihre Gefühle zu äußern (»Wie würdest du dich fühlen, wenn mehrere aus der Klasse dich jeden Tag beleidigen würden?«), so beginnen ihre Sätze oft so: »Ich denke, *man* würde da ganz schön wütend werden ...« Wenn der Lehrer die Schüler konsequent auffordert, das Wort »man« durch das Wort »ich« zu ersetzen, erreicht er beim Sprecher eine höhere Identifikation mit dem Gesagten, es geht den Schülern näher.

Weitergehende Tipps zur Gesprächsführung und zum Umgang mit Sprache sind in der einschlägigen Fachliteratur zu finden.

3.2.1 Umfragen und Informationen

Genau wie auf Schulebene beginnt die Anti-Mobbing-Arbeit auf Klassenebene mit einem **Fragebogen.** Es gibt jedoch einen wesentlichen Unterschied: Die Fragen können nicht mit den Schülern erarbeitet werden, da bereits an dieser Stelle mögliche Unterdrückungsstrukturen wirken könnten, potenzielle oder bereits aktive Täter also unterlegene Klassenmitglieder beeinflussen. Der Fragebogen muss daher vom Lehrer vorformuliert werden.

Die **Auswertung** hingegen erfolgt wieder durch Schüler und Lehrer gemeinsam, z.B. im Rahmen des Informatik- oder Mathematikunterrichts. Die Ergebnisse werden in einer Klassenleiterstunde mit den Kindern und Jugendlichen besprochen und im Klassenraum für eine begrenzte Zeit ausgehängt. So erfolgt über viele Tage hinweg auch unbewusst eine fortdauernde Auseinandersetzung mit dem Thema. Die Listen sollten jedoch nicht zu lange hängen, da sonst ein Gewöhnungseffekt eintritt.

Im Verlauf der Klassenleiterstunde müssen die Schüler auch über die typische **Mobbing-Struktur** in Lerngruppen informiert werden (Näheres hierzu auf S. 140). Dies ist der erste Schritt in Richtung Prävention, da nun alle Mitglieder der Klasse über Mobbing Bescheid wissen. Ein genaueres Hinschauen bei einzelnen Aktionen oder eine kritischere Selbstbeobachtung kann die Folge sein.

Möglicherweise wird sich die Zahl der Übergriffe aber zuerst einmal erhöhen, sogenannte Spaßkämpfe zunehmen und immer wieder der Ruf ertönen: »Hilfe, ich werde gemobbt!« Der nötige Ernst in dieser Sache kann z.B. durch entsprechende **Übungen** (siehe Teil 3 dieses Buches) vermittelt werden. Aber auch der Einsatz geeigneter **Unterrichtsmittel** kann Betroffenheit hervorrufen (siehe S. 118f.).

Neben den Schülern müssen auch die Fachlehrer und Eltern über die Ergebnisse sowie die weiteren Planungen informiert werden. Für die Fachlehrer kann dies im Rahmen einer kurzen Dienstbesprechung erfolgen. Die Eltern sollten ausführlich z.B. auf der ersten Klassenpflegschaftssitzung informiert werden.

Eine Alternative zum Fragebogen für Klassen, bei denen eine Intervention im Verlauf des Schuljahres erforderlich ist, stellt eine anonyme **Blitzumfrage** dar. Abbildung 26 gibt ein Beispiel.

	trifft voll zu	trifft zu	bin mir nicht sicher	trifft nicht zu	trifft überhaupt nicht zu
Wir haben eine gute Klassengemeinschaft.					
Wir haben ein gutes Verhältnis zu den Lehrern.					
Wir sollten an unserer Klassengemeinschaft arbeiten.					

Abb. 26: Skalierter Fragebogen zum sozialen Klima in der Klasse

Dazu wird ein Zettel mit den entsprechenden Fragen auf der Rückseite einer Tafel aufgehängt. Nun geht jeder Schüler einzeln hinter die Tafel und macht bei jeder Frage einen Strich. Um die Anonymität bei dieser Form der Umfrage zu wahren, muss der Lehrer vor dem ersten Schüler bereits einige Striche eintragen.

Der Vorteil dieser Methode gegenüber einem Fragebogen liegt darin, dass das Ergebnis sofort grafisch »aufbereitet« vorliegt. Der Nachteil liegt darin, dass aus Zeitgründen nicht so viele Fragen wie bei einer Umfrage gestellt werden können.

3.2.2 Regeln und Sanktionen

Im nächsten Schritt werden nach den oben (S. 53f.) beschriebenen Grundlagen **Klassenregeln** aufgestellt. Im Unterschied zur Arbeit auf Schulebene können hier zwei Gruppen von Regeln unterschieden werden:

- Klassenregeln, die im Zusammenhang mit dem **Unterricht** stehen (z.B. keine Zwischenrufe, bei Meldungen aufzeigen);
- Klassenregeln, die das **respektvolle Miteinander** ermöglichen sollen.

Störungen im Unterricht gehen nicht selten von Schülern aus, die Mobbing-Täter oder zum Teil auch Mobbing-Opfer sind (provozierende Opfer, siehe S. 36). Die Reaktion des Lehrers auf solche Störungen stellt damit nicht nur den geregelten Unterrichtsverlauf sicher, sondern ist zudem gewaltpräventiv.

Für beide Fälle gilt: Die Lehrkraft sollte die Regeln und die Konsequenzen bei Regelverstößen möglichst so aufschreiben, wie die Schüler sie formulieren! Beim vermeintlichen Verbessern grammatischer oder sprachlicher Schwächen geht immer ein Stück Identifikation für die Schüler verloren, sie fragen sich dann zu Recht, warum sie sich überhaupt die Mühe der **Formulierung** gemacht haben. Damit werden die Vereinbarungen aber weniger verbindlich, da sie schlussendlich vom Lehrer vorgegeben erscheinen.

Konsequenzen bei Nichteinhaltung von Unterrichtsregeln können kreativ gestaltet werden. Verhaltensänderungen in diesem Bereich werden weniger durch Bestrafung als durch Belohnung erreicht. Hier zwei Beispiele für Konsequenzen:

- Viele Grundschulen verwenden ein **Plus-Minus-System**: Bei Regelverstößen schreibt der Lehrer einen Strich in eine Minusliste auf. Verläuft eine Stunde ohne größere Störungen, gibt es einen Strich in einer Plusliste. Beide Listen hängen öffentlich im Klassenraum aus.
  Am Ende eines bestimmten Zeitabschnitts (z.B. Woche oder Monat) werden die Listen verglichen und es wird entsprechend reagiert. Überwiegen die Minusstriche, werden der Klasse bestimmte Privilegien gestrichen (z.B. die Mitbestimmung bei Spielen im Sportunterricht, Teilnahme an Schulveranstaltungen wie Theateraufführungen). Die Kinder lernen dadurch recht schnell, dass ihre Handlungen Folgen haben und sie selbst es in der Hand haben, was passiert.
  Überwiegen die Plusstriche gibt es eine Belohnung, z.B. keine Hausaufgaben in einem Fach.
- Eine weitere Möglichkeit ist das **Zählen von Minuten**, die durch Störungen verloren gehen. Dies kann laut durch Aussprechen der bisher angesammelten Fehlzeiten erfolgen oder durch Anschreiben der Zahlen an die Tafel.
  Sind 45 Minuten erreicht, wird der so verloren gegangene Unterrichtsstoff in einer zusätzlichen Stunde nachgeholt. Dies bedeutet natürlich auch für den Lehrer eine Art »Bestrafung«, da er diese Stunde zusätzlich zu seinem Stundenkontingent abhalten muss. Alternativ können die Kinder eine schriftliche Stillarbeit erledigen, deren Ergebnis sie beim Fachlehrer abgeben müssen. Auch hier kommt auf die Lehrkraft zusätzliche Arbeit zu, da die Ausführungen korrigiert werden müssen.
  Um die »Gerechtigkeit« der Methode zu erhöhen, kann der Lehrer Zeitverluste, die auf sein eigenes Versäumnis zurückzuführen sind, von den gezählten Minuten abziehen. Dies vermittelt den Schülern das Gefühl, dass ihr Verhalten nicht mit zweierlei Maß gemessen wird.

Beide Methoden haben den Vorteil, dass sie **direkte Reaktionen** auf das Verhalten der Schüler und somit konsequent und zeitnah umsetzbar sind. Um den strafenden Charakter abzumildern, kann bei Einhaltung der Regeln über einen bestimmten Zeitraum hinweg (z.B. zwei Wochen) auch eine Belohnung in Form ausgesetzter Hausaufgaben in einem (!) Fach angeboten werden.

Für den Fall von Regelbrüchen des sozialen Miteinanders sollten zusammen mit den Schülern Folgen in einem hierarchisch angeordneten **Katalog** erarbeitet werden. Dieser Katalog kann ebenfalls unterschrieben im Klassenraum ausgehängt werden. Die Folgen sollten nicht herabwürdigend oder sinnlos sein, sondern die soziale Kompetenz der Schüler stärken (z.B. Arbeiten für die gesamte Klasse erledigen, Pausendienst, Stühle hochstellen, Tafel putzen, Entschuldigungsbriefe schreiben, Täter-Opfer-Ausgleich). Auch ein Informationsbrief an die Eltern kann eine Konsequenz sein, seine Wirkung ist jedoch nur mit Einschränkungen absehbar (siehe hierzu S. 77).

Sehr weit oben in der Hierarchie stehen Maßnahmen wie der Ausschluss von einem Wandertag oder einer Klassenfahrt. Die Androhung des Ausschlusses in Verbindung mit einer zeitlich begrenzten Bewährungszeit ist jedoch meist sehr wirksam. Auch hier sollte bei offensichtlicher Verhaltensänderung eines Täters der Schüler am Ende des vereinbarten Zeitraums für seine Bemühungen eine kleine (!) Anerkennung erhalten.

Anschließend müssen die **Fachlehrer** über die Regeln und die Folgen informiert werden und beide Listen unterzeichnen.

Für die **Eltern** können die entsprechenden Informationen im Rahmen einer Klassenpflegschaftssitzung weitergegeben werden. Zusätzlich sollte ein **Informationsbrief** für diejenigen Eltern, die der Pflegschaft fernbleiben, verfasst und über die Schüler verteilt werden. Dieses Schreiben muss einen Abschnitt besitzen, auf dem die Eltern die Kenntnisnahme bestätigen. Eine Einverständniserklärung für das beschriebene Verfahren ist problematisch, da ein unkooperativer Elternteil die ganze Maßnahme dadurch kippen kann!

Im weiteren Verlauf des Schuljahres müssen alle Lehrer der Klasse zusammen mit den Schülern auf eine **zeitnahe und konsequente** Umsetzung des Folgenkatalogs achten. Die Konsequenzen sollten dabei, wie oben auf S. 54f. beschrieben, immer der jeweiligen Situation angepasst sein. Sollten die Maßnahmen in der Klasse schriftliche Einlassungen umfassen, so können diese gegebenenfalls für einen bestimmten Zeitraum in den Personalakten verwahrt werden (siehe auch das Anti-Bullying-Konzept auf S. 121f.).

Wenn ein Mobbing-Problem unter aktiver Teilnahme und Einsicht des Täters gelöst wurde, können alle Einlassungen im Rahmen einer Art **Zeremonie** (z.B. vor der Klasse oder auch nur im Beisein des ehemaligen Opfers) dem Täter ausgehändigt und ihm dadurch Respekt und Anerkennung gezeigt werden.

Abschließend kann man eine **Evaluation** aller Maßnahmen durch eine erneute Fragebogenaktion oder Blitzumfrage durchführen. Sollte die gewaltpräventive Arbeit in einer Klasse von Erfolg gekrönt sein, ist eine Belohnung im Rahmen eines Wandertags denkbar. Auch hier kann man auf Bausteine aus dem Bereich »Schulebene« zurückgreifen und z.B. eine erlebnispädagogische Veranstaltung in einem Seilgarten durchführen. Damit erreicht man neben der Belohnung eine weitere Stärkung des sozialen Miteinanders in der Klasse.

Da Kinder und auch noch Jugendliche häufig unsicher sind, wie sie Hilfe leisten können und wo sie diese Hilfe erhalten können, macht es auch Sinn, in den Klassen eine sogenannte **Hilfe- oder SOS-Liste** auszuhängen. Die im Folgenden aufgeführten drei Personen(gruppen) auf dieser Liste können im Gespräch mit den Schülern erarbeitet werden:

- Für den Fall möglicher Übergriffe können sich aus der Klassen freiwillig **Trainer** für die Opfer und Täter melden. Es reichen hierzu vier bis sechs Schüler. Mit dieser Maßnahme werden mehr Schüler mitverantwortlich für die gewaltpräventive und -interventive Arbeit, die Klasse wird insgesamt mehr in einen möglichen Lösungsprozess miteinbezogen. Problematisch ist die Auswahl geeigneter Schüler bei neu zusammengesetzten Klassenverbänden. Es macht natürlich wenig Sinn, potenzielle Täter als Trainer einzusetzen. Von daher sollte man mit dieser Maßnahme warten, bis eine erste Kennenlernfahrt durchgeführt worden ist und die Gruppendynamik innerhalb der Klasse erkennbar wird. Die Kinder kennen sich dann untereinander bereits so gut, dass sie bei ungeeigneten Mitschülern ein Veto einlegen werden.
- Innerhalb der Schule kann man neben den Trainern immer auch die **Aufsicht führenden Lehrer** um Hilfe bitten. Weitere Ansprechpartner sind der Klassenlehrer, der SV-Lehrer oder, wenn vorhanden, der Beratungslehrer oder Schulsozialarbeiter.
- Außerhalb der Schule sollen Schüler gezielt **Erwachsene** um Hilfe bitten. Im Schulbus kann dies auch der Busfahrer sein. In einem Rollenspiel kann man den Schülern vermitteln, wie sie die Menschen dazu bekommen können, tatsächlich in einer Notsituation einzugreifen (z.B. gezielt ansprechen: »Sie da, helfen Sie uns bitte, da hinten wird gerade ein Kind geschlagen!«).

Ein Muster für eine Hilfeliste, die im Klassenraum aufgehängt werden kann, ist auf S. 173 zu finden.

Für diejenigen Fälle, bei denen das Opfer sich aus Angst oder Scham nicht persönlich an eine der genannten Personen wenden möchte, kann man noch einen Kummerkasten aufhängen oder eine E-Mail-Adresse für Notfälle einrichten.

3.2.3 Die Checkliste

Je nachdem, welche Bausteine ausgewählt wurden, kann ein Fahrplan zur Mobbing-Prävention natürlich auch länger sein als die in Abbildung 27 dargestellte Checkliste. Die Kurzübersicht stellt jedoch den bereits erwähnten Minimalkatalog für eine konstruktive Umsetzung dar.

	verantwortlich	Aufgabe	Termin/ Zeitraum	erle-digt
Schritt 1	Klassenlehrer	Fragebogenaktion		❍
	Fachlehrer/Schüler	Auswertung des Fragebogens		❍
	Klassenlehrer/Schüler	Bekanntmachen der Umfrageergeb-nisse: • Fachlehrer informieren • Aushang der Ergebnisse im Klassenraum und Diskussion • Informationsstunde für Schüler zum Thema Mobbing		❍
	Klassenlehrer	• Informationsabend für die Eltern • Informationsbrief für die Eltern • Flyer zum Thema Mobbing		❍
Schritt 2	Klassenlehrer/Schüler	• Aufstellen von Klassenregeln • Aufstellen eines Folgekatalogs		❍
	Klassenlehrer	Gemeinsames Unterzeichnen der Regeln und der Folgenliste durch alle Schüler und alle Lehrer		❍
Schritt 3	Klassenlehrer/Schüler	Gemeinsam mit der Klasse 4–6 Trainer benennen und die Namen in der Klasse aushängen		❍
	Klassenlehrer/ Informatiklehrer/ Hausmeister	Kummerkasten aufhängen oder E-Mail-Adresse einrichten		❍

Abb. 27: Kurzübersicht zum Anti-Mobbing-Fahrplan auf Klassenebene

4. Maßnahmen auf persönlicher Ebene

4.1 Der Maßnahmenkatalog

Arbeit gegen Mobbing auf individueller Ebene kann nur erfolgreich sein, wenn zwischen Lehrer und Opfer ein Vertrauensverhältnis besteht. Wie zuverlässig Lehrer die Probleme von Schülern behandeln, wie sorgfältig sie auf die Einhaltung der Regeln achten, das alles spricht sich rasch in einer Schule herum und ist daher Basis für dieses Vertrauen. Wer das Opfer nicht ernst nimmt oder ihm nicht genügend Schutz zukommen lässt, an den werden sich in Zukunft kaum Schüler mit ihren Problemen wenden!

Es kann ein Vorteil sein, wenn ein **Schulsozialarbeiter** als Ansprechpartner zur Verfügung steht, da ihm in einigen Fällen mehr Vertrauen als den Lehrern entgegengebracht wird.

Zum Teil überschneiden sich die im Folgenden aufgezählten Maßnahmen mit denen auf Klassenebene. Eine klassenbezogene Beratung (siehe S. 135f.) findet z.B. mit allen Schülern statt, bezieht sich aber in der Regel nur auf ein Opfer. Dagegen liegt der Schwerpunkt bei der Arbeit auf persönlicher Ebene im Bereich der Intervention und Postvention. Für den Maßnahmenkatalog von entscheidender Bedeutung ist daher auch der **Schutz des Opfers**, er hat Vorrang vor allem anderen!

4.1.1 Klärung

Eine vollständige Aufklärung eines Vorfalls ist aus naheliegenden Gründen nur sehr selten möglich. Von daher steht zu Beginn einer Intervention immer erst eine Einschätzung des subjektiven Empfindens des Opfers. Das Opfer entscheidet, ob es verletzt worden ist, nicht sein Gegenüber!

In einem **Einzelgespräch** wird der Schüler um eine Schilderung des Vorfalls gebeten. Der Lehrer protokolliert dieses Gespräch. Wie man ein solches Erstgespräch führt, wird ausführlich auf S. 131f. beschrieben.

Möglichst zeitnah werden protokollierte Einzelgespräche mit den **Tätern** geführt. Diese Gespräche sollten rasch aufeinanderfolgen, damit es nicht zu Absprachen kommen kann. Die Täter dürfen in dieser Zeit keinen Kontakt mit dem Opfer aufnehmen (um es z.B. einzuschüchtern)!

Sowohl für die Opfer- als auch für die Täter-Gespräche können alternativ oder ergänzend nach dem Muster des Anti-Bullying-Konzeptes (siehe S. 121f.) schriftliche Schilderungen angefertigt werden.

Täter sind häufig sehr redegewandt und versuchen, Situationen z.B. so darzustellen, als seien sie vom Opfer provoziert worden. Auf Rechtfertigungen der Täter sollte man daher nicht eingehen. Dieses Vorgehen entspricht der Farsta-Methode (siehe S. 124f.). Auf der anderen Seite sollten auch Schuldzuweisungen oder Vorwürfe vermieden werden. Täter sind nicht selten selber Opfer (siehe S. 34). Es muss klar sein, dass es in erster Linie um eine **Lösung des Problems** geht, nicht um Bestrafung!

Im weiteren Aufklärungsvorgang muss unbedingt auf **Opferschutz** geachtet werden. Hierzu kann das Trainer-Konzept (siehe S. 111f.) eingesetzt werden.

Für das weitere Vorgehen gilt: Das Opfer **entscheidet**, welche Maßnahmen ergriffen werden. Es darf keine Intervention über seinen Kopf hinweg erfolgen. Ein solches Vorgehen kann einerseits eine weitere Schwächung des Selbstwertgefühls des Opfers bewirken und andererseits am mangelnden Mitwirkungswillen des Schülers scheitern.

In jedem Fall muss das Opfer über die Problematik der Anonymität in einer Mobbing-Situation und über die Kennzeichen der typischen Mobbing-Struktur aufgeklärt werden. Hilfreich hierzu ist auch ein kleines Informationsblatt (ein Beispiel ist auf S. 170 zu finden).

4.1.2 Intervention

Das weitere Vorgehen in einem Mobbing-Fall ist von verschiedenen **Faktoren** abhängig:

- Wie weit geht die Kooperationsbereitschaft des Opfers? Welchen Maßnahmen stimmt es zu, welche lehnt es ab?
- Sind die Täter zum ersten Mal oder bereits mehrmals aufgefallen?
- Hat die Klasse der beiden Schüler ein gutes oder ein eher schlechtes Sozialverhalten?
- Sind die Fachlehrer der Klasse eher kooperativ oder nicht?

Die Aufzählung macht klar, dass es sehr schwierig ist, ein festes Raster für die **Reaktionen** des beratenden Lehrers vorzugeben. Trotzdem kann man einige grundlegende Empfehlungen für das weitere Vorgehen auf persönlicher Ebene geben. Zuerst einmal gilt es abzuklären, welche der drei folgenden **Ansprechpartner** für eine Intervention zur Mitarbeit herangezogen werden sollten:

- die Eltern von Opfer und Täter
- die Mitschüler der Klasse
- die Fachlehrer der Klasse (Aufsicht, Unterricht)

Ob man die **Eltern** informiert und um Mithilfe bittet, kann aus verschiedenen Gründen problematisch sein, wie Erfahrungen aus der Schulpraxis zeigen:

- **Überbehütende Eltern** von Opfern sehen ihre Ängste durch die Vorgänge in der Schule möglicherweise bestätigt und haben daher wenig Vertrauen in die Maßnahmen der Schule. Dann besteht die Gefahr, dass sie ihr Verhalten im häuslichen Bereich eher noch verstärken und das Opfer damit indirekt schwächen.
- **Übertolerante Eltern** von Tätern fühlen sich oft persönlich angegriffen. Sie geben einerseits der Schule, andererseits dem Opfer die Schuld für die Situation, selten jedoch ihrem eigenen Kind. Auch hier wird also die soziale Kompetenz des Kindes indirekt geschwächt.
- Bei Eltern mit **machtbetontem Erziehungsstil** schließlich besteht die Gefahr, dass sie ihr Kind im häuslichen Bereich noch härteren strafenden Maßnahmen aussetzen könnten – mit den gleichen Auswirkungen wie in den beiden zuvor beschriebenen Fällen.

Für die Entscheidung, ob man die **Eltern** von Tätern und Opfer über die Vorgänge unterrichten sollte, spielt das Erstgespräch mit den Kindern und Jugendlichen eine wichtige Rolle. Wenn z. B. ein Täter bei dem Satz »Wir werden deinen Eltern die Situation beschreiben« in Tränen ausbricht und darum bittet, das nicht zu tun, dann ist dies ein Hinweis darauf, die Situation – soweit möglich – ohne elterliche Mithilfe zu lösen.

Auf Nachfragen von interessierten oder besorgten Eltern muss selbstverständlich im Sinne der Transparenz eine umfassende Information gegeben werden. Hierzu kann man ein vorgefertigtes Schreiben verschicken oder zu einem Gespräch einladen.

Alle Elterngespräche müssen protokolliert werden, gegebenenfalls sollte man die Eltern bitten, die Niederschrift zu unterzeichnen (z.B. wenn sie mit den Maßnahmen der Schule nicht einverstanden sind). Die **Dokumentation** dieser Gespräche dient auch der Absicherung der beratenden Lehrer (siehe auch S. 138).

Sind die Eltern hingegen **kooperativ**, gibt es mehrere Möglichkeiten, wie man sie in den Lösungsprozess mit einbeziehen kann. Hierbei geht es vor allen Dingen darum, dass Kinder mit sozial schwierigen Verhaltensweisen neue Verhaltensweisen auch im häuslichen Bereich einüben können. Folgende Möglichkeiten bieten sich an:

- Mit den Eltern der Täter können verbindliche **Absprachen**, möglichst in schriftlicher Form, getroffen werden. Es können z.B. häusliche Verhaltensregeln festgelegt werden sowie Sanktionen bzw. Belohnungen bei Verstoß bzw. Erfüllung der Regeln.
- Den Eltern der Opfer kann man **Empfehlungen** aussprechen, wie sie das Selbstvertrauen ihres Kindes stärken können, z.B. durch die Ausübung einer Sportart oder die Förderung von Begabungen und positiven Eigenschaften. Die Sportart sollte jedoch nicht ein Mannschaftssport wie Fußball sein, da dort die Gefahr eines erneuten Mobbings besteht.

In Teil 1 (S. 37) wird die Mitarbeit möglichst aller Schüler in einer Klasse mit Mobbing empfohlen. Dies ist z.B. durch die Installation von Trainern möglich (siehe S. 111f.). Noch mehr Schüler erreicht man durch eine **klassenbezogene Beratung** oder durch das **Gegen-Gewalt-Konzept**. Beide Methoden werden ausführlich in Teil 4 dieses Buches dargestellt.

Neben dem Trainer-Konzept können auch die Fachlehrer einer Klasse aktiv im Opferschutz mitwirken. Bei rechtzeitiger Information ist eine Kontrolle im **Unterricht** besser möglich. So kann man z.B. zu Beginn einer Intervention Täter, Mitläufer und Opfer in Gruppen- oder Partnerarbeitsphasen trennen.

Weiterhin können die Fachlehrer bei der **Pausenaufsicht** mitwirken, was besonders wirkungsvoll ist, da sie alle Schüler der Klasse gut kennen. Diese Maßnahme kann auch unregelmäßig erfolgen, sodass sie für die Täter nicht berechenbar ist.

Dem Opfer selbst kann man Tipps geben, wie es sein Selbstvertrauen stärken und seine Wut abbauen kann. Übungen hierzu werden auf S. 93f. beschrieben.

4.1.3 Dokumentation: das Mobbing-Tagebuch

»Hör nicht hin« und »Sag nichts, sonst wird's noch schlimmer« – das sind zwei Zitate von Eltern, die versuchten, ihrem gemobbten Kind einen guten Rat zu geben. Gleichzeitig sind diese beiden Sätze aber auch klassische Beispiele, wie man mit Mobbing *nicht* umgehen darf: Täter können ihr Opfer nur deshalb ungestraft quälen, weil sie sich selbst in der Anonymität befinden. Das **Offenlegen** von Mobbing-Strukturen nimmt Tätern diesen Schutz.

Wichtig ist beim Offenlegen jedoch, Schuldzuweisungen so weit als möglich zu vermeiden. Damit erreicht man drei Ziele:

- Der **Gesichtsverlust** des Mobbers in der Lerngruppe ist nicht so bedeutsam, dass dieser nun selbst zum Außenseiter wird.
- Damit ist auch der **Ärger** über die vermeintliche Bloßstellung nicht so groß, dass der Mobber womöglich neue Methoden erfindet, das Opfer zu schikanieren.
- Schließlich erhalten die Täter eine **Chance** zu beweisen, dass sie kooperativ sind und ihr Verhalten ändern können.

Sollte der Täter sein Mobbing rigoros abstreiten, kann dies für das Opfer sehr belastend sein. In diesem Fall hilft die **Dokumentation** über ein Mobbing-Tagebuch, den Täter zu widerlegen:

- Im klassischen Mobbing-Tagebuch dokumentiert das Opfer die **negativen Handlungen** der Täter mit Namen, Datum, Uhrzeit (siehe S. 174f.). Wenn möglich sollten auch Zeugen benannt werden; vielleicht kann das Opfer sogar die Unterschrift dieser Personen erhalten. Dieses Tagebuch hilft bei einer späteren Gegenüberstellung mit einem – eventuell hartnäckig leugnenden – Täter.
- In der Anti-Mobbing-Arbeit hat sich auch eine zweite Art des Mobbing-Tagebuchs bewährt: Darin schreibt das Opfer am Ende jedes Tages alle guten und schlechten Ereignisse auf. Meist ist es so, dass wegen der Belastung durch das schulische Mobbing die private Welt zu Hause völlig aus dem Blickfeld gerät. Hier kann ein Tagebuch helfen, **positive Ereignisse** wieder stärker wahrzunehmen. Diese Maßnahme greift natürlich nur, wenn die häusliche Umgebung tatsächlich in Ordnung ist. Im typischen Erstgespräch mit Mobbing-Opfern muss das überprüft werden (siehe S. 131f.).

	verantwortlich	Aufgabe	Termin/ Zeitraum	erle-digt
Schritt 1	beratender Lehrer	zeitnahen Gesprächstermin festlegen		❍
	in Zusammenarbeit mit der Klasse	Opferschutz gewährleisten		❍
	beratender Lehrer	Maßnahmen zusammen mit dem Opfer planen		❍
Schritt 2	beratender Lehrer	Gespräche mit den Tätern		❍
	beratender Lehrer	Informationen an die Fachlehrer		❍
	beratender Lehrer und/oder Klassenlehrer	gegebenenfalls Informationen an die Eltern von Täter und Opfer sowie beratende Gespräche		❍
Schritt 3	beratender Lehrer und/oder Klassenlehrer/Beratungslehrer	• klassenbezogene Beratung • Gegen-Gewalt-Konzept • No-Blame-Approach • gezielt die Pausenaufsicht verstärken		❍

Abb. 28: Kurzübersicht zum Anti-Mobbing-Fahrplan auf persönlicher Ebene

4.2 Der Fahrplan und die Checkliste

Im Gegensatz zu den anderen beiden Arbeitsebenen ist hier kein echter Fahrplan möglich. Die Reaktionen des Lehrers sind z.B. davon abhängig, ob das Opfer gerade völlig aufgelöst aus einer konkreten Mobbing-Situation kommt, ob es durch Freunde zur Kontaktaufnahme überredet wurde, ob das Opfer schweigt oder den Sachverhalt nüchtern schildert etc.

Die Checkliste in Abbildung 28 ist aus diesem Grund nur ein grobes Raster für das Vorgehen des beratenden Lehrers.

5. Maßnahmen gegen Cyber-Mobbing[7]

5.1 Vorüberlegungen

Die Opfer von Cyber-Mobbing empfinden zunächst hauptsächlich Wut und Verunsicherung, in einigen Fällen auch Angst. Häufig ist zunächst nicht klar, wer der Angreifer aus dem Hinterhalt eigentlich ist. Stellt sich heraus, wer hinter der Schikane steckt, so hat das meist keine gravierenden Folgen für den Täter (keine Strafanzeige/kein Schulverweis). Jedoch bleiben ein Gespräch mit dem Lehrer und der Schulleitung sowie eine – für Schulen übliche – Bestrafung in der Regel nicht aus. Bei Strafmündigkeit sollte dabei auf den Straftatbestand hingewiesen werden. Eindimensionale Bestrafungskonzepte sollten jedoch auch hier überdacht und differenzierter angegangen werden: Was sind die Ursachen für das Mobbing? Wie ist das Klima an unserer Schule? Wird über Probleme in der Klasse geredet, gibt es einen Klassenrat, eine Kultur der Auseinandersetzung? Welche Umstände haben zum Mobbing beigetragen? Erst nach Beantwortung dieser Fragen sollte ein Handlungsplan für den Umgang mit der Situation erstellt werden.

> Die **Vorgehensweise** bei Cyber-Mobbing entspricht dabei in wesentlichen Zügen der bei »einfachem« Mobbing.

Jugendliche wissen häufig nicht, welchen Schaden sie mit einer veröffentlichten Bild- oder Video-Montage im Internet anrichten können oder welche Empfindungen verletzende oder bedrohliche Nachrichten bei Betroffenen auslösen können. Für sie ist das oft nur ein Spaß, um sich an Lehrern, beispielsweise wegen einer schlechten Note, zu rächen oder um einen Mitschüler zu ärgern. Leider gibt es kein Patentrezept gegen Cyber-Mobbing. Die Arten und Motive sind zu unterschiedlich, um einheitlich dage-

7 Text überarbeitet aus klicksafe 2008. Wir danken der Initiative www.klicksafe.de für die freundliche Abdruckgenehmigung.

gen vorgehen zu können. Darum ist es wichtig, dass alle Lehrer ein Gespür für Mobbing und den Zusammenhang mit Cyber-Mobbing entwickeln.

Will man an seiner Schule etwas gegen Cyber-Mobbing unternehmen, so ist es sinnvoll, den Schülern im Vorhinein zu vermitteln, welche Folgen dieses Handeln haben kann und dass Cyber-Mobbing ganz und gar nicht »angesagt« ist. Hierbei sind **präventive Maßnahmen** gefragt, mit denen sich das ganze Kollegium und die ganze Schule, z.B. in Form von Projekttagen, auseinandersetzen sollte. Dabei muss allen Lehrern und der Schulleitung klar werden, dass exzessive Mediennutzung heute selbstverständlich zum Lebensalltag der Jugendlichen gehört. Laut aktueller JIM-Studie (JIM 2008) ist zum ersten Mal seit zehn Jahren der Anteil der Jugendlichen, die einen eigenen Computer besitzen, mit 71 Prozent deutlich höher als der Prozentsatz derjenigen mit einem eigenen Fernsehgerät (61 Prozent). Darum sollten sich auch Lehrer mit dem bei Jugendlichen so beliebten Medium Internet und seinen Anwendungsmöglichkeiten (MSN, soziale Netzwerke etc.) auseinandersetzen und sich **über Trends informieren** lassen. Dies kann auch durch verantwortungsbewusste Schüler erfolgen, die in dieser Technik versiert sind. Ein solches Vorgehen fördert den konstruktiven Dialog zwischen Lehrer- und Schülerschaft.

5.2 Handlungsmöglichkeiten

Auch bei Cyber-Mobbing gilt: Prävention ist wichtiger als Intervention, wobei besonders der Aufklärung eine große Bedeutung zukommt. Im Folgenden einige Hinweise, wie man diese Grundsätze an Schulen umsetzen kann:

- Die ganze Schule braucht eine **einheitliche Definition** von Cyber-Mobbing. Jeder muss sich über das Ausmaß im Klaren sein und Cyber-Mobbing von normalem Mobbing unterscheiden können. Junge Leute und ihre Eltern sollten über die Verantwortung der Schüler im Internet und auch über die Sanktionen bei Missbrauch so früh wie möglich aufgeklärt werden. Eltern und Schüler sollten wissen, dass die Schule ihnen Unterstützung anbieten kann, auch wenn das Cyber-Mobbing außerhalb der Schule stattfindet.
- Es ist sinnvoll, die **Anti-Mobbing-Konvention** (vgl. S. 53) fortlaufend, je nach aktuellen Gegebenheiten, zu aktualisieren. Diese Vereinbarung beinhaltet z.B. das Verbot der Nutzung von Handy und Handykamera in Unterricht und Pause und schließt auch das Mobbing über das Internet aus. Der Verhaltenskodex wird von allen Beteiligten zu Schuljahresbeginn unterschrieben.
- Es ist sinnvoll, dass auch bei Cyber-Mobbing die für »normales« Mobbing verantwortlichen Lehrkräfte intervenieren.
- Auch Cyber-Mobbing kann als Problemthematik im **Unterricht** angesprochen werden. So wird die Aufmerksamkeit explizit auf das Thema gelenkt, und die Schüler merken, dass es sich bei Cyber-Mobbing um ein eigenständiges Problem handelt. Tipps hierfür sind als Arbeitsblätter im Anhang (S. 196ff.) sowie auf www.klicksafe.de zu finden.

- Eine Möglichkeit zur Aufkärung stellt ein **Informationsblatt** dar, in dem Schüler erfahren, was sie gegen Cyber-Mobbing unternehmen können. Eine Vorlage für einen solchen Flyer ist auf S. 196 als Kopiervorlage zu finden. Darin erfahren die Schüler z.B.,
  - wie sie einen Cyber-Mobber sperren oder beim Service-Anbieter melden können,
  - bei welchen Personen oder Anlaufstellen sie Hilfe erhalten können,
  - wie sie Beweise sichern können (z.B. über Screenshots).

  Eine solche Maßnahme kann durch den aufklärenden Besuch eines **Polizeibeamten** ergänzt werden, was vor allem in den unteren Klassen sehr wirksam ist. Für Lehrer bietet die polizeiliche Kriminalprävention zudem eine umfangreiche Broschüre zum Thema Neue Medien an, die kostenlos als Download zur Verfügung steht (vgl. S. 151).

Viele Betreiber sozialer Netzwerke bieten inzwischen die Möglichkeit, Cyber-Mobbing-Vorfälle zu melden. Sie haben leicht zu findende Meldefunktionen, die benutzerfreundlich sind. Erhalten die Anbieter Hinweise auf Cyber-Mobbing, werden sie diese prüfen und können Inhalte löschen, die illegal sind oder auf eine andere Weise gegen den Verhaltenskodex verstoßen. Sie haben dabei auch die Möglichkeit, Profile von Mitgliedern zu löschen, die sich nicht an die Regeln halten.

Sollte man Mitglied eines sozialen Netzwerks sein, in dem es keine Möglichkeiten gibt, jemanden zu ignorieren oder zu melden, empfiehlt es sich, das Netzwerk zu verlassen. Es ist nicht üblich und auch nicht seriös, wenn es keine Stelle gibt, an die man sich wenden kann!

Hier exemplarisch einige **Kontaktmöglichkeiten**, die den Schülern z.B. auch als Arbeitsblatt zur Verfügung gestellt werden können (vgl. die Kopiervorlagen auf S. 197f.):

schülerVZ

- Hier gibt es die Möglichkeit, Personen zu ignorieren. Dies sollte immer der erste Schritt sein, wenn man beleidigende Nachrichten oder Ähnliches erhält. So können keine Nachrichten mehr von dieser Person empfangen werden. Hören die Belästigungen nicht auf, hat man die Möglichkeit, diese Person beim Betreiber zu melden. Man klickt dazu unter dem Profilbild der Person auf »XY ignorieren/melden« und füllt das sich öffnende Fenster aus.
- Sollten Fotos eingestellt sein, die unerwünscht sind, gibt es ebenfalls die Möglichkeit, das zu melden. Diese Bilder werden dann, nachdem sie geprüft wurden, von den Betreibern entfernt.
- Hartnäckige Belästigungen können den Betreibern direkt gemeldet werden; diese haben dann die Möglichkeit, das Profil zu sperren oder ganz zu löschen.
- Bei schülerVZ sollte man auch unbedingt die Tipps zur Einstellung seiner Privatsphäre durchlesen und seine Einstellungen entsprechend ändern bzw. anpassen (→ Privatsphäre → Tipps).

wer-kennt-wen
Möchte man jemanden bei wer-kennt-wen ignorieren, dann muss man unter dem Profilbild desjenigen, den man sperren möchte auf »XY ignorieren« klicken. Sollte diese Maßnahme nicht erfolgreich sein, kann man Belästigungen und kritische Inhalte mit Angabe des Ortes und des Grundes melden.

Video-Portale
Es gibt auch die Möglichkeit, Videos auf Video-Portalen entfernen zu lassen. Dazu ist es erforderlich, dass die Videos illegalen Inhalts sind (z.B. Kinderpornografie, Gewaltdarstellungen oder Hassvideos) oder sonstige Regeln verletzen. Dazu zählen auch Videos, in denen man, ohne seine Erlaubnis gegeben zu haben, gezeigt wird oder Filme, in denen über einen in diskriminierender Art und Weise gesprochen wird. In den meisten Video-Portalen gibt es einen »Melden«-Button. Klickt man darauf, hat man die Möglichkeit anzugeben, warum man das Video meldet. Ist man beispielsweise ungefragt abgebildet worden, kann man angeben, dass seine Persönlichkeitsrechte durch dieses Video verletzt werden. Der Betreiber ist dann verpflichtet, das Video aus seinem Portal zu entfernen.

Instant Messenger
Egal welchen Instant Messenger man nutzt, es ist heutzutage Standard, dass es die Möglichkeit gibt, Personen zu ignorieren, sodass man keine Nachrichten mehr von ihnen erhalten kann. Auf www.chatten-ohne-risiko.de sind unter der Kategorie »Instant Messenger« einige Messenger aufgelistet, und es wird unter »Sicherheitseinstellungen« jeweils beschrieben, wie man sich bei unerwünschtem Kontakt am besten verhält.

Chatrooms/Foren/Blogs
Normalerweise haben Chat-Betreiber klare und leicht zu findende Meldefunktionen, die es einem ermöglichen, ihnen direkt zu schreiben. So können Benutzer, die sich nicht an die Chat-Regeln halten, gelöscht werden. Einige Chatrooms werden moderiert, so können Moderatoren zunächst eine Verwarnung aussprechen. In Foren gibt es normalerweise auch Moderatoren. Wenn sie sehen, dass unangebrachte Nachrichten oder Kommentare veröffentlicht werden, haben sie die Möglichkeit, diese Kommentare zu löschen und den Urheber direkt zu sperren. Findet man sich in einem Chat oder Forum wieder, in dem niemand auf Beschwerden reagiert, sollte man dieses Portal in Zukunft besser meiden.

Handyanbieter
Die Handyanbieter dürfen aus Datenschutzgründen die Handynummer von Kunden nicht herausgeben, auch nicht, wenn von einer Nummer eine Belästigung ausgeht. Jedoch kann man einige Nummern (wenn sie nicht unterdrückt sind) auf seinem Handy-Display sehen. Bekommt man wiederholt unerwünschte SMS oder wird man von ständigen Anrufen belästigt, sollte man sich von seinem Handyanbieter eine neue

Nummer geben lassen. Bei Prepaid-Handys genügt bereits der Kauf einer neuen SIM-Karte.

E-Mail

Bekommt man unerwünschte, beleidigende oder gar bedrohende E-Mails, sollte man die Mail-Adresse des Belästigers wie eine Spam-Adresse behandeln. Man kann jede beliebige E-Mail-Adresse auf die Spamliste setzen. Dann kommen die unerwünschten Nachrichten gleich in den Papierkorb.

Bei massiver Bedrohung sollte in allen genannten Fällen umgehend die Polizei aufgesucht werden. Welche rechtliche Aspekte Cyber-Mobbing hat wird im folgenden Kapitel kurz beschrieben.

5.3 Gesetzliche Lage

Cyber-Mobbing wird gesetzlich noch nicht direkt bestraft. Bis zur entsprechenden Gesetzgebung bieten jedoch verschiedene Cyber-Mobbing-Handlungen die Möglichkeit, rechtliche Maßnahmen zu ergreifen. Zunächst stellt sich die Frage, ob das Mobbing öffentlich oder geschlossen stattfindet (vgl. Tab. 4).

Tab. 4: Rechtliche Möglichkeiten bei Cyber-Mobbing

Öffentliches Mobbing	Geschlossenes Mobbing
• Werden Videos oder Bilder ohne Zustimmung veröffentlicht, wird damit das Persönlichkeitsrecht und das Recht am eigenen Bild verletzt (siehe auch S. 49f. und S. 162). • Werden, beispielsweise in Foren, sozialen Netzwerken oder Blogs, Unwahrheiten verbreitet oder Beleidigungen ausgesprochen, kann man Unterlassungsanspruch geltend machen oder Strafanzeige wegen Verleumdung/übler Nachrede erstatten (vgl. ebenfalls die o. g. Seiten).	Wird man per E-Mail, Instant Messenger oder SMS fortlaufend beleidigt oder belästigt, tritt unter Umständen das Anti-Stalking-Gesetz in Kraft (der genaue Wortlauf ist im Anhang auf S. 159 nachzulesen).

Insgesamt gilt: Drohung, Erpressung oder Nötigung, egal durch welches Medium, egal ob öffentlich oder geschlossen, sind Straftaten. Ob diese Vorfälle der Polizei gemeldet werden sollen, ist auch aus den auf S. 49 dargestellten Gründen im Einzelfall zu entscheiden.

1. Grundlagen und Vorüberlegungen

Die Beschreibungen in der Fachliteratur zur Anti-Mobbing-Arbeit sind für Lehrer häufig zu wenig konkret auf den Schulalltag bezogen und zu wenig detailliert. Eine Forderung, wie z.B. Klassen mit Mobbing in die Nähe des Lehrerzimmers zu versetzen, ist zwar einsichtig, aber an den wenigsten Schulen umsetzbar. Bei vielen Methoden stellt sich dem Lehrer aber auch die Frage, was genau er beachten muss, wenn er eine Übung in seiner Klasse anwenden will. Einer der Schwerpunkte dieses dritten Buchteils liegt daher auf einer möglichst detaillierten Beschreibung konkreter und in der Praxis erprobter Maßnahmen.

Alle **Übungen** und **Methoden** sind zum Teil nach Vorlagen abgewandelt, zum Teil vom Autor selbst entwickelt, in allen Fällen aber in seiner Arbeit als Beratungslehrer eingesetzt worden. Sie funktionieren im Schulalltag mit großer Sicherheit. Die Übungen sind in der Schulpraxis entstanden, ihr Zeit- und Materialaufwand ist überschaubar. Da Lehrer keine ausgebildeten Sozialarbeiter oder Therapeuten sind, stellen die Methoden keine Anforderungen an Fähigkeiten aus diesen Arbeitsbereichen.

Obwohl in Teil 2 dieses Buches immer wieder auf die Vorgabe und Einhaltung klarer Regeln hingewiesen wurde, ist eine der Grundlagen von Gewaltintervention im methodischen Bereich eine gewisse Flexibilität in der Lehrerreaktion. Der Lehrer muss ein **Repertoire** an Übungen zur Verfügung haben, um in unerwarteten Situation angemessen reagieren zu können. Ein Beispiel aus der Berufspraxis mag dies verdeutlichen:

Ein Mädchen schildert einem Lehrer einen vermeintlichen Mobbing-Fall, bei dem zwei Jungen die Täter sein sollen. Der Lehrer kennt die Klasse und weiß, dass die Schüler über die Folgen von Mobbing auf Schulebene Bescheid wissen. Dementsprechend verärgert ist er über das Verhalten der Jungen. Nach gewohntem Schema führt er eine Beratungsstunde in der Klasse durch und konfrontiert die vermeintlichen Mobber mit ihren Übergriffen. Die beiden Jungen sind zuerst sprachlos, dafür reagiert aber ein Großteil der Klasse ungewohnt heftig. Mitschüler schildern, dass das Mädchen die beiden erheblich provoziert habe und somit an der Situation nicht ganz unschuldig sei.

Der Lehrer hat im Vorfeld also den Fehler begangen, die beiden Jungen nicht zu befragen, und befindet sich nun in einer unangenehmen Lage. Sein Vorgehen ist aber insofern verständlich, als es in der Klasse immer wieder zu Übergriffen kommt, das Klassenklima insgesamt nicht gut ist und das Opfer glaubwürdig war. Er beschließt daher spontan, die Gelegenheit zu nutzen, das Thema »Umgang miteinander« anzusprechen. Die Neuorientierung in der Intervention gelingt, da die Klasse ein großes Interesse an der grundsätzlichen Lösung ihres Problems hat und den vermeintlichen Mobbing-Fall als Anstoß dafür erkennt.

Wäre der Lehrer im geschilderten Fall beim gewohnten Ablauf der Intervention geblieben, hätte er die beiden Jungen zu Unrecht sanktioniert. Erst die **Flexibilität** in der Reaktion hat dazu geführt, dass das hinter dem zuerst vermuteten Problem liegende Thema in der Klasse zur Sprache gekommen ist.

Ein weiteres Merkmal guter Methoden und Übungen in der Gewaltintervention ist die Vermeidung von Strafen. Aus der Kriminalitätsbekämpfung wissen wir, dass selbst die härtesten Strafen keine Verbrechen verhindern können. Wo irgend möglich sollte man Verhaltensänderungen bei Kindern und Jugendlichen über ein **Belohnungssystem** anstreben. Gerade bei Tätern aus Elternhäusern mit machtbetontem Erziehungsstil bewirkt Strafe oft nur eine Verstärkung der Aggression.

Wie schon oben (S. 32) erwähnt, ist Jugendgewalt ein männliches Phänomen. Aus diesem Grund ist im Bereich der Gewaltprävention und -intervention vor allem **Jungenarbeit** an Schulen von großer Bedeutung. Übungen aus der Mädchen- und Jungenarbeit können mit geschlechtshomogenen Gruppen durchgeführt werden, eignen sich aber auch für gemischtgeschlechtliche Gruppen. Eine Trennung in Mädchen- und Jungengruppe innerhalb einer Klasse kann im Bereich der Mobbing-Intervention Sinn machen, wenn die Probleme entweder nur in der Jungengruppe existieren (d.h. Täter und Opfer sind Jungen) oder die Geschlechter in einer Lerngruppe Probleme miteinander haben.

Bei allen beschriebenen Übungen und Methoden gilt schließlich der Grundsatz der **Freiwilligkeit**. Es ist wenig sinnvoll, durch Druck Verhaltensänderungen erreichen zu wollen. Druck erzeugt in der Regel Gegendruck und kein echtes Verständnis. Wenn ein Schüler sich einer Übung verweigert, sollte dies nie Ursache für eine übertriebene Reaktion seitens des Lehrers sein. Hier ist vielmehr die oben erwähnte Flexibilität gefragt. Aus der Sicht des Schülers besteht mit Sicherheit ein wichtiger Grund, die Methode nicht anwenden zu wollen. Manchmal stellt sich nach einiger Zeit heraus, worin dieser Grund bestanden hat (z.B. Angst, ausgelacht zu werden; Machtprobe mit dem Lehrer als Vaterersatz; mangelndes Vertrauen in die Mitschüler).

Damit die beschriebenen Methoden besonders wirkungsvoll sind, empfiehlt es sich, die **Verschulung** der Übungssituation soweit als möglich aufzuheben. Dies kann einerseits durch eine Umgestaltung des Klassenraums geschehen oder andererseits durch ein Ausweichen auf Räume außerhalb der Schule (z.B. im Rahmen eines halb- oder ganztägigen Projekts).

Die Vermeidung der Verschulung betrifft aber auch das **Lehrerverhalten**: Wenn es um die Rückmeldung von Schülern nach einer Übung geht, darf der Lehrer in Grenzen dazu Stellung nehmen. Er darf jedoch *nicht* – wie aus dem Schulalltag gewohnt – die Aussagen der Schüler bewerten. Beobachtungen oder Gefühle sind subjektiv und damit nicht zu beurteilen. Stellung beziehen heißt dann z.B., einem Schüler mit einer schlechten Wahrnehmung zu verdeutlichen, dass er wichtige Rückmeldungen eines Spielpartners nicht wahrgenommen hat.

Abbildung 29 zeigt in einer Übersicht noch einmal alle Merkmale von Methoden und Übungen im Bereich der Anti-Mobbing-Arbeit.

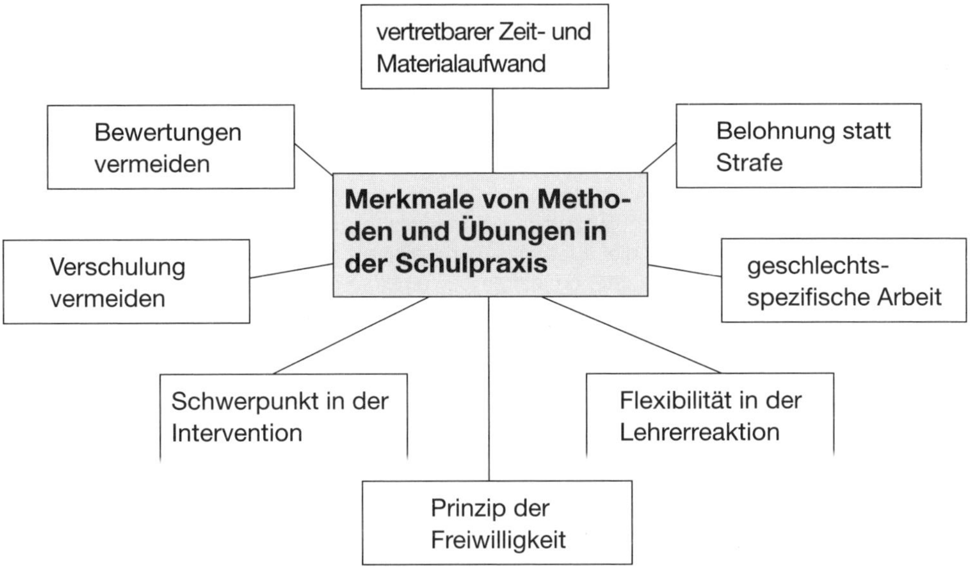

Abb. 29: Merkmale von Methoden und Übungen in der Gewaltprävention und -intervention

Die in den Folgekapiteln beschriebenen Übungen sind zum Teil thematisch geordnet. Dies soll eine Auswahl erleichtern und dem Leser die erwähnte Aneignung eines kleinen Repertoires an geeigneten Methoden ermöglichen. Für die thematische Einordnung waren die in Tabelle 3 beschriebenen Überlegungen entscheidend.

Neben den Übungen spielen auch Materialien für die präventive Arbeit im Fachunterricht eine Rolle. Beispiele für geeignete Mittel werden auf S. 118f. gegeben.

Damit der Leser eine Vorstellung davon bekommt, wie man auch mit relativ wenigen Methoden und Übungen eine messbare Wirkung erzielen kann, werden auf den Seiten 129f. und 144f. anhand zweier Konzepte Anwendungsbeispiele beschrieben. Es handelt sich um das Gegen-Gewalt-Konzept sowie die klassenbezogene Beratung.

Abschließend sei noch darauf hingewiesen, dass die Auswahl geeigneter Methoden immer auch von der Lehrerpersönlichkeit abhängig ist: Was bei einem Lehrer guten Erfolg bringt, kann bei einem anderen versagen. Es ist daher ein gewisses Maß an Kenntnis über eigene Schwächen und Stärken erforderlich, um einerseits Übungen sinnvoll auswählen zu können und andererseits eine gute Beziehung in der Arbeit mit den Schülern aufbauen zu können.

Tab. 5: Thematische Einordnung von Methoden und Übungen im Kontext gewaltpräventiver und -interventiver Arbeit

Thema	Erläuterung
Vertrauen – Kennenlernen	Die Arbeit mit Schülern zum Thema »Gewalt« bzw. »Mobbing« kann nur funktionieren, wenn die Mitglieder der Lerngruppe sich gut kennen und/oder Vertrauen zueinander haben. In schwierigen Klassen trifft zumindest die zweite Voraussetzung nicht zu. **Vertrauensbildende** Übungen, die auch das vorurteilsfreie gegenseitige Kennenlernen ermöglichen, stehen daher bei einem Projekt oder bei einem sozialen Kompetenztraining am Anfang jeder Planung.
Grenzen setzen – Grenzen wahrnehmen	Mit den Übungen soll das **Selbstbewusstsein** der Opfer gestärkt werden, damit sie die eigenen Grenzen deutlicher klarmachen können. Durch Gespräche gelingt dies nur bedingt. Wichtiger ist für die – häufig körperlich unterlegenen oder weniger aktiven – Schüler, ihre eigene Körperlichkeit positiv zu erfahren. Mobbing-Täter hingegen haben das Problem, dass sie die **Grenzen** der Mitschüler nicht genügend wahrnehmen und respektieren. Für sie ist wichtig, dass sie im körperlichen Miteinander diese Grenzen spürbar erfahren können. Die beschriebenen Übungen haben daher häufig einen **doppelten Nutzen**, da sie die Aufarbeitung der Defizite beider Personengruppen unterstützen.
Konflikte einmal anders	Konfliktlösung hat viel mit der Einhaltung von **Regeln** und mit der **Wahrnehmung** des Streitpartners zu tun. Wer nur darauf aus ist, seine Bedürfnisse ohne Rücksicht auf andere durchzusetzen, wird kurzfristig Erfolg mit dieser Methode haben, langfristig aber sozial scheitern. Eine wichtige Aufgabe der Übungen ist, den Sinn von Regeln zu vermitteln und zu zeigen, dass Konflikte auch ohne einseitige Machtausübung gelöst werden können. In keinem Fall sollte eine **Verschulung** der Trainingssituation mit schulpädagogisch erhobenem Zeigefinger erfolgen, dies bewirkt schlussendlich gar nichts oder sogar das Gegenteil des angestrebten Ziels. Die beschriebenen Methoden sind daher auch weniger nach intellektuellen Gesichtspunkten ausgewählt worden. Bei ihnen spielt auch der **emotionale** Aspekt eine wichtige Rolle.
Spannung lösen	Arbeit im Bereich der Gewaltprävention und -intervention ist sehr energieaufwendig und emotional belastend. Aus diesem Grund sollte eine Übungseinheit oder ein Projekt zum Thema immer auch entspannende Einheiten enthalten, um ein **Ventil** für angestaute Energien zu bieten. Alle Übungen sind ohne großen Aufwand realisierbar und werden vom Autor seit Jahren erfolgreich eingesetzt. Viele Leser werden sie sicherlich aus einem anderen Kontext kennen.
Soziale Kompetenz fördern – Opferschutz gewährleisten	Die Übungen sollen einen positiven Ansatz des **Miteinanders** in einer Gemeinschaft vermitteln. Dies schließt allerdings nicht aus, dass jeder Schüler so bleiben kann, wie er ist. Hier geht es also auch um das Respektieren verschiedener Ansichten, Sprechweisen, Kleidungsstile, Vorlieben etc. Gemeinschaft bedeutet nicht zwangsläufig, im Gleichtakt zu leben.

2. Vertrauen – Kennenlernen

2.1 Soziometrieübung

Mit dieser Übung können verschiedene Ziele in einer Lerngruppe erreicht werden:

- Sie erlaubt ein stummes und zeitsparendes **Stimmungsbild** (Wie sind die Schüler heute aufgelegt? Wie fühlen sich die einzelnen Schüler an der Schule, in ihrer Lerngruppe? Gibt es Ängste, Befürchtungen oder bestimmte Erwartungen?).
- Weiterhin kann der Lehrer Informationen über den **Zusammenhalt** in der Klasse erhalten (Gibt es Cliquenbildung in der Klasse, häufig mit stark polarisierten Teilgruppen? Wie eng stehen die Schüler beieinander? Gibt es Kinder, die ausgeschlossen sind?).
- Schließlich können auch **Veränderungen** in der Lerngruppe diagnostiziert werden, wenn eine Anti-Mobbing-Intervention sich über einen längeren Zeitraum hinzieht (Wirken die eingesetzten Methoden?).

Name	**Soziometrieübung, Stimmungsbarometer, Thermometer, Online**
Zeitbedarf	ca. 5 Minuten
Materialien	Kreppband
Ziel(e)	• Stimmungsbild der Klasse • Vertrauensbildung • Überprüfung der Wirksamkeit der eingesetzten Methoden
Ablauf	• Auf dem Boden wird ein Kreppband o. Ä. als **Linie** aufgeklebt. Die beiden Enden können als **Pole** gekennzeichnet werden (siehe Abb. 30): Ein Pol erhält ein Pluszeichen (mit der Bedeutung von z. B. »sehr viel«, »häufig«), der andere ein Minuszeichen (»sehr wenig«, »selten«). • Der Lehrer stellt nun **Fragen** und bittet die Schüler, sich entsprechend auf der Linie aufzustellen. Einfache Fragen sollen die Berührungsängste mit der ungewohnten Situation abbauen, z. B. Fragen nach dem Alter (Plus = alt, Minus = jung) oder der Länge des Anfahrtswegs zur Schule (Plus = langer Weg, Minus = kurzer Weg). • Als **»Stimmungsbarometer«** dienen Fragen wie z. B.: »Wie ging's dir heute Morgen, wie beim Weg hierher, wie geht's dir jetzt?« (Plus = sehr gut, Minus = sehr schlecht). Schließlich landet man bei den wichtigen Fragen, die über die Beziehung zur Schule oder Klasse Aufschluss geben, z. B.: »Wie wohl fühlt ihr euch an dieser Schule?«, »Wie wohl fühlt ihr euch in dieser Klasse?«. Führt man die Kinder oder Jugendlichen einfühlsam zu diesen eher »gefährlichen« Fragen, sind die Reaktionen in der Regel sehr echt und ehrlich. • Im Rahmen einer schon länger laufenden Intervention kann man auch fragen, ob sich etwas in der Klasse **geändert** hat.
Auswertung	Die Übung benötigt keine besondere Auswerterunde, da sie für sich selbst spricht. Um die Wahrnehmung der Schüler zu schärfen, kann der Lehrer fragen, ob ihnen bei den Aufstellungen etwas aufgefallen ist. Die Antworten werden nicht kommentiert.

Wenn man die Übung immer zu Beginn einer Stunde (z.B. im Rahmen eines mehrwöchigen Trainings) verwendet, gibt sie den Schülern als **Ritual** Sicherheit, die Rückmeldungen werden dann auch immer ehrlicher. Sicherlich sind manche Schüler beim ersten Ausprobieren nicht ganz ehrlich (z.B. weil sie Angst haben, ausgegrenzt zu werden!). Die Übung ist diagnostisch jedoch wesentlich effektiver als die häufig in Schulen verwendete Blitzlichtrunde im Stuhlkreis, bei der der Einzelne kaum die Möglichkeit hat, zu jeder Frage eine Rückmeldung zu geben. Zudem benötigt das Blitzlicht erheblich mehr Zeit, was für die Praxis im Schulalltag von Bedeutung ist.

Abb. 30: Soziometrieübung

Diese Übung bringt viel Bewegung in die Gruppe und ist mit einer Menge Gelächter verbunden. Das ist ein durchaus erwünschter Nebeneffekt, denn Lachen entspannt.

Der Lehrer muss bei der Durchführung nicht mitmachen, kann es aber z.B. bei den »ungefährlichen« Einstiegsfragen. Es ist für Schüler z.B. durchaus amüsant, wenn der Lehrer bei der Frage nach dem Alter sehr weit weg von ihnen auf der Skala steht! Bei den sensibleren Fragen sollte die Lehrkraft jedoch die Aufstellung von außen betrachten, um sich selbst ein besseres Bild von der Abstimmung machen zu können.

2.2 Mit der Stimme abstimmen

Vom Zeitaufwand noch kürzer als die Soziometrieübung ist das Abstimmen mit Lauten. Der Nachteil bei dieser Methode ist, dass man im Sinne des Wortes nur ein Stimmungsbild der gesamten Gruppe erhält. Sie stellt jedoch eine gute Möglichkeit dar, um z.B. am Ende einer Trainingseinheit (kurz vor dem Stundenende) noch rasch eine nonverbale Rückmeldung zu bekommen. Zudem wirkt diese Form eines Stimmungsbarometers entspannend, da sie auch zum Lachen anregt.

Name	Mit der Stimme abstimmen, Ab-Stimmen
Zeitbedarf	ca. 1 Minute
Materialien	keine
Ziel(e)	Stimmungsbild der Klasse
Ablauf	• Alle Schüler stellen sich hin und bilden einen **Kreis**. • Nun kann der Lehrer z. B. fragen: »Wie geht es euch gerade?« Die Schüler werden aufgefordert, ein hohes Summen von sich geben, wenn es ihnen gut geht, und ein tiefes, wenn nicht, bzw. alle **Tonlagen** dazwischen. • Auf Kommando summen alle Schüler gleichzeitig. • Die Übung kann auch durch das **Heben** beider Arme ergänzt werden: Hohe Arme bedeuten »Mir geht es gut«, herabhängende Arme das Gegenteil. • Mit der Übung lassen sich auch viele andere Sachverhalte rasch abklären, z. B. welche Methoden bei den Schülern gut angekommen sind und welche nicht.
Auswertung	nicht erforderlich

2.3 Pendeln

Wie viel gegenseitiges Vertrauen in einer Lerngruppe herrscht, lässt sich auch über den Einsatz des Körpers gut herausfinden. Gleichzeitig zeigen **körperliche Übungen** auch rasch, welche Kinder oder Jugendlichen Probleme mit der Wahrnehmung von Grenzen beim Gegenüber haben.

Eine klassische Übung für diesen Bereich ist das Pendeln. Auch hier gilt: Sollte die Methode im Rahmen eines mehrwöchigen Trainings durchgeführt werden, sollte man sie immer wieder einmal einbauen, da den Schülern dann verdeutlicht wird, welche Fortschritte sie auch innerhalb des Klassenverbands gemacht haben.

Name	Pendeln
Zeitbedarf	ca. 5–10 Minuten
Materialien	keine
Ziel(e)	• Das Vertrauen in einer Gruppe überprüfen und/oder stärken. • Die Mitspieler wahrnehmen. • Auf die Mitspieler aufpassen.
Ablauf	• Es werden **Gruppen** zu 4–5 Schülern eingeteilt. • Jeweils ein Schüler stellt sich freiwillig als **»Pendel«** in die Mitte seiner Mitspieler, die in einem regelmäßigen Kreis stehen. • Die Schüler im Kreis heben ihre Arme so, dass diese leicht angewinkelt vor dem Körper stehen. Ein Bein sollte nach außen gerichtet sein, damit ein fester Stand gewährleistet ist.

	• Der Mitspieler in der Kreismitte (das Pendel) versteift seinen Körper, schließt die Augen und lässt sich gegen die Arme der Mitspieler **fallen**. Er verlässt seinen Standort dabei nicht. • Die Schüler im Kreis **fangen** ihn auf und schubsen ihn vorsichtig auf die gegenüberliegende Seite. • Eigentlich sollten alle Schüler einmal Pendel sein, dies ist aber im Schulalltag nicht umsetzbar. Für den Fall eines mehrwöchigen Projektes kann der Lehrer jedoch darauf achten, dass jeder in der Klasse einmal diese Möglichkeit bekommt.
Auswertung	• Die Schüler bilden einen Stuhlkreis. • Sie werden gefragt, wie es für sie war, als Pendel hin und her geschubst zu werden bzw. was ihnen aufgefallen ist, wenn sie das Pendel auffangen und zurückschubsen mussten. • Die Antworten der Schüler werden vom Lehrer nicht kommentiert.

Während die Übung läuft, muss der Lehrer die **korrekte Umsetzung** der Anweisungen kontrollieren. Es ist immer wieder erstaunlich, wie viele Dinge Kinder und Jugendliche hierbei falsch machen (z.B. keine Körperspannung aufbauen, keinen vernünftigen Stand einnehmen).

Sollte ein Schüler die Übung nicht mitmachen wollen, weil er Angst hat, dass die Mitschüler ihn als Pendel nicht auffangen, so muss diese Entscheidung im Sinne der Freiwilligkeit der Teilnahme respektiert werden. Der Lehrer kann dann einen anderen Schüler bitten, Pendel zu spielen. Das Vertrauen in der Gruppe wird zunehmen, wenn klar wird, dass es hier im Gegensatz zum Schulalltag kein Muss gibt!

Der Lehrer sollte zusätzlich darauf achten, dass keine Sticheleien in den Kleingruppen ablaufen (z.B. das Pendel zu fest zurückschubsen, das Pendel nicht richtig auffangen). Sollte dies doch geschehen, wird die Übung abgebrochen und im Stuhlkreis über das Verhalten der Schüler gesprochen.

2.4 Vertrauensbrücke

Auch diese Übung dürfte dem einen oder anderen Leser aus seiner Kindheit bekannt sein. Wie das Pendeln handelt es sich um eine Methode, mit der einerseits das Vertrauen in einer Lerngruppe getestet, aber auch gestärkt werden kann. Wer seinen Partner bei dieser Übung z.B. fallen lässt, wird kein Vertrauen bekommen.

Name	Vertrauensbrücke, Waage
Zeitbedarf	ca. 5–10 Minuten
Materialien	keine
Ziel(e)	Das Vertrauen in der Gruppe überprüfen und/oder stärken.
Ablauf	• Die Schüler werden vom Lehrer in **Zweiergruppen** aufgeteilt. • Sie stellen sich einander gegenüber, indem sie sich an ihren Händen (oder noch besser: an ihren Handgelenken) **halten**, die Fußspitzen berühren sich. • Der Körper wird gerade gehalten, Blickkontakt aufgenommen. • Die Arme werden vorsichtig **gestreckt**, es muss sich ein Gleichgewicht zwischen den beiden Partnern aufbauen. Die Arme sollten zum Schluss gestreckt sein. • Ist das Vertrauen sehr groß, kann der Griff einer Hand gelöst werden.
Auswertung	Im Stuhlkreis wird darüber gesprochen, wo die Übung problematisch war, wie gut man seinem Partner vertrauen konnte. Die Rückmeldungen der Schüler werden vom Lehrer nicht kommentiert.

Auch bei dieser Übung gilt: Der Lehrer muss die korrekte Ausführung überprüfen und bei Provokationen eingreifen und diese im Stuhlkreis mit der gesamten Lerngruppe diskutieren.

3. Grenzen setzen – Grenzen wahrnehmen

3.1 Möhrenziehen

Diese Übung ist wahrscheinlich jedem Sportlehrer bekannt. Leider werden im Unterricht die verschiedenen gruppendynamischen Prozesse, die während der Durchführung ablaufen, zu wenig besprochen. Durch eine der Übung angeschlossene Auswerterunde gewinnt das Spiel eine zusätzliche Dimension.

Häufig sind die für den Möhrenbauern »schwierigen« Fälle die Mobbing-Opfer, die bei diesem Spiel ungeahnte Kräfte freisetzen können. Das lässt sie bei den Mitschülern in einem neuen Licht erscheinen und stärkt gleichzeitig ihr Selbstbewusstsein.

Name	Möhrenziehen
Zeitbedarf	ca. 10 Minuten
Materialien	keine
Ziel(e)	• Grenzen artikulieren, Grenzen wahrnehmen • (eigene) Stärken erleben
Ablauf	• Alle Schüler bis auf einen legen sich im **Kreis** auf den **Bauch**, die Köpfe zeigen nach innen. Indem sie sich alle an den Händen halten, bilden sie eine »Möhrenkette«. • Ein Schüler ist der »Möhrenbauer« und hat die Aufgabe, aus der Möhrenkette Möhren **herauszuziehen**, indem er an den Beinen der Mitspieler zieht. Die Schüler im Kreis versuchen, dies so lange wie möglich zu verhindern. • Um das Spiel zu forcieren, können auch zwei Möhrenbauern eingesetzt werden.
Auswertung	Im anschließenden Stuhlkreis können folgende Fragen gestellt werden: • Wie ist es für dich, alleine draußen zu sein? • Was ändert sich, wenn ihr mehr Bauern seid? • Waren die Möhren mit den Mitteln der Bauern einverstanden? • Wo war es besonders schwierig/leicht, eine Möhre zu ziehen? • Welche Unterschiede sind euch aufgefallen? • Wo wart ihr überrascht?

Aus dem Spiel kann ganz schnell Ernst werden, wenn ein Möhrenbauer nicht wahrnimmt, wo die Grenzen der »Möhre« sind. Und damit ist man beim Thema Fremd- und Eigenwahrnehmung angelangt: In der Auswertung sollen die Schüler erkennen, dass sich die Grenzen der Mitspieler unterscheiden und dass der Möhrenbauer dies wahrnehmen muss, um niemanden zu verletzen.

Wenn ein Schüler auf die Rufe der Möhrenkette gar nicht reagieren will, muss der Lehrer eingreifen, das Spiel unterbrechen und direkt im Stuhlkreis die Situation durchsprechen.

3.2 Stopp!

Die folgenden beiden Übungen sind gut als »Hausaufgabe« für ein Mobbing-Opfer geeignet. Sie dienen der Stärkung des **Selbstbewusstseins** und führen somit indirekt zu einer besseren Abgrenzung vom Täter.

- Ein laut geschrienes »Stopp!« oder »Nein!« bewirkt zwar nicht unbedingt, dass der Mobber dauerhaft sein Verhalten ablegt. Allerdings erschwert es ihm dieses Verhalten, z.B. weil ein sich wehrendes Opfer Aufmerksamkeit auf sich zieht und das Mobbing nicht mehr anonym stattfinden kann.

  Damit ein Kind oder Jugendlicher lernt, seine Grenzen deutlicher zu setzen, kann er zu Hause die folgende Übung durchführen: An einem möglichst schalldichten Ort (oder weitab von bebautem Gelände) soll der Schüler, so laut er kann,

»Nein!«, »Stopp!«, »Lass das!« o.Ä. schreien. Zusätzlich zum Schrei kann er noch mit dem Fuß kräftig aufstampfen.

- Auch ängstlich-unsichere Opfer tragen natürlich eine Menge **Wut** mit sich herum (die sich gegen die eigene Hilflosigkeit und/oder gegen die Täter richten kann). Nicht selten sind die Eltern oder Geschwister »Blitzableiter« für diese Wut. Für die folgende einfache Übung reichen ein dicker Stock oder ein alter Tennisschläger und eine Decke oder ein Kissen.
  Die Aufgabe besteht darin, mit dem Stock so kräftig wie möglich auf die Decke (die z.B. auf dem Bett oder einem Tisch liegt) einzuschlagen, bis die Wut nachlässt.
  Ein zusätzlicher Schrei kann helfen, die eigenen Energien (wieder) zu entdecken. Die Übung kann mit der voranstehenden (beim Schlagen laut »Stopp« oder »Nein!« schreien) kombiniert werden. So lernt das Opfer, sich bei der nächsten Mobbing-Situation besser wehren zu können.

3.3 Hau ab!

Dieses Spiel ist vielleicht einigen Kollegen aus dem Selbstbehauptungstraining als »Ja-nein-Spiel« bekannt. Die hier vorgestellte Variante erlaubt dem Spieler, der Konfrontation auszuweichen, indem er geht. Damit ergibt sich eine Handlungsalternative für Konflikte: Ausweichen muss kein Zeichen von Schwäche sein, wenn damit Schaden vermieden wird.

Name	**Hau ab!, Ja-nein-Spiel**
Zeitbedarf	ca. 20 Minuten
Materialien	keine
Ziel(e)	• standhalten, bei seiner Meinung bleiben • Konflikte nicht um jeden Preis austragen
Ablauf	• Alle Schüler setzen sich wie in einem Theater mit Blick auf zwei Mitschüler auf den **Boden**. • Die Spieler stellen sich zwei Meter voneinander entfernt einander gegenüber. Der eine Schüler sagt: »Hau ab!«, der andere: »Ich bleibe (hier)!« • Die beiden **Aussagen** werden immer aufs Neue wiederholt, die Reihenfolge ist dabei egal. Den Schülern ist es erlaubt, die Stimme zu verändern (schreien, flüstern) und Gesten auszuführen (mit dem Fuß aufstampfen, mit den Händen zeigen), sie dürfen sich jedoch **nicht berühren**. • Nach zwei Minuten können die **Rollen gewechselt** werden. • Aus den Zuschauern darf nach weiteren zwei Minuten ein neues Paar weitermachen.
Auswertung	• Die Spieler werden befragt, wie sie sich bei der Übung gefühlt haben, ob es ihnen z.B. leichter fiel, »anzugreifen« oder sich zu »verteidigen«. • Die Beobachter werden gefragt, was ihnen besonders aufgefallen ist und ob sie z.B. Unterschiede zwischen den oder innerhalb der Paarungen feststellen konnten.

Bei der Übung kommt es immer wieder vor, dass die Schüler in Gelächter ausbrechen. Dies ist im Einzelfall in Ordnung, da Lachen Spannungen abbaut. Vorsicht ist geboten, wenn bei den Zuschauern Langeweile eintritt, daher sollte dieses Spiel – im Gegensatz zu manchen Beschreibungen in der Literatur – mit einer zeitlich begrenzten Spieldauer von jeweils zwei Minuten durchgeführt werden.

Der Lehrer hat darauf zu achten, dass es keine Beschimpfungen gibt. Wird diese Regel gebrochen, wird das Spiel beendet und eine neue Paarung benannt.

3.4 Verteidigung

Wer angegriffen wird, darf sich verteidigen. In der Absicht, jegliche Gewalt bei Kindern zu vermeiden, schießen einige Eltern und Erzieher über das Ziel hinaus und verurteilen auch den körperlichen Einsatz bei der Verteidigung. Körperbetontes Spiel (»Raufen«) gehört aber zu den Grundausstattungen kindlicher Spielkultur (siehe auch S. 15). Aus dem Spiel wird erst dann Ernst, wenn die Kontrahenten nach verschiedenen Regeln spielen oder einer der beiden gemeinsame Regeln bricht. Der Lehrer muss daher auch bei dieser Übung auf die strikte Einhaltung der Regeln achten.

Das folgende Spiel erlaubt es, in einem geschützten Raum Verteidigung nach festgelegten Regeln auszuleben. Wenn der Verteidiger sich geschickt anstellt, haben die Räuber in der Regel keine Chance. Sicherlich eine Erfahrung, die das Selbstwertgefühl eines potenziellen Opfers steigert.

Name	**Verteidigung, Schatzhöhle**
Zeitbedarf	ca. 10–15 Minuten
Materialien	ein nicht zerbrechlicher Gegenstand, der einen Schatz symbolisiert (z. B. Tafelschwamm, T-Shirt, Softball)
Ziel(e)	• Regeln im körperbetonten Spiel einhalten • Verteidigung als positive Verhaltensweise erleben
Ablauf	• Der Lehrer teilt **Gruppen** zu 4–6 Schülern ein. In jeder Gruppe ist ein Verteidiger und 3–5 Räuber. • Der **Verteidiger** kniet sich in den Vierfüßlerstand und legt seinen »Schatz« unter seinen Oberkörper. • Die **Räuber** haben die Aufgabe, den Schatz mit ihren Händen unter dem Verteidiger wegzuziehen. Derjenige, dem dies gelingt, wird in der nächsten Runde Verteidiger. • Wenn der Verteidiger einen der Räuber mit seiner Hand berührt, so scheidet dieser Räuber aus und die Bande muss ihr Glück »geschwächt« weiter versuchen. • Nach 5 Minuten Spielzeit werden die Rollen neu verteilt.
Auswertung	In einer Gesprächsrunde kann der Lehrer fragen, wie die Schüler das Spiel empfunden haben, welche Rolle ihnen leichter gefallen ist, ob man zur Verteidigung jedes Mittel einsetzen darf.

3.5 Scoutspiel

Menschen unterscheiden sich in ihrer Fähigkeit, Details in ihrer Umwelt **wahrzunehmen**. Diese Fähigkeit kann durch gezielte Übungen verbessert werden, wie das Scoutspiel zeigt.

Wenn Schülern diese Tatsache bewusst wird, können sie dieses Wissen einerseits benutzen, um ihre Grenzen deutlicher klarzumachen. Andererseits lernen sie so aber auch, besser auf die Reaktionen der anderen zu achten, um ein entspannteres Miteinander erleben zu können.

Name	**Scoutspiel, Detektivspiel, Kamera**
Zeitbedarf	ca. 5–10 Minuten
Materialien	Papier und Stift
Ziel(e)	• Unterschiede in der Wahrnehmung kennenlernen und akzeptieren • die eigene Wahrnehmung schulen
Ablauf	• Der Lehrer teilt die Schüler in Zweiergruppen auf (im Einzelfall kann man die Übung zu dritt durchspielen). • Zwei Schüler stehen sich gegenüber und schauen sich 30 Sekunden lang genau an, sie erstellen sozusagen ein **»Gedächtnisfoto«**. • Beide drehen sich auf ein Kommando des Lehrers um und haben weitere 30–40 Sekunden Zeit, irgendetwas an sich zu **ändern** (z. B. Kleidung, Körperhaltung, Mimik). Um die Unterschiedlichkeit der Wahrnehmungen besser vergleichen zu können, sollte man sich auf eine ganz bestimmte Anzahl von Änderungen für alle Spielpaare einigen, die Mindestzahl sollte jedoch drei sein. • Die zwei Schüler drehen sich wieder zueinander um und haben erneut 30 Sekunden Zeit herauszufinden, was der jeweils andere geändert hat. • Jedes Paar hält auf einer **Strichliste** fest, wie viele Veränderungen jeweils gefunden wurden. • Die Zettel aller Spielpaare werden (ohne Namen) an der Klassenwand aufgehängt oder in die Mitte eines Stuhlkreises gelegt.
Auswertung	Im anschließenden Stuhlkreis werden die Erfahrungen während des Spiels geschildert und anschließend die Ergebnisse verglichen. Im günstigsten Fall kommen auf den Strichlisten ganz unterschiedliche Ergebnisse heraus. Der Lehrer kommentiert diese Beobachtung nicht.

3.6 Spiegel

Die Spiegelübung ist eine Methode, die rasch eine starke Eigendynamik entwickeln kann. Während sich am Anfang nur einzelne Schüler freiwillig melden, wollen danach alle mitmachen. Die Methode dient zur **Sensibilisierung** der Mitschüler für die Gefühle der Ohnmacht und des Ausgeschlossenseins des Opfers, stärkt also die Empathie. Je mehr Mitgefühl für eine Person vorhanden ist, desto schwieriger ist es, sie »fertigzumachen«.

Name	**Spiegel, Deine Schuhe**
Zeitbedarf	ca. 5–8 Minuten
Materialien	keine
Ziel(e)	Empathie mit dem Opfer entwickeln
Ablauf	• Es wird ein **Stuhlkreis** gebildet, der Lehrer setzt sich zwischen die Schüler. • Nun erzählt der Lehrer aus seiner eigenen Schülervergangenheit (z.B. wenn er selbst Mobbing-Opfer war) oder berichtet alternativ über einen fiktiven oder realen **Mobbing-Fall** aus der Vergangenheit. Wichtig dabei ist die realistische und plastische (aber nicht drastische!) Darstellung der negativen Handlungen der Täter. Im Anschluss an diese Erzählung werden die Schüler gefragt: »Wie würdet ihr euch fühlen, wenn man so mit euch umgehen würde?« • Ein Stuhl kommt in die Mitte des Stuhlkreises. Ein Schüler setzt sich freiwillig auf den Platz und sagt: »Wenn man mich … (schlagen, beleidigen, ausschließen etc.) würde, dann würde ich mich … fühlen!« Die Schüler werden gebeten, jede ihrer Aussagen genau mit der vorgegebenen **Formulierung** zu beginnen. Damit sollen ungewollte Du-Botschaften und die innere Distanzierung durch Verwendung des Wörtchens »man« vermieden werden. • Es beginnt ein Schüler neben dem Lehrer, die Reihe läuft dann z.B. im Uhrzeigersinn weiter. Dabei ist unbedingt zu beachten, dass das Prinzip der **Freiwilligkeit** eingehalten wird – kein Schüler darf gezwungen werden, die Übung durchzuführen!
Auswertung	nicht erforderlich

Während der Übung sollte der Lehrer darauf achten, dass die Schüler die Aufgabe nicht aus dem Blick verlieren. Vor allem jüngere Kinder neigen manchmal dazu, sich in der Schilderung von besonders brutalen Übergriffen zu verlieren.

3.7 »War doch bloß Spaß!«

Wenn man in ein längeres Projekt zum Thema »Soziale Kompetenz« oder »Gewaltvermeidung« einsteigen möchte, bietet sich dafür eine Betrachtung des Gewaltbegriffs an. Ein solches Projekt kann z.B. im Rahmen der oben (S. 56) beschriebenen Quartalsplanung stattfinden. Die folgende Übung lässt sich aber auch in einer Doppelstunde zum Thema »Gewalt und Mobbing« sehr gut als erste intensive Methode zur Auseinandersetzung mit dem Thema nutzen.

Hintergrund der Übung ist, dass die **Definitionen für Gewalt** individuell verschieden sind: Was der eine Schüler noch als Spiel versteht, ist für den anderen schon bitterer Ernst. Hier geht es also auch um die Wahrnehmung der Reaktionen beim Gegenüber – eine Fähigkeit, die Mobbern häufig abgeht.

Name	»War doch bloß Spaß!«, Was ist Gewalt?
Zeitbedarf	ca. 20–30 Minuten (von der Gruppengröße abhängig)
Materialien	Stifte, Zettel, Kreppband
Ziel(e)	• Der Gewaltbegriff soll als individuell geprägt verstanden werden. • Die Meinung der Mitschüler soll wahrgenommen und respektiert werden.
Ablauf	• Die Schüler werden gebeten, auf einem **Zettel** eine Situation aufzuschreiben, die sie mit Gewalt verbinden. • Die Zettel werden gemischt und kommen umgedreht auf den Boden. • Auf den Boden wird mit einem ca. 5 m langen Kreppband eine **Linie** geklebt. Das eine Ende der Linie bedeutet »keine Gewalt«, das andere »starke Gewalt« (zur Verdeutlichung kann man ein Minus- und Pluszeichen aufkleben, siehe auch S. 89). • Die Schüler bilden um die Linie einen **Stuhlkreis**. • Jeder zieht im Uhrzeigersinn einen Zettel, liest ihn laut vor und kommentiert, wo die Situation seiner persönlichen Meinung nach auf der Skala zwischen »keine Gewalt« und »starke Gewalt« **einzuordnen** ist. • Der Zettel wird entsprechend auf die Linie gelegt.
Auswertung	• Je nach Gruppenzusammensetzung kann man auf eine Auswertung durchaus verzichten, da die Ergebnisse für sich selbst sprechen. • Sollte dies nicht der Fall sein, kann der Lehrer die Klasse fragen, was ihnen bei der Zuordnung aufgefallen ist. Auch hier erfolgt keine Kommentierung der Schüleräußerungen.

Sollten die Gewaltbeispiele der Schüler zu einseitig sein, können alternativ auch vorgegebene Situationen (von der Lehrkraft bereits ausgefüllte Zettel) untergemischt werden. Beispiele hierfür:

- Ein Vater gibt seiner Tochter eine Ohrfeige, weil das Mädchen aus Wut ein Glas umgeworfen hat.
- Die Mitschüler von Lars rufen ihn nicht bei seinem Namen, sondern nennen ihn nur »Streuselkuchen« (wegen seiner vielen Pickel im Gesicht).
- In einer Fernsehserie schlägt der Held fünf Erpresser zusammen.
- Im Krieg erschießt ein Soldat einen Zivilisten, der mit einem Küchenmesser auf ihn losgeht.
- Drei Hooligans schlagen einen Fußballfan der gegnerischen Mannschaft zusammen.
- Zwei Jungen prügeln sich während der Pause auf dem Schulhof.
- Vier Schülerinnen verstecken seit einigen Wochen immer wieder das Sportzeug einer Mitschülerin, sodass diese zu spät in den Sportunterricht kommt.
- Einige Schüler tun jedes Mal so, als müssten sie sich übergeben, wenn ihnen ihre Mitschülerin Sabine auf dem Schulflur begegnet.
- Ein Boxer schlägt seinen Gegner im Ring bewusstlos.
- Ein Löwe springt eine Antilope an und beginnt mit dem Fressen, obwohl das Tier noch nicht tot ist.

- Eine Mutter gibt ihrem dreijährigen Kind im Supermarkt einen Klaps, weil es nicht aus dem Einkaufswagen steigen will.
- Ein Polizist legt einem Bankräuber Handschellen an.

Auch die Definitionen in der Literatur sind oft nicht ganz eindeutig, wie die folgenden Beispiele zeigen:
- »Gewalt ist die Ausübung von physischem oder psychischem Zwang« (Microsoft Encarta 2000).
- »Ein Schüler oder eine Schülerin ist Gewalt ausgesetzt oder wird gemobbt, wenn er oder sie wiederholt und über einen längeren Zeitraum den negativen Handlungen eines oder mehrerer anderer Schüler oder Schülerinnen ausgesetzt ist« (Hanewinkel/Knaack, in Kasper 2002b, S. 16).
- »Mobben ist als eine ganz spezifische Teilmenge von körperlicher wie verbaler Gewalt zu verstehen. Ihr zentrales Kennzeichen ist eine dauerhafte und massiv ungleichgewichtige Beziehung zwischen Opfer und Täter« (Tillmann u.a., in Kasper 2002b, S. 17).
- »Gewalt ist die vorsätzliche Verletzung des Körpers, der Gesundheit oder der Freiheit einer Person« (sinngemäß aus dem Gewaltschutzgesetz der Bundesrepublik Deutschland).
- »Gewalt entsteht, wenn jemand seine Stärke oder Machtstellung benutzt, um einem anderen absichtlich, nicht zufällig, wehzutun. Zu Gewalt zählen Gewaltandrohungen und Handlungen, durch die jemandem sowohl ein wirklicher als auch ein möglicher Schaden zugefügt wird. Dabei kann es sich um Schäden handeln, die der Seele, dem Körper, der allgemeinen Gesundheit und dem Wohlbefinden der Person zugefügt werden. Gewalt ist auch der Schaden, den Menschen sich selbst zufügen, beispielsweise, wenn sie sich selbst töten« (Studie des Generalsekretärs der Vereinten Nationen über Gewalt gegen Kinder, UN 2006, S. 28).

Mit interessierten Schülern können diese Beispiele im Anschluss an die Übung oder auch als eigenständige Unterrichtseinheit diskutiert werden. In der Regel geht dies jedoch nicht, da die Formulierungen vor allem für jüngere Schüler zum Teil schwer verständlich sind.

4. Konflikte einmal anders

4.1 Ein fairer Kampf

Der Leser fragt sich vielleicht, wie ein Kampf und Gewaltprävention zusammenpassen. In beiden Fällen geht es um die erwähnte Einhaltung von Regeln, um die eindeutige Vorgabe von Grenzen. Wer in einem spielerischen Kampf lernt, wie Regeln das ungefährdete Ausprobieren sonst verbotener Körperlichkeit ermöglichen, wird rasch erkennen, dass Grenzen im realen Leben eine wichtige Hilfe zur **konstruktiven Konfliktbewältigung** sind.

Bei dieser Übung kämpfen zwei Schüler mit Schaumstoffstöcken gegeneinander. Solche Kampfstöcke gibt es im Fachhandel zu erwerben (Adressen hierfür auf S. 152), wesentlich billiger ist es jedoch, sie selbst herzustellen. Eine Bauanleitung für die vom Autor entwickelten sogenannten »Rough-Sticks« ist auf S. 177 zu finden. Für Grundschüler können alternativ auch sogenannte Lufti-Bats (ein Stoffsack, der mit einem länglichen Luftballon gefüllt ist) benutzt werden (Bezugsquelle siehe S. 152).

Name	**Ein fairer Kampf, Bataka-Fight**
Zeitbedarf	von der Gruppengröße abhängig, ca. 10–20 Minuten
Materialien	Stoppuhr, Schaumstoffstöcke
Ziel(e)	• Regeln einhalten, Streitkultur entwickeln • Verantwortung für sich und den Gegner übernehmen
Ablauf	• Die Gruppe sitzt um ein Kampffeld und bildet so eine **Arena**. • Der Lehrer ist **Kampfrichter** und erklärt den Ablauf der Übung. • Ein freiwilliger Schüler sucht sich einen **Partner**, mit dem er kämpfen will; dieser kann zustimmen oder ablehnen. • Die Partner **begrüßen** sich durch dreimaliges Kreuzen der Schläger und sprechen deutlich im Kontakt zum Gegner: »Auf einen fairen Kampf.« • Ist der Kampf zu Ende, geben sich beide Partner die Hände und **bedanken** sich für den fairen Kampf (»Danke für den fairen Kampf«). • Der Kampf dauert 60 bis 90 Sekunden. Er beginnt und endet mit dem Zeichen des Kampfrichters oder bei Aufgabe eines Partners. • Beginn und Ende sind immer nach dem hier beschriebenen **Ritual** durchzuführen. • **Verboten** sind Schläge ins Gesicht und in die Geschlechtsorgane, bei Mädchen auch in den Brustbereich. • Der Kampf wird **unterbrochen**, wenn einer seinen Schläger verliert, ein Kämpfer »Stopp« ruft oder der Kampfrichter »Stopp« ruft.
Auswertung	Im lockeren Kreis können die Schüler zu folgenden Fragen Stellung nehmen: • Wie war der Kampf für dich? • Wie war dein Mitschüler als Kampfpartner für dich? • Was ist der Runde beim Kampf der beiden aufgefallen? • Kann ich in der Gruppe »Stopp« sagen? • Fällt es mir leichter, anzugreifen oder mich zu verteidigen? • Helfen Regeln bei einem Kampf?

Das Spiel kann um eine sehr wirkungsvolle Alternative erweitert werden. Hierzu werden die zwei Kämpfer zuerst hinausgeschickt und die Zuschauer informiert, dass sie jeweils eine halbe Minute lang einen der beiden Gegner anfeuern sollen. Für die Auswertung sind dann folgende Fragen geeignet:

- Was passiert, wenn alle Zuschauer die Kämpfenden anfeuern?
- Was passiert, wenn alle Zuschauer sich von einem Kampf abwenden und weggehen?

Dem Leser dürfte klar sein, dass vor allem die letzte Frage einen ganz entscheidenden Denkprozess bei den Schülern anregt!

4.2 Schlag auf Schlag

Der Zeitaufwand dieser Methode ist sehr hoch, sie kann daher nur im Rahmen eines Projektes eingesetzt werden. Da die Schüler ungestört in Kleingruppen arbeiten sollen, ist das Schulgebäude während der Unterrichtszeit ungeeignet.

Die Übung soll den Schülern vor allem helfen, die eigenen Verhaltensmuster, die immer wieder zu Konflikten führen, zu erkennen und entsprechende Alternativen zu entdecken. Durch das Rollenspiel wird dabei die Authentizität erhöht.

Name	**Schlag auf Schlag**
Zeitbedarf	ca. 40 Minuten
Materialien	Zettel und Stift
Ziel(e)	• konfliktauslösende Muster erkennen • Konfliktvermeidungs- oder Konfliktlösungsstrategien entdecken und spielerisch einüben
Ablauf	• Die Schüler werden gebeten, auf einem Blatt in wenigen Sätzen eine typische Konfliktsituation, die sie erlebt haben oder von anderen kennen, **aufzuschreiben**. Die Blätter werden gemischt und verkehrt herum auf den Boden gelegt. • Es werden Kleingruppen zu 3–5 Personen gebildet. • Jede Gruppe nimmt sich ein Blatt mit und versucht in 5–6 Minuten, eine Szene als **Rollenspiel** zu entwickeln, die eine Lösung des Konfliktes aufzeigt. • Die **Lösungen** werden nacheinander von allen Gruppen vor dem Plenum vorgespielt. • Der Schüler, der die Konfliktsituation aufgeschrieben hat, kann sich dazu äußern, ob sich für ihn ein neuer Blickwinkel durch die Lösungsszenarien der anderen ergeben hat und wenn ja, welcher.
Auswertung	Im Stuhlkreis sind folgende Fragen möglich: • Welche Lösungsmuster kehren oft wieder, sind bekannt? • Welche Lösungsmuster sind überraschend gewesen? • Was hilft, Konflikte auch humorvoll oder einfühlend zu sehen? • Wie hätte der Konflikt im Vorfeld verhindert werden können?

4.3 Bankspiel

In dieser Übung wird nicht nur die Vermittlung von Grenzsetzung durchgespielt, sondern auch die Fähigkeit erlernt, Konflikte ohne Gewalt austragen zu können oder auch einem Konflikt aus dem Weg zu gehen.

Name	**Bankspiel**
Zeitbedarf	ca. 15 Minuten
Materialien	eine Bank oder drei Stühle, die eine Bank darstellen
Ziel(e)	• Grenzen setzen • Konflikte gewaltlos austragen oder Konflikten aus dem Weg gehen
Ablauf	• Ein freiwilliger Schüler **setzt sich** auf die Bank und tut so, als ob er das schöne Wetter genießen würde. Die restliche Lerngruppe sitzt auf dem Boden wie in einem Theater, der Bank zugewandt. • Ein weiterer Schüler spielt einen »**Störer**«, der zufällig vorbeikommt und den Sitzenden penetrant in ein Gespräch zu ziehen versucht. • Der erste Schüler muss nun möglichst klar und deutlich, aber ohne Anwendung von Gewalt eine **Lösung** für das Problem finden (z.B. durch ein lautes »Nein!« oder »Hau ab!« seine Grenze setzen oder die Bank verlassen). • Die beobachtenden Schüler entscheiden, wann die Spielsequenz **zu Ende** ist. Nun wird der »Störer« zum »Genießer« und ein weiterer Schüler kann die Rolle des »Störers« übernehmen. • Das Spiel sollte nicht zu lange durchgeführt werden, da es irgendwann für die Beobachter langweilig wird.
Auswertung	Folgende Fragen können im Kreis erörtert werden: • Wem fiel es leicht, seine Grenzen zu setzen, wem fiel es schwer? • Wer hat die Grenzen des Sitzenden nicht wahrgenommen und trotzdem das Gespräch weitergeführt? • Wer kennt ähnliche Situationen aus dem Schulalltag? Wie reagiert ihr dann? • Habt ihr jetzt eine Idee, was ihr anders machen könntet?

4.4 Music-Fight

Hier wird es richtig laut, d.h. die Übung kann nur in der unterrichtsfreien Zeit oder außerhalb des Schulgeländes durchgeführt werden. Zielgruppe sind vor allem jüngere Kinder, die bereit sind, diese experimentelle Methode auszuprobieren.

Wenn den Schülern die Möglichkeit genommen wird, das Gegenüber durch Beschimpfungen fertigzumachen, erhält ein Konflikt eine neue Dimension. Jetzt kann das Opfer dem Täter auf Augenhöhe begegnen, denn z.B. eine Trommel laut zu schlagen ist jedem Kind möglich. Den schwächeren Kindern in der Gruppe wird damit ein Stück Selbstwertgefühl vermittelt.

Zusätzlich wird aber auch deutlich, wie komisch ein Konflikt sein kann, wenn keinem klar ist, worum es dabei eigentlich geht – eine Situation, die auch im Alltag oft anzutreffen ist.

Name	Music-Fight, Streit der Töne
Zeitbedarf	ca. 20 Minuten
Materialien	• diverse Musikinstrumente robuster Bauart (z.B. Trommel, Klangstöcke, Schellenkranz, Trillerpfeife, Becken) • Kreppband
Ziel(e)	• Konflikte humorvoll betrachten • Selbstwertgefühl entwickeln
Ablauf	• Zwei Kontrahenten finden sich auf freiwilliger Basis (nach dem Prinzip des »fairen Kampfes«, siehe S. 100). • Aus den angebotenen **Musikinstrumenten** können sich beide ihre »Waffen« aussuchen. Hier besteht die Alternative, dass der Lehrer bestimmte Instrumentengruppen vorgibt (z.B. Blasinstrumente, Schlaginstrumente etc.). • Als Kampfplatz reicht ein Raum in der Größe eines kleinen Klassenzimmers. • Die Kontrahenten stehen sich etwa sechs Meter voneinander entfernt gegenüber, mit Kreppband wird eine Zone von drei Metern **Zwischenraum** abgetrennt, die nicht betreten werden darf. • Der »Kampf« dauert 60–90 Sekunden und darf nur unter Verwendung der Instrumente ausgetragen werden (Berühren, Schreien, Beschimpfen, Spucken etc. sind verboten).
Auswertung	Die Auswertung entspricht im Prinzip der des »fairen Kampfes«. Im lockeren Kreis können die Schüler zu den folgenden Fragen Stellung nehmen: • Wie war der Kampf für dich? • Wie war der Mitschüler als Kampfpartner für dich? • Was ist der Runde beim Kampf der beiden aufgefallen? • Hattest du den Eindruck, eher anzugreifen oder eher zu verteidigen? Was würde dir leichter fallen? • Wie haben die Beobachter den Kampf wahrgenommen?

4.5 Allein oder mit Hilfe

Die folgende Übung ist nicht einfach, sie birgt eine Menge Konfliktpotenzial. Sie sollte nur in einem offenen Zeitrahmen durchgeführt werden (eine Schulstunde reicht nicht dafür aus) und von Personen, die mit der Klasse bzw. Gruppe gut vertraut sind. Die Übung kann leichter angeleitet werden, wenn zwei Lehrkräfte im Team arbeiten.

Der Vorteil dieses Rollenspiels ist, dass Schüler gezielt bestimmte Verhaltensweisen einüben können und direkt sehen, welche Auswirkungen ihr Verhalten auf das Gegenüber hat. **Rollenspiele** sind immer sehr gute Instrumente zum sozialen Lernen, stellen aber an den Lehrer als Einzelperson **hohe Anforderungen** hinsichtlich seiner Gruppenleitungsfunktion. Aus diesem Grund wird nur dieses eine Beispiel für ein Rollenspiel vorgestellt. Folgende **Erkenntnisse** können mit der Übung vermittelt werden:

- Auch Beschimpfungen sind Gewalt und können wehtun.
- Bei Mobbing herrscht ein Kräfteungleichgewicht.

- Mobben braucht Anonymität.
- Mobbing-Mitläufer haben Angst, selbst gemobbt zu werden (z.B. weil sie das gleiche Kleidungsstück bzw. »Merkmal« haben!).
- Wenn sich ein Opfer gegen Mobbing wehrt, können Helfer ihm den Rücken stärken.

4.5.1 Vorbereitung

In einem Raum werden alle Tische und Stühle an die Wand gestellt, sodass eine freie Fläche entsteht, die z.B. ein Stück Schulhof darstellen kann. Den Schülern wird gesagt, dass es in der folgenden Übung darum geht, sehr genau zu beobachten, was alles passiert, und dass es sich um eine Übung zum Thema »Gewalt« handelt.

Es wird nach **Freiwilligen** gefragt, die zwei Täter bzw. ein Opfer darstellen sollen. Dabei muss unbedingt darauf hingewiesen werden, dass die Übung sehr rüde werden kann. Als Lehrer muss man darauf achten, welche Personen sich melden. Es macht wenig Sinn, z.B. einen ängstlichen Jungen als Opfer zu wählen und zwei schulbekannte Rabauken als Täter. Die »Übung« kann dann rasch eskalieren, oder aus dem spielerischen Konflikt kann nach Schulende an der Bushaltestelle plötzlich Ernst werden. Andererseits kann es für einen typischen »Täter« ganz lehrreich sein, in die Rolle eines Opfers zu schlüpfen.

Weitere 2–4 Schüler stellen sich freiwillig als Helfer zur Verfügung. Alle Schüler werden danach einzeln (z.B. nacheinander auf dem Flur) in ihre Aufgaben und den Ablauf der Übung eingewiesen.

4.5.2 Einweisung

Das Rollenspiel dauert insgesamt 3–4 Minuten. In dieser Zeit sollen die zwei »Täter« das Opfer wegen eines alltäglichen Kleidungsstücks (keine körperlichen oder sonstwie entwertenden Merkmale!) verbal mobben. Bei der Auswahl des Merkmals sollte der Lehrer darauf achten, dass möglichst viele Schüler das gleiche Kleidungsstück wie das Opfer haben. Folgende Spielregeln sind zu beachten:

- Es darf nur beleidigt oder beschimpft werden, jeglicher Körperkontakt ist verboten.
- Das Opfer kann jederzeit durch ein Zeichen zu verstehen geben, dass es die Übung **beenden** möchte.

Die Gruppe wird bei Abwesenheit der drei anderen Schüler angewiesen, sich wie in der folgenden Beschreibung zu verhalten:

- In der ersten Minute wehrt sich das Opfer nicht, es kann sich höchstens durch Abwenden entziehen (nach dem Motto »Hör einfach nicht hin«, »Sich wehren macht die Sache nicht besser«). Die Schüler »auf dem Schulhof« schüren das Mobben durch Grinsen, Lachen etc.

- In der zweiten Minute sollen die Schüler dem Geschehen den Rücken zuwenden, während das Mobbing weitergeht. Das Opfer darf sich jetzt verbal und gestisch-mimisch wehren.
- In der dritten Minute stellen sich zwei Schüler hinter das Opfer und schauen die Täter offen eine Minute lang schweigend an, unternehmen jedoch nichts. Die restliche Gruppe wendet sich gleichzeitig dem Geschehen wieder zu, schweigt aber distanziert-beobachtend. Das Opfer darf sich weiterhin verbal wehren.
- In einem weiteren Schritt von einer Minute Dauer können sich weitere zwei Schüler als zusätzliche Alternative zwischen Täter und Opfer stellen. Hierbei sind verschiedene Verhaltensweisen dieser »Wächter« möglich (z.B. stumm die Arme verschränken oder beruhigend auf die Täter einreden). Auch hier darf sich das Opfer verbal wehren, die restliche Lerngruppe beobachtet stumm das Geschehen. Dieser Übungsschritt ist nicht verpflichtend.

Alle Schüler sind aufgefordert, die Spielsituation so genau wie möglich zu beobachten. Abbildung 31 verdeutlicht noch einmal den Ablauf der Übung.

	1. Minute	2. Minute	3. Minute	4. Minute
Schüler in der Opfer-Rolle →	wehrt sich nicht	wehrt sich verbal und gestisch-mimisch		
Schüler in der Täter-Rolle →	verbales Mobbing			
übrige Mitschüler →	grinsen, lachen	abwenden	zwei Helfer (stumm)/ Schüler beobachten schweigend	zwei weitere Helfer (agierend)/ Schüler beobachten schweigend

Abb. 31: Ablauf der Übung »Allein oder mit Hilfe«

4.5.3 Ablauf

Die Übung kann auf zwei Arten durchgeführt werden:

- Bei der **ersten Variante** werden alle drei bzw. vier Schritte ohne Pause hintereinander durchgespielt. Als Übungsleiter muss man auf die Einhaltung der Zeitvorgabe achten und gegebenenfalls regelnd eingreifen (z.B. bei körperlichen Übergriffen).

Die zuschauende Gruppe wird durch Handsignale über die Übungsschritte informiert.

- Bei der **zweiten Variante** werden die Schritte nacheinander durchgespielt, wobei nach jedem Schritt ein Stuhlkreis gebildet wird und die Beobachtungen ausgetauscht werden (s.u.). Diese Variante bietet die Möglichkeit, den nachfolgenden vierten Schritt nur bei Bedarf durchspielen zu lassen.

4.5.4 Auswertung und Abschluss

Die Auswertung erfolgt in einem Stuhlkreis. Dabei soll das »Opfer« neben der Gruppenleitung sitzen, um ihm zu verdeutlichen, dass das (Rollen-)Spiel beendet ist und ihm Schutz gewährt wird.

Die beiden »Täter« sollen dem »Opfer« die Hand geben, ihm für seinen Mut danken und ihm zusichern, dass alles nur ein Spiel war (dies ist besonders wichtig, um den gespielten Konflikt nicht in die Zeit nach der Schule sozusagen mitzunehmen). Im Stuhlkreis können dann u.a. folgende Fragen gestellt werden:

- Wie ging es dem Opfer in den drei verschiedenen Situationen? Wann war es besonders schlimm, wann weniger? Wie ging es dem Opfer, als es Hilfe bekam?
- Wie ging es den Tätern in den verschiedenen Situationen? Wann fiel es z.B. leichter, zu mobben? Wie empfanden sie die unterschiedlichen Reaktionen der Gruppe/des Opfers?
- Was haben die Teilnehmer der Gruppe in den verschiedenen Situationen empfunden? Was haben sie wahrgenommen (z.B. Körperhaltung, Mimik)?
- Welche Äußerungen des Opfers waren besonders auffallend – in positiver wie negativer Hinsicht?

Es ist äußerst wichtig, dass dem »Opfer« am Ende des Stuhlkreises noch einmal ausdrücklich für seinen Mut gedankt wird. Ein Applaus aller Anwesenden tut dabei besonders gut!

5. Spannung lösen

5.1 Gewitterregen

Diese Übung ist gut geeignet, um Schüler nach emotional aufwühlenden Gruppenstunden wieder ruhig werden zu lassen. Gleichzeitig fördert sie über den Körperkontakt das Gemeinschaftsgefühl innerhalb der Gruppe.

Name	**Gewitterregen, Rückenklopfen**
Zeitbedarf	ca. 5 Minuten
Materialien	keine
Ziel(e)	• innere Ruhe wiederfinden • Gemeinschaftsgefühl und (körperliche) Nähe fördern
Ablauf	• Die Schüler bilden **Dreiergruppen**. • Einer der Schüler stellt (freiwillig!) die Erde dar: Er beugt sich in bequemer Haltung nach vorne. • Die beiden anderen **klopfen** auf seinem Rücken in unterschiedlicher Stärke die Geschichte eines Gewitterregens im Sommer, die der Lehrer erzählt: Am Anfang fängt es leise zu nieseln an (Fingerspitzen), dann regnet es allmählich immer stärker (flache Hand), der Regen wird immer stärker, schließlich kommt es zu einem Gewitter (flache Hand, aber mit Nachdruck), das Gewitter lässt nach und geht in Regen über und dann in ein Nieseln, ein leiser Wind streicht über das Land (flache Hand streicht über den Rücken).
Auswertung	nicht erforderlich

5.2 Sturmflut

Ein turbulentes Spiel, das dazu dient, die Schüler z.B. nach einer längeren Pause wieder »einzufangen« oder nach einer emotional anstrengenden Übung angestaute Energien abzulassen.

Name	**Sturmflut**
Zeitbedarf	ca. 5 Minuten
Materialien	im Kreis aufgestellte Stühle
Ziel(e)	• Entspannung • Austoben von Energie
Ablauf	• Die Stühle werden im **Kreis** aufgestellt. Ein Freiwilliger geht in die Mitte, sein Stuhl wird entfernt. • Der Schüler in der Mitte kann **drei Signale** geben: Bei dem Kommando »Ebbe« müssen alle Mitschüler einen Stuhl nach rechts weiterrücken. Bei »Flut« müssen sie einen Stuhl nach links weiterrücken. Bei »Sturmflut« müssen sie aufstehen und auf einen beliebigen anderen Stuhl Platz nehmen – ein wildes Chaos … • Der Schüler gibt jeweils das Kommando und versucht, zwischen den weiterrückenden Mitschülern einen **Stuhl zu erobern**. Ist ihm das gelungen, steht automatisch der Nächste in der Mitte, und das Spiel geht weiter.
Auswertung	nicht erforderlich

5.3 Sitzfußball

Trotz Fußball-WM: Es gibt immer Schüler, die diesen Sport nicht lieben. Und der Grund dafür ist oft sehr einfach. Es sind diejenigen Kinder, die bei der Mannschaftswahl übrig geblieben sind, die schlussendlich im Tor oder auf der Auswechselbank landen. Die hier vorgestellte Variante gibt *allen* Kindern eine Chance, sich in diesen spannenden Mannschaftssport einzubringen, und eignet sich besonders für den Einstieg in einen neuen Übungsblock nach einer längeren Pause.

Name	**Sitzfußball**
Zeitbedarf	frei wählbar
Materialien	Mit Stühlen werden zwei ca. zwei bis drei Meter voneinander entfernte, einander gegenüberstehende Reihen gebildet. Die Stirnenden können durch hochkant gestellte Tische abgegrenzt werden, damit der Ball nicht so leicht das »Spielfeld« verlassen kann.
Ziel(e)	• gleiche Chancen für alle • Austoben von Energie
Ablauf	• Die Schüler werden in zwei **Mannschaften** aufgeteilt (z. B. vorher auf zwei abzählen), die sich auf die Stühle setzen. • Beim Spiel darf der Ball nur mit den Beinen und dem Kopf gespielt werden, das **Gesäß** bleibt auf dem Stuhl. Wenn jemand aufsteht, bekommt die andere Mannschaft einen Freistoß. • Der Lehrer spielt den Schiedsrichter und macht jeweils den Einwurf. • Als Tor zählt jeder Ball, der **unter** einem Stuhl durchgeht.
Auswertung	nicht erforderlich

6. Soziale Kompetenz fördern – Opferschutz gewährleisten

6.1 Wunderspiel

Dies ist eine der besten Methoden, um gegenseitigen Respekt aufzubauen und eine zerstrittene Klassengemeinschaft wieder auf den Weg zueinander zu bringen. Zeit- und Materialaufwand sind vernachlässigbar gering, und auch die Auswertung der Übung benötigt nur wenige Minuten. Die mit dieser Methode erreichbaren **Ziele** sind vielfältig, im Vordergrund stehen jedoch die folgenden zwei:

- Durch das Zufallsprinzip in der Partnerwahl müssen sich die Kinder und Jugendlichen zum Teil auch mit Mitschülern auseinandersetzen, mit denen sie sonst überhaupt nichts zu tun haben.

- Jeder Schüler lenkt seine Wahrnehmung weg von den üblichen Problemen in der Klassengemeinschaft hin zu positiven Ereignissen in seiner Umgebung. Dadurch werden häufig **Alltäglichkeiten** als wundersame Tat bewertet, die es gar nicht sind. Das »Schöne« in der Welt wird dadurch (wieder-)entdeckt.

Name	**Wunderspiel, Heinzelmännchen**
Zeitbedarf	ca. 5 Minuten für die Vorbereitung und eine Schulwoche für die Durchführung, die Auswertung dauert ca. 20–30 Minuten
Materialien	Zettel und Stift
Ziel(e)	• den Blick für das Positive (wieder)finden • jemandem etwas Gutes tun
Ablauf	• Jeder Schüler schreibt seinen **Namen** auf einen Zettel, alle Zettel werden auf einen Haufen gelegt. • Die Schüler ziehen einen Zettel aus dem Haufen (wenn sie dies gleichzeitig tun, gibt es immer viel Gelächter). Hat ein Schüler seinen eigenen Namen gezogen, muss die Prozedur wiederholt werden. • Die Zettel müssen **versteckt** gehalten werden, sodass keiner die Namen darauf lesen kann. • Jeder Schüler muss dem Mitschüler, dessen Namen er gezogen hat, im Laufe der kommenden Woche eine gute Tat zukommen lassen (sozusagen ein »Wunder«). Dies muss er so machen, dass der andere es nicht mitbekommt. Sollten die Schüler anfangs keine Idee haben, was solch ein **Wunder** sein könnte, kann der Lehrer Beispiele geben: liegen gebliebene Sachen bringen, Gegenstände ausleihen, bei den Hausaufgaben helfen.
Auswertung	• Nach einer Woche wird im Stuhlkreis abgefragt, welche gute Tat von den Schülern wahrgenommen worden ist. • Wenn die Klasse bereit dazu ist, können die Schüler auch (freiwillig!) erzählen, wem sie welche Tat angedeihen haben lassen. • Waren die guten Taten zu wenig auffällig, kann die Übung für eine weitere Woche durchaus wiederholt werden.

Die Rückmeldungen im Stuhlkreis sind manchmal sehr anrührend und stimmen teilweise auch nachdenklich. Wenn ein Schüler z.B. äußert, dass seine gute Tat war, mit einem Mitschüler, den er sonst nicht mag, ein Gespräch geführt zu haben, lässt dies tief blicken.

6.2 Kooperative Spiele

Viele Kinder und Jugendliche haben wenig Spaß an Wettbewerbsspielen oder am Sportunterricht, da sie in direkter Konkurrenz zu den anderen meist unterlegen sind (zu dick, zu dünn, zu ungelenk etc.). Hier helfen kooperative Spiele. Dies sind Übungen, bei denen die Spieler **zusammenarbeiten**, um ein gemeinsames Ziel zu erreichen. Chancengleichheit und die Möglichkeit, positive Erfahrungen zu machen und das eigene Selbstbewusstsein damit zu stärken, stehen hierbei im Vordergrund. Hier einige Anregungen für solche Spiele, die mit wenig Aufwand im Rahmen von Projekten oder dem Unterricht durchgeführt werden können:

- Ein Ball oder ein anderer weicher Gegenstand soll mittels eines aufgespannten Tuchs wie beim **Volleyball** über ein Hindernis (z.B. ein Netz) befördert werden. Das Tuch wird von zwei Gruppen zu je 4–10 Schülern gehalten. Wichtig ist nicht, die andere Gruppe auszuspielen, sondern möglichst viele Ballwechsel zu erreichen.
- Bei Ballspielen (z.B. Handball, Fußball, Basketball, Hockey) müssen immer diejenigen Schüler, die einen Korb geworfen oder ein Tor geschossen haben, auf die **Auswechselbank**. Weniger geschickte Kinder und Jugendliche bekommen so eine Chance, in das Spiel zu kommen und positive Erfahrungen mit körperlicher Bewegung zu machen.
- Beim **Schildkrötenspiel** wird eine große Sportmatte, ein großes Kissen oder eine Matratze als »Panzer« mehreren Schülern auf den Rücken gelegt. Mit Bänken, Stühlen oder anderen Gegenständen wird ein Parcours aufgebaut, den die Schüler gemeinsam als Schildkröte durchlaufen müssen. Das Spiel kann halbkooperativ aufgebaut werden, indem man mehrere Mannschaften auf Zeit laufen lässt.
- Eine Schülergruppe wird in zwei gleich große Gruppen eingeteilt. Die eine Hälfte erhält etwa zweieinhalb Meter lange **Seile**, die zwischen Zeigefinger und Daumen gehalten werden. Alle Schüler laufen durch den Raum, die Seile dabei hinter sich her schlängelnd. Die andere Hälfte der Schüler versucht, mit den Füßen auf eine dieser »Schlangen« zu treten. Gelingt dies, übernimmt dieses Kind das Seil und wird selbst zum Gejagten.
- Ein sehr großes Tuch wird in gleichmäßigen Abständen von allen Schülern einer Klasse gehalten. Auf Kommando versuchen die Kinder, das Tuch so hochzuheben, dass es sich wie ein Fallschirm aufbläht und so für einige Sekunden verweilt. In dieser Zeit kann ein besonders »mutiger« Schüler das Tuch loslassen und unter dem »**Höhlendach**« von einer Seite zur anderen laufen, ohne vom Tuch berührt zu werden.

Für weitere Anregungen sei das Buch von Terry Orlick (siehe S. 156) empfohlen.

6.3 Trainer-Konzept und Beobachtungsbögen

Wie bereits mehrfach erwähnt, ist die Gewährleistung des Opferschutzes eine der am schwierigsten zu bewältigenden Aufgaben bei einem Mobbing-Fall. Eine besonders wirksame Alternative hierfür stellt das vom Autor entwickelte Trainer-Konzept dar, das mittlerweile an vielen Schulen in Nordrhein-Westfalen erfolgreich eingesetzt wird. Diese Methode ermöglicht zumindest zwei wesentliche **Ziele** in der Mobbing-Intervention:

- Ein Teil der Mitschüler lebt aktive **Zivilcourage**. Der Rest der Lerngruppe profitiert davon indirekt, da er erfolgreiches Vorgehen gegen Gewalt beobachten kann. Sehen diese Schüler in der Zukunft einen weiteren Mobbing-Fall, ist die Chance größer, dass sie in Kenntnis der Abläufe und der Wirksamkeit der Methode rascher eingreifen oder zumindest Hilfe holen.
- Die Gewaltausübung »lohnt« sich für den Täter nicht mehr, da sein Ziel nicht mehr »leicht, sicher und für ihn ungefährlich« (Zimmermann 1999, S. 1) in der **Anonymität** erreichbar ist. Damit ist eine wesentliche Grundlage für Mobbing entzogen.

Zimmermann formuliert die Grundlage des zweiten Ziels besonders deutlich: »Gewalt ist ein gelerntes Verhalten. Wer gewalttätiges Verhalten verhindern will, muss gezielt einen Umlernprozess in Gang setzen. Dazu ist Einsicht als Voraussetzung nicht erforderlich. Wichtig ist vielmehr, dafür zu sorgen, dass Gewalt nicht zum gewünschten Ziel führt und dass das Verhaltensrepertoire um erfolgreiches, nicht gewalttätiges Verhalten erweitert wird« (Zimmermann 1999, S. 2).

Die schulische Realität lässt meist keine Zeit für weitergehende Forderungen nach einer »Erweiterung des Verhaltensrepertoires« der Täter. Es ist schon ein wichtiges Ziel, diesen Schülern zu vermitteln, dass ihr Verhalten Konsequenzen nach sich zieht und von der Schule und den Mitschülern nicht akzeptiert wird. Die Kontrolle der Verhaltensvermeidung beim Täter ist der erste Schritt in Richtung der Entwicklung von Verhaltensalternativen im Miteinander.

Vor der Installation von Trainern ist eine ausführliche Befragung des potenziellen Opfers in einem **Erstgespräch** (siehe S. 131 f.) erforderlich. Die Durchführung eines solchen Gesprächs und die anschließende Einbindung der Trainer-Methode in das Gegen-Gewalt-Konzept wird auf S. 129 f. ausführlich beschrieben.

Das Trainer-Konzept arbeitet ohne Schuldzuweisungen und ist damit für beide Seiten der Mobbing-Situation geeignet. Die Aufgaben der Trainer sind jedoch unterschiedlich:

- Die **Trainer des Opfers** müssen bevorzugt darauf achten, Schutz und Hilfe in einer Mobbing-Situation zu leisten (Opferschutz). Der Schutz darf nicht durch körperliche Übergriff erfolgen (was die Situation weiter eskalieren lassen würde), sondern durch eine klare Rückmeldung (z.B.: »Du hältst dich gerade nicht an die Regeln, lass den Hans in Ruhe!«).
- Die **Trainer der Mobber** müssen den Tätern sofort eine Rückmeldung geben, wenn sie Mobbing-Verhalten zeigen, d.h. sie wirken wie ein Puffer zwischen diesen und dem Opfer (z.B.: »Du hast gerade wieder ›Stinker‹ zum Hans gesagt!«). Damit helfen sie den Tätern, ihr Verhalten besser wahrzunehmen und zu kontrollieren (**Verhaltensänderung**). Indirekt schützen sie so auch das Opfer.

Je nach Vorlieben können die unterstützenden Schüler auch als »Coaches« oder »Schutzengel« bezeichnet werden – der Kreativität der Lehrkraft sind dabei keine Grenzen gesetzt.

Name	**Trainer, Coaches, Schutzengel**
Zeitbedarf	ca. 20 Minuten
Materialien	Beobachtungsbögen
Ziel(e)	• Beendigung des Mobbings • Opferschutz • Erweiterung der sozialen Kompetenzen bei den Tätern und den Schülern in der Lerngruppe
Ablauf	• Ein Opfer meldet sich und wird von einer Lehrkraft befragt (siehe S. 131 f.). • Der Lehrer **erläutert** das Trainer-Konzept. Stimmt das Opfer zu, darf es zwei Mitschüler seines Vertrauens benennen. • Der oder die Mobber werden in rascher Reihenfolge einzeln zu **Gesprächen** abgeholt. Sie werden über die Situation informiert und erhalten ebenfalls die Möglichkeit, zwei Personen ihres Vertrauens zu benennen. • **Trainer** können am besten Schüler sein, die einen guten Stand in der Klasse haben und als neutral bekannt sind. Das Opfer erhält daher im Anschluss an das Gespräch mit den Mobbern die Möglichkeit, gegen die Trainerwahl der Täter Einspruch zu erheben (z. B. weil die Trainer Mitläufer sind). • In einem abschließenden gemeinsamen Gespräch **einigen** sich alle Beteiligten auf geeignete Personen. • Die ausgewählten Trainer werden zu einem **gemeinsamen** Gespräch abgeholt und erhalten die erforderlichen Informationen zu ihren Aufgaben. Ob sie die Funktion eines Trainers ausüben wollen, können sie dann selbst entscheiden. • Alle aktiven Trainer erhalten **Beobachtungsbögen** (siehe S. 178 f.), in denen sie alle beobachteten Vorfälle eintragen können.
Auswertung	Die Beobachtungsbögen werden jeweils nach einer Woche überprüft. Haben so gut wie keine Übergriffe mehr stattgefunden (was praktisch immer der Fall ist!), wird die Maßnahme um eine weitere Woche verlängert. Wenn nicht, greifen weitere Maßnahmen (z. B. Brief an die Eltern).

Alle Übergriffe in der Beobachtungszeit werden in standardisierten Protokollbögen festgehalten. Für den Aufbau dieser Bögen gibt es prinzipiell zwei Möglichkeiten (siehe S. 178 f.):

- Der Bogen enthält nur Spalten für die Wochentage und die Eintragung der Übergriffe in Form von **Strichen**.
- In einer differenzierten Version werden die Übergriffe genau **benannt** (da z. B. Mobbing häufig in Form eines beleidigenden Schimpfworts auftritt) und ebenfalls mit Stricheintragungen gezählt. In diesem Fall sollte eine zusätzliche Zeile eingefügt werden, falls der Mobber eine neue Form des Übergriffs wählt.

Die in den Protokollbögen festgehaltenen Beobachtungen müssen **quantifizierbar** und eindeutig sein. Eine Aussage wie z. B. »Georg hat den Hans nicht respektiert« ist völlig unklar und subjektiv und somit nicht zählbar. Für die Schüler verständlicher und damit leichter überprüfbar ist z.B. die Angabe »Georg hat Hans wieder sein Mäppchen versteckt«.

Unabhängig davon, welche der beiden Möglichkeiten gewählt wird, stehen zwei Varianten zur Wahl, wie die Eintragungen im Beobachtungsbogen sanktioniert werden können:

- Es werden **keine Konsequenzen** für die Erfüllung bzw. Nichterfüllung der Vereinbarung auf dem Protokollbogen festgehalten. Dann entscheidet sich das weitere Vorgehen nach der ersten Überprüfung der Bögen nach Ablauf einer Woche. Diese Variante wird bei passivem Opferstatus eingesetzt, da die Trainer von Opfer und Täter prinzipiell die gleiche Aufgabe haben, nämlich den Opferschutz zu gewährleisten.
- Bei provozierenden Opfern erhalten die Trainer für die Klasse auch den Bogen wie in Variante 1, beim Opfer wird der Beobachtungsbogen aber zusätzlich mit einem **Belohnungssystem** gekoppelt. Der Mobber erhält pro Tag z.B. zehn Belohnungspunkte. Für jeden Vorfall wird ihm ein Punkt abgezogen. Ziel ist es, in einer Woche mindestens 40 Punkte zu erarbeiten. Gelingt dies, erhält der Schüler eine Belohnung durch seine Eltern. Diese sollte jedoch nicht materieller Art sein, sondern eine gemeinsame Unternehmung z.B. am Wochenende, die sich das Kind wünschen darf. In diesem Fall müssen also die Eltern in die Maßnahme einbezogen werden. Der Schüler hat damit einen hohen Anreiz, sein Verhalten zu ändern.

Während die Methode ohne exakte Nennung der Übergriffe und ohne Belohnungssystem in der Umsetzung sicherlich einfacher ist, spricht der Erfolg jedoch eher für die ausführlichere Variante. Hierbei gibt es nämlich praktisch keinen **Strafaspekt** bei der Intervention, der Täter erhält eine für ihn sicherlich unkonventionelle Möglichkeit, sein Verhalten positiv zu verändern.

6.4 Erfolgsposter und Erfolgsliste

Die im vorangegangenen Kapitel beschriebenen Beobachtungsbögen können ebenso wie Vereinbarungen in Vertragsform (siehe S. 148) für die gesamte Klasse sichtbar gemacht werden. Das Erstellen von hierzu geeigneten sogenannten Erfolgspostern oder Erfolgslisten hat zumindest drei Ziele:

- Es erleichtert die Kontrolle der beobachteten Schüler.
- Es zeigt der Klasse, wie intensiv sich die beobachteten Schüler bemühen.
- Es bezieht einen Teil der Klasse **aktiv** in die Anti-Mobbing-Arbeit mit ein.

In einer **Erfolgsliste** werden am Ende jedes Schultags die Ergebnisse aus den Beobachtungsbögen aller Trainer als Mittelwert eingetragen, sie stellt also im Prinzip nur einen vergrößerten Beobachtungsbogen dar. Um den Mobbern die Möglichkeit zu geben, ihre ehrliche Bereitschaft zur Verhaltensänderung zu zeigen, sollte das Erfolgsposter von ihnen selbst angefertigt werden. Alle Fachlehrer in der betreffenden Klasse müssen informiert werden, damit es nicht zu unnötigen Nachfragen kommt. Eine Kopiervorlage für eine Erfolgsliste ist auf S. 179 zu finden. Ebenso wie beim Beobachtungsbogen kann sie mit oder ohne Belohnungspunkte geführt werden.

Das **Erfolgsposter** stellt eine grafische Abwandlung der Erfolgsliste dar. Auch hier werden die Zahlen aus den Beobachtungsbögen am Ende jedes Schultags von den Trainern gemittelt eingetragen. Als Kontrollinstrument ist das Poster jedoch noch etwas schärfer, da es die Möglichkeit bietet, von vorneherein (z.B. bei Mobbern, die bereits häufiger aufgefallen sind) einen Grenzwert einzutragen, der nicht überschritten werden darf (siehe Abb. 32). Im gegenteiligen Fall treten Konsequenzen in Kraft, die z.B. in Absprache mit der Klasse erarbeitet werden können. Die folgende Abbildung zeigt eine modellhafte Darstellung, wie ein Erfolgsposter bei erfolgreichem Beratungsverlauf aussehen kann. Man beachte, dass alle angegebenen Verhaltensweisen klar beobachtbar und damit quantifizierbar sind.

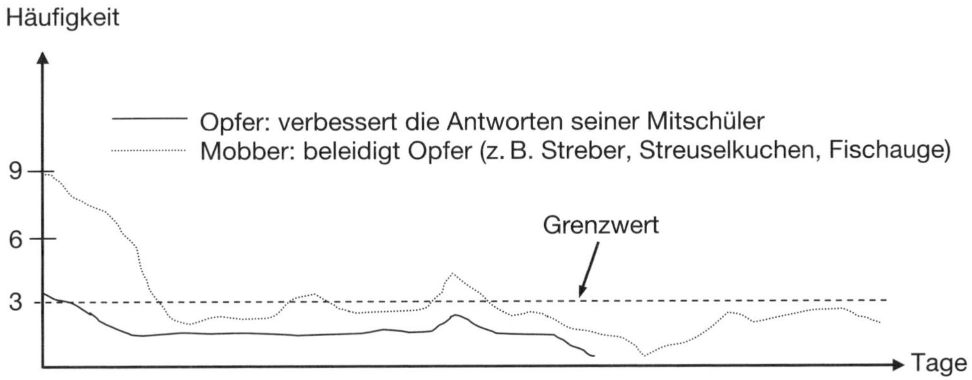

Abb. 32: Modellhafte Darstellung eines Erfolgsposters

Das Poster erfasst hier auch Verhaltensweisen des Opfers. Dies kann angebracht sein, wenn der entsprechende Schüler ein provozierendes Opfer ist (siehe S. 36) oder wenn das Poster Ergebnis einer klassenbezogenen Beratung (siehe S. 144f.) ist.

Um eine möglichst große Beteiligung aller Kinder in einer Klasse zu erhalten, sollte das Poster von einem gesondert beauftragten Schüler erstellt werden. Als Kontrollinstrument kann man die Darstellung auch für andere Verhaltensweisen sinnvoll nutzen, z.B. für das Vermeiden von bestimmten Schimpfwörtern in der Klasse. In diesem Fall sollte bei einwöchiger Unterschreitung der Grenzlinie eine Belohnung der Schüler erfolgen.

6.5 Respekt – drei Wünsche hast du frei

Fragt man Schüler, wie man sie behandeln soll, kommt schnell der Begriff »Respekt« ins Spiel. Schwierig wird es dann, wenn es darum geht, Beispiele für respektvolles Handeln zu geben. Die folgende Übung bietet einen guten Einstieg in den Themenbereich und zeigt zugleich, warum respektloses Handeln zu Konflikten führt.

Name	**Drei Wünsche hast du frei**
Zeitbedarf	ca. 10 Minuten
Materialien	Wunschzettel (siehe Abb. 33) und Stift
Ziel(e)	• klar definierte Verhaltensweisen als Beispiele für respektvolles Handeln erarbeiten • respektloses Handeln als einen Auslöser für Konflikte erkennen
Ablauf	Alle Schüler erhalten einen **»Wunschzettel«** nach dem Muster in Abb. 31. Sie werden gebeten aufzuschreiben, über welche Behandlung durch Mitschüler sie sich besonders freuen.
Auswertung	• Die ausgefüllten Zettel werden für drei Wochen im Klassenraum **aufgehängt**. So erfolgt eine länger andauernde Auseinandersetzung mit dem Thema ohne Belehrung von schulischer Seite. • Eine Besprechung der ausgefüllten Zettel ist in der Regel nicht erforderlich, da die Aussagen für sich selbst sprechen.

Erstaunlich ist immer wieder, welche Verhaltensweisen als positiv bewertet werden. Ganz oben steht oft »nette Behandlung in der Klassengemeinschaft« oder »kein Auslachen oder Beleidigen«. Auf S. 180 ist eine Kopiervorlage für den »Respektbogen« zu finden.

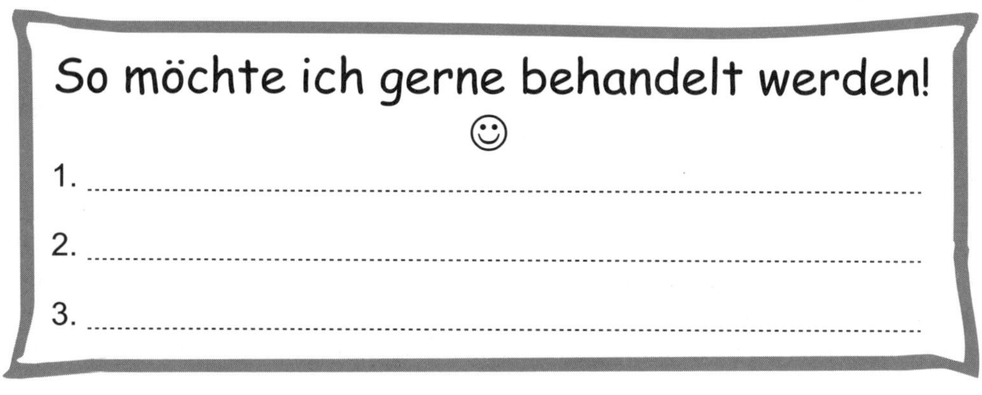
So möchte ich gerne behandelt werden!
☺
1. ....
2. ....
3. ....

Abb. 33: Der »Respektbogen« (KV 13)

Als Ergänzung der Methode kann man auch den in Abbildung 34 gezeigten Zettel zum Ausfüllen verteilen, in dem unerwünschte Verhaltensweisen von Mitschülern (oder auch Lehrern) eingetragen werden. Die Auswertung kann dann auch in die im Folgekapitel beschriebene Wochenaufgabe einmünden. Die Zettel mit den unerwünschten Verhaltensweisen dürfen nicht im Klassenraum aufgehängt werden, da sie den Blick nur erneut auf negative Inhalte lenken würden (Kopiervorlage auf S. 180).

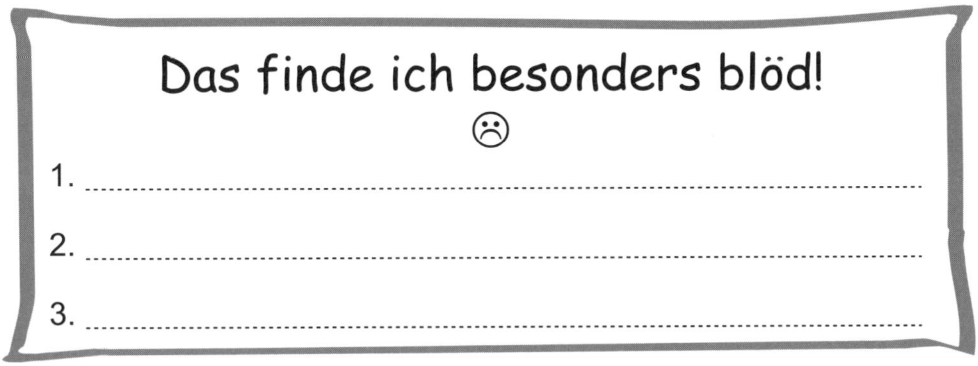
Das finde ich besonders blöd!

☹

1. ....

2. ....

3. ....

Abb. 34: Rückmeldebogen für unerwünschte Handlungen (KV 14)

6.6 Wochenaufgabe

Schüler können Aufgaben im Verhaltensbereich besonders gut erfüllen, wenn sie möglichst genau **beschrieben** sind und für einen **überschaubaren Zeitraum** eingefordert werden. Eine solche Wochenaufgabe kann z.B. der Verzicht auf ein bestimmtes Schimpfwort sein. Um welches Wort es sich handelt, kann man z.B. mit den Rückmeldebogen in Abbildung 34 herausfinden.

Es besteht aber auch die Möglichkeit, die Schüler einer Klasse nach der Auswertung der Respektbögen per Abstimmung darüber entscheiden zu lassen, welche Aufgabe sie sich für die kommende Woche vornehmen wollen. Dies kann z.B. die Vereinbarung sein, bei falschen Antworten keinen mehr auszulachen, Mitschüler nicht wegen ihrer Kleidung zu hänseln, jedem Mitschüler und Lehrer einen »Guten Morgen« zu wünschen etc. Der Fantasie sind dabei keine Grenzen gesetzt.

Die Auswertung erfolgt mithilfe der auf S. 89f. beschriebenen Soziometrie-Übung z.B. durch folgende Fragen:

- Wer von euch ist der Meinung, dass alle in der Klasse die Wochenaufgabe sehr gut bzw. sehr schlecht gelöst haben?
- Wer von euch wünscht sich eine Verlängerung der Wochenaufgabe?

Im Stuhlkreis kann man dann im Anschluss darüber diskutieren, wo es Schwierigkeiten gegeben hat und was die Auslöser dafür waren. Eine gute Abrundung einer solchen Einheit ist eine der auf S. 89f. beschriebenen Vertrauensübungen.

6.7 Stellung beziehen

Diese Übung ist gut für den Einstieg in die Problematik »Gewalt an Schulen« und eher für den Bereich der Prävention geeignet. Der Lehrer muss hier sehr darauf achten, dass das Gespräch zwischen den Schülern geführt wird und dadurch z.B. eigene Vorurteile infrage gestellt werden können. Die Methode ist daher eher für ältere Schüler geeignet.

Name	**Stellung beziehen**
Zeitbedarf	ca. 10 Minuten
Materialien	• drei Kartons DIN-A3 mit der Aufschrift »Ich stimme zu«, »Ich weiß nicht genau«, »Ich stimme nicht zu« • Lesekarten mit den folgenden Aussagen: – »Körperliche Strafen (Schlagen, Ohrfeigen) können angewendet werden, wenn sie dazu beitragen, dass Schüler besser lernen.« – »Bestrafung durch Worte (Schimpfnamen, Demütigung) verletzen Kinder nicht so sehr wie körperliche Bestrafungen.« – »Kinder, die gequält oder gehänselt werden, müssen lernen, sich selbst zu verteidigen.«
Ziel(e)	• eigene Vorurteile hinterfragen • Stellung zur eigenen Meinung beziehen
Ablauf	• Die drei **Schilder** werden einige Meter voneinander entfernt aufgehängt oder aufgestellt. • Der Lehrer oder ein Schüler **liest** eine der Aussagen auf den Lesekarten vor. • Die Schüler sollen entscheiden, wie sie zu der Aussage stehen, und sich dem entsprechenden Schild **zuordnen**. • Einige der Schüler werden gebeten, ihre Entscheidung zu **erklären**. Wenn diese Erklärung zu einer Meinungsänderung bei Mitschülern führt, dürfen diese die Stellung wechseln.
Auswertung	nicht erforderlich

7. Materialien für den Unterricht

Anti-Mobbing-Arbeit kann auch im Unterricht verschiedener Fächer verankert werden. Eine ausführliche Darstellung aller Möglichkeiten aus methodisch-didaktischer Sicht würde den Rahmen dieses Buches sprengen. Die folgenden Materialien sollen daher nur Anregungen für den Fachunterricht sein. Die Internet-Seiten und Bezugsquellen sind auf S. 149f. zu finden.

Bei der Besprechung des Themas »Gewalt« oder »Mobbing« im Unterricht ergibt sich eine ganz wesentliche Schwierigkeit: Für Kinder, die sehr engagiert mitarbeiten, da sie vielleicht selber betroffen sind, ist eine abschließende (evtl. sogar schlechte) Benotung der Mitarbeit oder eine Klassenarbeit problematisch. Wer als Lehrer solche Themen aus der Lebenswelt der Schüler im Unterricht behandelt, sollte tunlichst vermeiden, für die Meinungen oder Gefühle der Kinder und Jugendlichen Noten zu verteilen. Von daher bieten sich hier vor allem kurze Projektarbeiten an, in denen jedem Schüler indirekt die Möglichkeit gegeben wird, eine gute »Leistung« zu erbringen (z.B. Vorträge, Wandplakate, Gruppenarbeit). Klassenarbeiten zum Thema sollten in jedem Fall vermieden werden, weil sie die Gefahr bergen, dass durch ein Zuviel an schlechter Benotung der gewaltpräventive Effekt verpufft.

- Besonders empfehlenswert z.B. für den Bereich der **gesellschaftswissenschaftlichen Fächer** ist das Video »Abseits« der Polizei (Bezugsadresse auf S. 151). Im Gegensatz zu vielen anderen Kurzfilmen zu den Themenbereichen »Gewalt, Sachbeschädigung, Mobbing« ist die Filmsprache der fünf Sequenzen sehr kinder- und jugendgerecht. Die Spielszenen sind kurz (ca. drei Minuten lang) und rühren Schüler in ihrer Darstellung z.B. einer typischen Mobbing-Situation stark an. Über Fragen wie »Kennt ihr eine ähnliche Geschichte aus eigener Erfahrung?« oder »Ist euch etwas Ähnliches schon einmal passiert?« ist man schnell bei einem themenbezogenen Gespräch. Kompetenzerweiternd sind Fragen wie »Was fühlt das Mädchen in der Situation?« oder »Was würdet ihr tun, um dem Mädchen zu helfen?«.
- Das Video »Stomp out loud« der australischen Gruppe »Stomp« bietet Anregungen, wie man mit rhythmischen und tänzerischen Elementen einen sinnvollen Umgang mit der eigenen Kraft und Körperlichkeit üben kann. Geeignet ist es vor allem für den **Musikunterricht** oder geschlechtshomogene Gruppen. Wie auf S. 15 dargestellt, wird in Schulen das Ausleben von Körperlichkeit z.B. in Form von Raufereien manchmal negativ bewertet und damit in die Nähe von Gewalt gestellt. Mit den Übungen aus »Stomp« kann man Schülern (v.a. Jungen) ein Ventil für ihren Wunsch, sich auszutoben, geben und ihnen zeigen, dass diese Form von Körperlichkeit durchaus positiv ist.
- Die Literatur für den **Deutschunterricht** zum Thema Gewalt ist sehr breit gefächert. Meist sind die dort dargestellten Problemlösungen aber unrealistisch, da sie auf dem Selbsthilfeprinzip der Schüler basieren. Dieses Prinzip versagt jedoch, wenn Kinder und Jugendliche keine konstruktiven Vorbilder für soziales Lernen haben. Für einen Lerneffekt besonders geeignet sind aus Sicht des Autors daher nur wenige Bücher wie z.B. »Jakob und der große Junge«, »Ich knall euch ab!«, »Sonst bist du dran!«, »Und wenn ich zurückhaue?«, »Was ist denn schon dabei?« oder »Ich hätte Nein sagen können«. Umfangreiches Lehrermaterial gibt es zu den beiden Jugendromanen »Ich knall euch ab!« und »Ich hätte Nein sagen können«. Rezensionen zu allen genannten Literaturbeispielen sind im 5. Teil dieses Buches (S. 156f.) sowie im Downloadbereich zu finden.
- Das Buch »Ich knall euch ab!« von Morton Rhue kann im Original (»Give a Boy a Gun«) auch im Englischunterricht bearbeitet werden.

1. Erzähle zu dem Bild eine Geschichte. (Überlege: Was ist hier geschehen? Was könnte die Vorgeschichte gewesen sein?)
2. Wie fühlt sich das Mädchen am Boden?
3. Was denken deiner Meinung nach die anderen Mädchen?
4. Wie könnte die Geschichte weitergehen (jetzt, am nächsten Tag, in der nächsten Woche)?

Abb. 35: Material und Arbeitsauftrag für den Unterricht (Foto: Jan Roeder)

- Ein weiteres Beispiel nicht nur für den Deutschunterricht sind die Materialien von Günther Gugel (2002), aus denen die obige Abbildung stammt. Die Fragen zum Bild sind Anregungen des Autors.
- Eine Vielzahl weiterer Anregungen für den Deutschunterricht (z.B. Gedichtinterpretation) ist der kostenlosen Broschüre »Mobbing? Nicht an unserer Schule!« aus der »MindMatters«-Reihe zu entnehmen (Bezugsquelle auf S. 150).
- Im Bereich der Medienkompetenz können Schüler verschiedene Medien oder Websites zum Thema in Kleingruppen auf ihre Qualität oder Wirksamkeit hin bewerten. Auf diese Weise erfolgt eine distanzierte Hinführung zur Thematik: Die Schüler beschäftigen sich zuerst mit der Form und später dann mit dem Inhalt. Beispiele für geeignete Medien und Internet-Präsenzen sowie ein standardisierter Auswertungsbogen für solch ein Projekt sind auf den Seiten 149f. und 181 zu finden.
- Im Politik- oder Sozialwissenschaftsunterricht können (z.B. als Hausaufgabe) Befragungen zum Thema im Familien- und Bekanntenkreis oder auch innerhalb der Schule durchgeführt werden. Die Ergebnisse sollten mit den oben auf S. 16f. genannten Zahlen (eventuell unter Einbezug der auf S. 153f. genannten Literaturangaben) kritisch verglichen werden.
- Auch im Unterrichtsfach Sport ergibt sich eine Fülle an Möglichkeiten, die Themen »Umgang miteinander« oder »Grenzen setzen – Grenzen wahrnehmen« zu bearbeiten. Beispielhafte Übungen hierzu sind oben auf den Seiten 93, 95 und 103 beschrieben.

1. Überblick

Sowohl auf Schulebene als auch auf Klassenebene können Gewaltprävention und -intervention nur wirksam sein, wenn Übergriffe für den Täter Folgen haben. Bleiben diese Folgen aus, sind Vereinbarungen gegen Gewalt nur beschriebenes Papier ohne Verbindlichkeit. Geeignete Konsequenzen sind immer dann besonders wirksam, wenn sie in einem **Ablaufschema** festgelegt sind. Solche Konzepte werden im Folgenden an fünf Beispielen ausführlich beschrieben. Es handelt sich um bewährte Anti-Mobbing-Strategien, die auf Schul- und Klassenebene erfolgreich eingesetzt werden können:

- das Anti-Bullying-Konzept nach Olweus (Olweus 2002);
- die Farsta-Methode (Taglieber 2005);
- die Methode des »No Blame Approach« (Blum/Beck o.J.);
- das Gegen-Gewalt-Konzept;
- die klassenbezogene Beratung.

Die ersten drei Konzepte werden an vielen Schulen bereits mit unterschiedlichen Schwerpunktsetzungen und dementsprechend unterschiedlichen Anleitungen für die Durchführung eingesetzt. Diese Vielfalt in der Methodik liegt u.a. daran, dass die ursprünglichen Ablaufbeschreibungen zur Schulform oder zur Schülerpopulation nicht passen. Der Autor hat daher für eine flexiblere Umsetzung die aus seiner Sicht wesentlichen Punkte der Konzepte zusammengefasst. Die mehrschrittige Darstellung soll es dem Leser erleichtern, die Nutzbarkeit der Strategien für die eigene Schule zu vergleichen und zu prüfen.

Bei diesen Konzepten werden auch die Vor- und Nachteile aus Autorensicht dargestellt. Zusätzlich werden Ergänzungen durch Bausteine aus anderen Konzepten beschrieben, die einige der Nachteile aufheben können.

Die beiden letztgenannten Strategien sind vom Autor entwickelt bzw. weiterentwickelt worden. Sie basieren auf den in Teil 3 dieses Buches dargestellten Übungen und Methoden und sind vor allem im Bereich der **Gewaltintervention** wirksam.

2. Das Anti-Bullying-Konzept nach Olweus

Das Anti-Bullying-Konzept wird an dieser Stelle ausführlicher vorgestellt, da es bereits an mehreren deutschen Schulen erfolgreich eingesetzt wird. Der Begriff »Bully« kommt aus dem englischsprachlichen Bereich und wird häufig synonym für Mobber verwendet (engl. »bully« = brutaler Kerl, Tyrann).

Wenn es zu einem Übergriff gekommen ist, wird bei diesem Konzept eine **vorgegebene Reihenfolge** von Schritten eingehalten. Alle Beteiligten sind über diese Vorgehensweise in Kenntnis gesetzt worden und haben dies durch Unterschrift auf einem entsprechenden Informationsblatt bestätigt (siehe auch S. 185f.).

Für die Umsetzung des Anti-Bullying-Konzeptes ist es zumindest am Anfang unerlässlich, dass mindestens zwei Lehrer als feste **Ansprechpartner** zur Verfügung stehen. Je nach Arbeitsaufwand müssen diese Kollegen entsprechende Stundenentlastungen erhalten. Alternativ oder ergänzend kann auch ein Schulsozialarbeiter tätig werden.

Weiterhin benötigt man einen **Beratungsraum**, der während der ganzen Unterrichtszeit zur Verfügung steht.

Damit nicht jedes Problem direkt bei den Lehrkräften landet, können an Schulen mit **Streitschlichtung** die Schlichter im Vorfeld aufgeklärt werden, an welchen Kennzeichen sie einen Streit von einem Mobbing-Fall unterscheiden können. Wie ein entsprechendes Erstgespräch geführt werden kann, wird auf S. 131f. ausführlich geschildert.

Hat ein Übergriff stattgefunden, laufen die im Folgenden beschriebenen Schritte ab (siehe auch Abb. 36).

Erster Schritt

- Das **Opfer** kann sich an eine beliebige **Lehrkraft** wenden. Diese begleitet den Schüler zu einem eigens dafür vorgesehenen Beratungsraum. Dort befindet sich immer eine Aufsicht (eine Lehrkraft oder ein Streitschlichter).
- Das **Opfer** stellt das Ereignis in einem **Formular** schriftlich dar. Falls es dazu nicht in der Lage ist (z.B. emotional oder wegen Schwierigkeiten mit der deutschen Sprache), kann die Lehrkraft das übernehmen.
- Zusätzlich zur Niederschrift des Schülers führt der Lehrer ein stichwortartiges **Gesprächsprotokoll**, das in einem dafür vorgesehenen Ordner verwahrt wird.

Zweiter Schritt

- Der **Täter** wird zeitnah zu einem Gespräch aus der Klasse geholt. Er muss getrennt vom Opfer schriftlich auf einem **Formular** Stellung nehmen. Auch hier kann die Lehrkraft beim Protokoll helfen.
- Das Gespräch wird vom Lehrer stichwortartig protokolliert.

Dritter Schritt

- Die Schriftstücke von Täter und Opfer werden je zweimal kopiert. Die Originale werden für eine bestimmte Zeit oder dauerhaft in die **Personalakte** der Täter übernommen. So kann man frühzeitig besonders gewaltbereite Jugendliche identifizieren und mit ihnen präventiv weiterarbeiten.
- Jeweils eine **Kopie** wird an die **Eltern** von Opfer und Täter versendet. Ein erklärendes Begleitschreiben (gegebenenfalls in deren Muttersprache) wird beigefügt. Ein kurzes Telefonat ist eine Alternative zu diesem Schreiben.
- Beide Eltern werden gebeten, schriftlich **Stellung** zu dem geschilderten Ereignis und zum Vorgehen der Schule zu nehmen.

Vierter Schritt

- Bei Wiederholungsfällen werden die **Eltern** in die Schule zu einem klärenden **Gespräch** eingeladen.

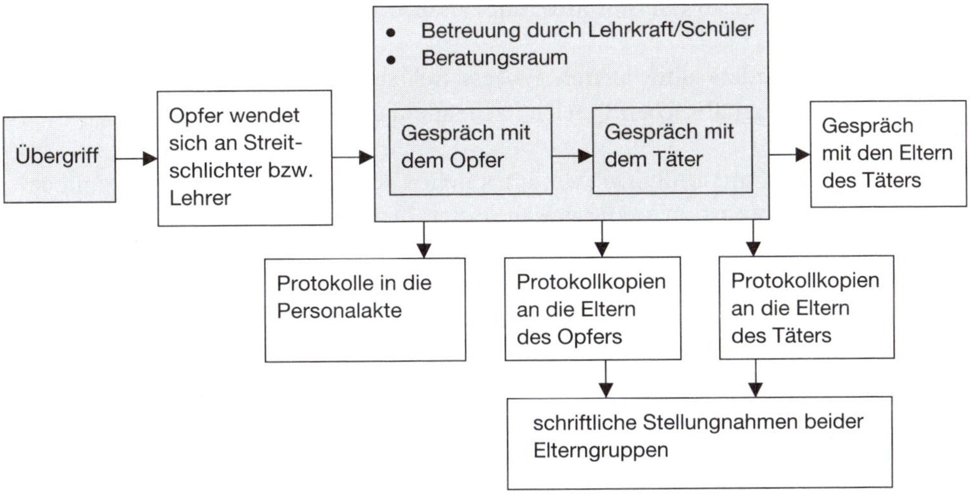

Abb. 36: Vorgehensweise beim Anti-Bullying-Konzept nach Olweus

Für den Fall, dass es sich nicht um einen Mobbing-Fall, sondern um einen **Streit** zwischen zwei Schülern handelt, kann dieses Verfahren auch in abgewandelter Form eingesetzt werden. Dann laufen der erste und der zweite Schritt zeitgleich ab, die Kontrahenten können in dem Beratungsraum ihre Stellungnahme niederschreiben, dürfen dabei aber kein Wort sagen (um Beeinflussungen auszuschließen). Im Gegensatz zu einem Mobbing-Fall, bei dem ja ein Kräfteungleichgewicht vorliegt, können die Schüler bei einem Streit versuchen, ihr Problem gemeinsam in einem **Anschlussgespräch** zu lösen. Das Gespräch findet dann ebenfalls im Beratungsraum mit Unterstützung von Streitschlichtern, Lehrern oder Schulsozialarbeitern statt. Damit die Schüler möglichst bald Kontakt miteinander aufnehmen, erhalten sie direkt beim ersten Besuch im Beratungsraum auch ein Formular, in dem sie über das Anschlussgespräch informiert werden.

Auf den Seiten 185 bis 189 sind Beispiele für die erforderlichen Formulare zu finden. Der Elternbrief ist dabei so verfasst, dass er sich auch auf Vorfälle bezieht, die kein Mobbing sind.

Das Konzept von Olweus hat folgende **Vorteile**:

- Die **klare Strukturiertheit** im Verfahren und im Regelwerk.
- Teilweise können **Schüler** in den Ablauf **mit einbezogen** werden.
- Die **Dokumentation** ist durch das Verfassen der Protokolle gewährleistet. Durch die Hilfe des Lehrers können auch Schilderungen von Schülern mit Schwierigkei-

ten in der deutschen Sprache festgehalten werden. Auch ein Wechsel in der Rolle eines Schülers z.B. vom Opfer zum Täter kann durch die Protokollkopien rasch erkannt werden.
- Die **Kommunikation** aller Beteiligten ist gegeben, sowohl im Vorfeld durch die Informationsblätter an Eltern und Schüler als auch durch die ausgehändigten Protokollkopien.
- Die **Eltern** werden aktiv in den Prozess mit einbezogen und so angeregt, über Maßnahmen im häuslichen Bereich nachzudenken.

Den Vorteilen des Anti-Bullying-Konzeptes stehen auch einige **Nachteile** gegenüber:
- Der **Opferschutz** ist zu wenig gewährleistet, besonders wenn die Gefahr besteht, dass das Mobbing auf dem Schulweg weitergeht.
- Die Aufhebung der **Anonymität** der Mobbing-Situation ist nur unvollständig. Wenn ein Schüler aus der Klasse geholt wird, muss das nicht immer Mobbing als Grund haben (der Schüler kann z.B. bei der Rückkehr in den Unterricht eine erfundene Geschichte dazu erzählen). Auch das Opfer ist nicht bekannt.
- Ein direktes **Miteinbeziehen** der **Lerngruppe** erfolgt nicht.
- Es fehlen **Hilfen** zur Verhaltensänderung bei Tätern und Opfern. Das Konzept ist in erster Linie auf Verhaltensvermeidung ausgerichtet.
- Das Miteinbeziehen der Eltern kann auch zu einer **Verschlimmerung** der Situation im häuslichen Umfeld der Täter führen, wenn im Elternhaus ein machtbetonter Erziehungsstil angewendet wird.
- Es bleibt offen, welche **Folgen** das Elterngespräch hat, vor allem wenn es bezüglich des weiteren Verhaltens des Schülers erfolglos bleibt.

Folgende **Ergänzungen** zum Anti-Bullying-Konzept sind denkbar:
- Um den Opferschutz zu gewährleisten, kann das **Trainer-Konzept** eingesetzt werden (siehe S. 111ff.). In diesem Fall sollte auch die gesamte Lerngruppe z.B. im Rahmen einer Beratungsstunde nach dem Gegen-Gewalt-Konzept informiert werden.
- Zusätzlich zum vorgegebenen Ablauf des Konzeptes könnte ein gestaffelter **Sanktionenkatalog** hilfreich sein. Damit gäbe es auch eine Konkretisierung der Maßnahmen nach erfolglosem Elterngespräch.

3. Die Farsta-Methode

Die Methode hat ihren Namen von einem Stadtteil Stockholms, in dem sie entwickelt worden ist. Sie funktioniert besonders erfolgreich, wenn es ein eingespieltes und ausgebildetes Team von zwei bis fünf Kollegen oder Sozialarbeitern gibt. Die Ausbildung sollte dabei vor allem **Gesprächsführungstechniken** umfassen, da das Gespräch mit dem Täter höhere Anforderungen an die kommunikativen Kompetenzen der Lehrer stellt.

Vom **Ablauf** her ist die Farsta-Methode jedoch sehr einfach, da sie auf einer intensiven **Befragung** des Täters beruht. Dabei geht es um die Einhaltung klarer (schulischer) Grenzen und die Konsequenzen, die der Täter nach dem Regelbruch zu tragen hat. Wie beim Anti-Bullying-Konzept gibt es eine festgelegte Reihenfolge von Reaktionen im Falle eines Übergriffs. Diese Reihenfolge sollte allen Beteiligten im Sinne der Transparenz bekannt sein. Die Unterzeichnung einer entsprechenden Vereinbarung durch Lehrer, Eltern und Schüler ist zu empfehlen, die Farsta-Methode deckt sich hier mit dem Anti-Bullying-Konzept.

Hat ein Übergriff stattgefunden, laufen die im Folgenden beschriebenen Schritte ab.

Erster Schritt

- Der Kontakt mit dem Opfer wird über Informanten oder Kollegen hergestellt. Dabei ist auf Einhaltung der **Anonymität** zu achten, niemand darf von dem folgenden Gespräch mit dem Schüler erfahren.
- Beim **Erstgespräch** wird dann behutsam der genaue Hergang des Vorfalls erfragt (z.B. Namen der Täter und Mitläufer, »Wer hat was wann und wo gemacht?«). Gleichzeitig soll dem Opfer Zuversicht und Sicherheit vermittelt werden.
- Der Lehrer überlegt abschließend, ob und wie die **Eltern** mit einbezogen werden müssen (z.B. muss bei Wiederholungstätern unbedingt ein Beratungsgespräch stattfinden).

Zweiter Schritt

- Der beratende Lehrer versucht nun, einen **Lehrer** aus dem Anti-Mobbing-Team für ein anstehendes Gespräch mit den Tätern zu erreichen. Es wird abgesprochen, wer das Protokoll führt.
- Es wird ein geeigneter **Termin** für das Gespräch ausgesucht.
- Die **Fachlehrer**, aus deren Unterricht die Schüler geholt werden, müssen vorher darüber informiert werden.

Dritter Schritt

- Die Täter werden ohne Vorankündigung einzeln von einem Lehrer aus dem Unterricht **abgeholt**.
- Das folgende Gespräch orientiert sich an einem vorgegebenen **Protokollbogen** (siehe S. 191) und sollte ruhig und sachlich geführt werden. Den Tätern muss vermittelt werden, dass die Schule den Übergriff nicht toleriert und die Mobber die Verantwortung für ihre Tat übernehmen müssen. Auf Rechtfertigungsversuche der Schüler gehen die Lehrer nicht ein.
- Im weiteren Verlauf des Gesprächs soll versucht werden, die Täter dazu zu bringen, über Verhaltensweisen nachzudenken, die weiteres Mobbing verhindern können. Sie sollen damit **Kooperationspartner** bei der gewaltpräventiven und -interventiven Arbeit werden.
- Für die Zusagen der Täter wird eine **Bewährungszeit** eingeräumt.

- Wenn die Täter in ihre Klasse zurückkehren, brauchen sie nicht zu berichten, warum sie zu dem Gespräch abgeholt wurden.

Vierter Schritt
- Nach Ablauf der Bewährungszeit wird ein **Gespräch** mit Tätern und Opfern zusammen geführt.
- Hierbei kann z.B. über einen **Täter-Opfer-Ausgleich** nachgedacht werden, wobei dem Opfer zusteht, sich einen aus seiner Sicht angemessenen Ausgleich zu wünschen (z.B. eine schriftliche Entschuldigung, Bezahlung zerstörter Gegenstände).

Abbildung 37 gibt einen kurzen Überblick über den kompletten Ablauf einer Intervention.

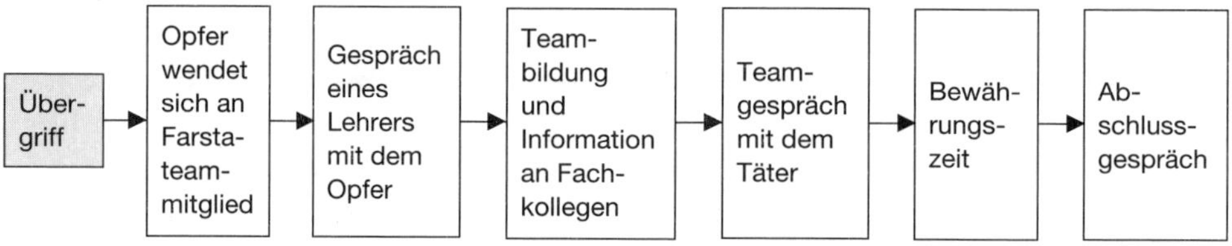

Abb. 37: Ablauf einer Anti-Mobbing-Intervention nach der Farsta-Methode

Die Farsta-Methode hat folgende **Vorteile:**
- Sie erfordert nur einen **minimalen Aufwand** in der organisatorischen Vorbereitung. Im Prinzip sind nur zwei Formulare erforderlich: ein Gesprächsprotokoll für das Erstgespräch mit dem Opfer (ein Muster hierzu ist auf S. 182 zu finden) sowie der Protokollbogen für die Befragung der Täter. Für die Kenntnisnahme aller Beteiligten bei Einführung der Methode an einer Schule reichen wenige erläuternde Zeilen.
- Die **Arbeit im Team** hat den Vorteil, dass jeder vom anderen lernen kann und jederzeit ein Ansprechpartner zur Verfügung steht. Kompetentere Kollegen können allmählich auch nicht beteiligten Lehrern das Verfahren näherbringen, sodass die Methode auf breiterer Basis steht.
- Den Tätern wird dabei **geholfen**, über ihre negativen Handlungen zu reflektieren und sozialverträglichere Verhaltensweisen einzuüben.

Den geschilderten Vorteilen stehen aber auch einige **Nachteile** gegenüber:
- Wenn im Vorfeld nicht eindeutig geklärt wurde, ob tatsächlich eine **Mobbing-Situation** vorliegt, darf die Methode nicht eingesetzt werden (bei einem Streit zwischen annähernd ebenbürtigen Schülern ist z.B. eine Streitschlichtung sinnvoller). Vor allem bei jüngeren Schülern kann sie aufgrund des angedeuteten Verhörcharakters zu einer starken Verunsicherung führen, wenn kein Mobbing vorlag.

- Die Kooperation der Mobbing-Täter wird nicht direkt beobachtet, damit bleibt die **Anonymität** zum Teil erhalten. Ob also ein ehrliches Bemühen stattgefunden hat, ist einzig von den Aussagen der Beteiligten im Abschlussgespräch (vierter Schritt) abhängig. Damit ist jedoch der **Opferschutz** für die Bewährungszeit zu schwach.
- Ein direktes Miteinbeziehen der **Lerngruppe** erfolgt nicht, der Erwerb sozialer Kompetenzen beschränkt sich einzig auf die Täter.
- Es gibt keine Maßnahmen, die dem **Opfer** helfen können (z.B. zur Steigerung des Selbstwertgefühls). Die Mobbing-Situation wurde ganz ohne seine Beteiligung allein von den Erwachsenen gelöst, der Schüler selbst bleibt zu wenig kompetent für den Fall weiterer Übergriffe.

Folgende **Ergänzungen** sind für die Farsta-Methode denkbar:
- Ob wirklich Mobbing vorliegt, muss sicher diagnostiziert werden. Wie dies geschehen kann, wird auf S. 131 dargestellt.
- Der Opferschutz kann durch das **Trainer-Konzept** gewährleistet werden.

4. Der »No Blame Approach«

Ebenso wie das Anti-Bullying-Konzept und die Farsta-Methode ist auch der »No Blame Approach« ein mehrschrittiges Verfahren. Die Methode stellt für alle Lehrkräfte eine Alternative dar, die strafende Methoden grundsätzlich ablehnen und rasch einen empathischen Kontakt zu Kindergruppen aufbauen können.

Von den anderen Konzepten unterscheidet sich der «No Blame Approach« im Wesentlichen durch eine eindeutige Schwerpunktlegung auf die Vermeidung von Schuldzuweisungen (engl. »no blame« = keine Schuld). Daneben besitzt die Methode noch folgende wichtigen **Merkmale**:
- Der genaue **Hergang** eines Vorfalls und seine Vorgeschichte werden nicht rekonstruiert, Rechtfertigungen der Täter sind daher nicht erforderlich.
- Im Vordergrund steht eine **Lösung** des Mobbing-Problems.
- Die Hilfen zur Lösung werden unter Anleitung in einer größeren **Schülergruppe** aus einer Klasse erarbeitet (»Was könnt ihr tun, damit es dem gemobbten Kind besser geht?«). Dabei ist der **Opferschutz** besonders wichtig.

Der »No Blame Approach« ist eine sehr umfangreich evaluierte Interventionsmethode. Bemerkenswert ist vor allem das Ergebnis hinsichtlich der Lösung von Mobbing-Fällen: Hier konnte eine Erfolgsquote von rund 87 Prozent nachgewiesen werden. Die Methode ist uneingeschränkt in allen Altersstufen und Schulformen einsetzbar. Detaillierte Beschreibungen, wie die Gruppen- und Einzelgespräche geführt werden sollten, sind der Literatur (siehe S. 153) zu entnehmen.

Hat ein Übergriff stattgefunden, laufen die im Folgenden beschriebenen Schritte ab (siehe auch Abb. 38).

Erster Schritt

- Wenn einem Lehrer ein Mobbing-Opfer bekannt wird, spricht er zuerst mit den **Eltern** des Kindes, um ihr Einverständnis für die weiteren Schritte einzuholen. Die Eltern werden darüber informiert, dass sie während der Intervention der Schule keine eigenen Maßnahmen ergreifen sollen (z.B. Kontakt mit den Eltern der Mobber aufnehmen). Die Lösung des Problems soll in der Schule durch die Kinder selbst stattfinden.
- Erst danach findet ein **Treffen** mit dem Schüler statt, in dem es sehr auf eine einfühlsame Gesprächsführung ankommt. Wenn das Kind zustimmt, dass sich etwas an der Situation ändern soll, wird ihm das weitere Vorgehen erläutert. Unter anderem soll es die Namen der Mobber und Mitläufer nennen.
- Als Nächstes wird der Schüler gebeten, vertrauensvolle Mitschüler zu benennen, die ihm bei der Lösung des Problems **helfen** könnten.
- Zum Abschluss wird dem Kind **Zuversicht** vermittelt und ein Termin für das nächste Gespräch vereinbart.

Zweiter Schritt

- Die vom Mobbing-Opfer benannten Mitschüler werden zu einem Treffen eingeladen (ohne das Opfer!), ebenso die Täter und Mitläufer. Zusammen bilden sie die **Unterstützergruppe**, die aus ca. 6–8 Personen besteht. Die Einladung erfolgt persönlich durch einen Lehrer, wobei er nicht sagt, was der konkrete Anlass für das Gespräch ist. Die Fachkollegen werden über die Abwesenheit der Schüler informiert.
- Die Unterstützergruppe wird über das Problem aufgeklärt, wobei Schuldzuweisungen vermieden werden sollen. Im Vordergrund steht eine Schilderung der **Gefühle** des Opfers.
- Alle Mitglieder in der Gruppe werden gebeten, **Vorschläge** zu entwickeln, mit welchen Maßnahmen man erreichen könnte, dass das Opfer sich wieder besser fühlt. Aus den verschiedenen Anregungen werden zusammen die geeigneten ausgesucht.
- Den Tätern und Mitläufern wird kein Versprechen abgenommen, dass sie ihr Verhalten bessern. Die gesamte **Verantwortung** für die Lösung der Mobbing-Situation wird der Gruppe übergeben.
- Abschließend wird ein Termin in acht bis vierzehn Tagen für ein **Folgegespräch** vereinbart.

Dritter Schritt

- Die von einem Lehrer geführten **Folgegespräche** erfolgen mit jedem Schüler der Unterstützergruppe sowie dem Opfer einzeln.
- Diese Gespräche werden so lange wiederholt, bis eine dauerhafte **Verbesserung** der Situation erreicht worden ist.

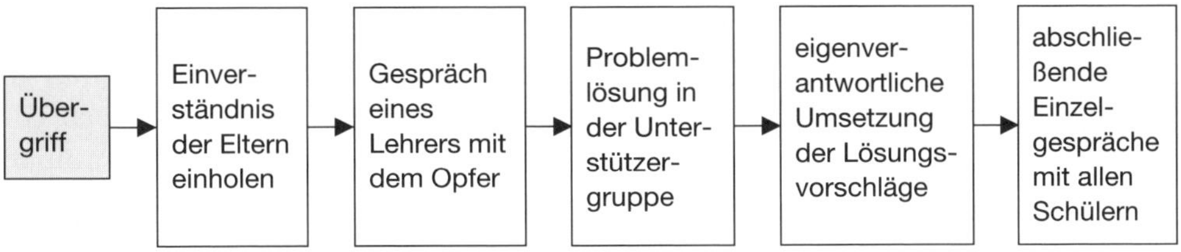

Abb. 38: Vorgehensweise nach der Methode des »No Blame Approach«

Der »No Blame Approach« hat einen eindeutigen **Vorteil** gegenüber allen anderen Methoden:

- Er gibt den Schülern die Möglichkeit, das Mobbing-Problem aus **eigener Kraft** zu lösen. Damit ist er ein wichtiges Instrument zum Aufbau sozialer Kompetenzen.
- In den Lösungsprozess sind nicht nur Täter und Opfer mit einbezogen, sondern auch ein Teil der Mitschüler. Dies hat **kompetenzerweiternde** Wirkung auf viele Schüler statt auf wenige und wirkt dadurch **vorbeugend** für den Fall weiterer Übergriffe.
- Die Methode arbeitet **ohne** Verurteilung, Schuldzuweisung und Strafe. Sie geht vom Grundsatz aus, dass Täter sehr wohl ein Unrechtsbewusstsein zeigen können, wenn man sie direkt auf ihre Übergriffe anspricht.

Diesen Vorteilen steht nur ein Nachteil gegenüber, dem jedoch durch geeignete Stundenplanung oder Teambildung an der Schule entgegengewirkt werden kann:

- Da die Einzelgespräche mit den Schülern während der Unterrichtszeit erfolgen müssen, erfordert die Methode einen nicht unerheblichen **Zeitaufwand.** Dieser ist jedoch auch vom Schweregrad des Mobbings und den von der Unterstützergruppe vorgeschlagenen Maßnahmen abhängig.

Folgende **Ergänzung** zum »No Blame Approach« ist denkbar:

- Um den Zeitaufwand der Methode zu optimieren, sollte eine bestimmte Zahl von Lehrkräften stundenweise so freigestellt werden, dass an jedem Wochentag eine feste Beratungsstunde gewährleistet ist. Eine andere Möglichkeit wäre die Unterstützung durch Sozialarbeiter z.B. von freien Jugendhilfeträgern mit festen wöchentlichen Sprechzeiten.

5. Arbeit mit der Klasse – das Gegen-Gewalt-Konzept

Das Gegen-Gewalt-Konzept stellt eine flexible Methode zur **Mobbing-Intervention** dar, das besonders für jüngere Schüler geeignet ist. Flexibel ist das Konzept, weil es neben wenigen obligaten Übungen die Wahl weiterer Maßnahmen zulässt.

Der Zeitaufwand beläuft sich zu Beginn auf eine ganze Schulstunde. Danach wird jedoch nur noch mit Tätern und Opfer allein gearbeitet, zwei jeweils etwa fünfminütige Pausengespräche reichen dafür aus. Die Erfahrungen in der Schulpraxis haben gezeigt, dass eine abschließende Besprechung der Erfolge mit der gesamten Lerngruppe den Langzeiteffekt der Maßnahme deutlich verbessert. Dafür ist eine weitere Schulstunde erforderlich.

Das Konzept kann auch als »kleine Lösung« ohne Beteiligung der ganzen Klasse nur mit Mobbern, Opfern und Trainern allein erfolgen. Der typische Ablauf einer Intervention nach dem Gegen-Gewalt-Konzept beinhaltet die folgenden vier Schritte:

- **Kontaktaufnahme** mit dem Opfer und **Erstgespräch**
- Gespräch mit den **Tätern**
- **Beratungsstunde** mit der gesamten Lerngruppe
- **Nachbesprechungen** mit Opfer, Tätern und allen Trainern
- **Abschlussstunde** in der Lerngruppe (nicht unbedingt erforderlich)

Das Konzept kann von jedem Lehrer umgesetzt werden, jedoch hat sich die folgende Konstellation als besonders effektiv erwiesen: Genauso wie Konflikte innerhalb einer Beziehung nur schwer von den Partnern oder Familienmitgliedern selbst gelöst werden können, ist das auch bei der Beziehung zwischen Klasse und (Klassen-)Lehrer der Fall. Daher ist es besonders hilfreich, wenn ein anderer Kollege das Konzept in der Klasse durchführt oder zumindest begleitet. Dass ein unbekannter Lehrer plötzlich in der Klasse auftaucht, sorgt für eine zusätzliche Spannung in der Interventionsstunde und führt dadurch zu mehr Aufmerksamkeit seitens der Schüler.

Die Anwesenheit des **Klassenlehrers** ist nicht zwingend erforderlich. Neben der Persönlichkeit des Kollegen (abwertend, kontrollierend, Laisser-faire, sensibel, unterstützend, wertschätzend etc.) spielt auch die Klassenstruktur eine wichtige Rolle bei der Entscheidung.

Vielleicht wird der Leser die Eltern in diesem Konzept vermissen. Das ist eine ganz bewusste Entscheidung des Autors: In vielen Jahren der Anti-Mobbing-Arbeit hat dieser Schritt aus den oben (S. 77) genannten Gründen nur sehr wenig Wirkung gezeigt. Sobald z.B. die Eltern über die Köpfe der Kinder hinweg intervenieren, hat die Arbeit in der Schule nur noch eine geringe Chance auf Erfolg.

Mobbing als **schulisches Phänomen** muss auch **in Schulen gelöst** werden.

Suchen Eltern jedoch den Kontakt mit der Schule (z.B. weil sie sich Sorgen um ihr Kind machen), so ist eine ausführliche Beratung selbstverständlich. Weiterhin können Eltern in solchen Fällen einbezogen werden, in denen die Täter sehr uneinsichtig sind. Hier kann man z.B. mit der Anti-Bullying-Methode arbeiten und einen Elternbrief verfassen, der die wichtigsten Gesprächsnotizen aus den Protokollen des beratenden Lehrers enthält, mit der Bitte um schriftliche Stellungnahme.

5.1 Kontaktaufnahme und Erstgespräch

5.1.1 Kontaktaufnahme

Bei der Kontaktaufnahme mit einem gemobbten Schüler gilt es, auf einige Details zu achten, die für den anfänglichen Opferschutz und eine vertrauensvolle Weiterarbeit wichtig sind.

In der Regel melden sich die Mobbing-Opfer nicht selbst bei einem Lehrer, sondern besorgte Mitschüler oder Kollegen, sehr selten die Eltern. Die Kontaktaufnahme ist dann natürlich schwierig, da der Schüler nicht verunsichert werden soll. Um mit dem Opfer ein Gespräch führen zu können, ist der ein oder andere Kniff erforderlich.

Zuerst muss darauf geachtet werden, dass die **Anonymität** des Betreffenden gewährleistet ist. Dies ist wichtig, da zu diesem Zeitpunkt noch kein Opferschutz besteht.

Es ist weiterhin von Vorteil, wenn der **Kontakt** von einem Kollegen hergestellt wird, der den Schüler kennt und einen guten Draht zu ihm hat. Bei der Kontaktaufnahme ist darauf zu achten, dass keine anderen Personen das Gespräch belauschen können. Dem Schüler sollte signalisiert werden, dass der Lehrer sich ernsthaft Sorgen macht und gern Hilfe anbieten würde, wenn diese gewünscht wird. In fast allen Fällen wird dieses Angebot von den Schülern angenommen.

Der Erstkontakt sollte danach so organisiert werden, dass er möglichst in einer großen Pause stattfindet, nach der der Lehrer eine Freistunde im Stundenplan hat. Der Schüler wird gebeten, am Lehrerzimmer zu erscheinen und nach dem betreffenden Lehrer zu fragen. Gegebenenfalls kann er einen sinnvollen **Vorwand** anführen wie z.B. Fragen wegen eines Praktikums oder dass er ein Kleidungsstück im Klassenraum liegengelassen hat. Da das Gespräch mit Sicherheit in die Stunde nach der Pause andauern wird, muss auch der Fachlehrer über das verspätete Erscheinen des Schülers und die verabredete Ausrede informiert werden. Damit kann dieser Kollege bei eventuellen Nachfragen der Mitschüler eine plausible Erklärung geben, der Opferschutz ist damit gewährt. Beispiele für solche »Ausreden« findet man im Downloadbereich (www.beltz.de/material).

Lehrer und Schüler suchen dann gemeinsam den **Beratungsraum** auf, wobei auch bei dem Gang dorthin zur Wahrung der Anonymität darauf geachtet werden sollte, dass der Weg eher zufällig gemeinsam angetreten wird. Das Erstgespräch läuft dann nach dem im folgenden Kapitel beschriebenen Muster ab.

5.1.2 Erstgespräch

Das Erstgespräch ist der Dreh- und Angelpunkt für die Intervention und die **Grundlage** für die Entscheidung, welche Maßnahmen ergriffen werden müssen. Es ist z.B. wenig sinnvoll, bei einem Streit, der ausschließlich zwischen zwei Jungen stattfindet, eine Beratungsstunde nach dem Gegen-Gewalt-Konzept durchzuführen oder Trainer zu installieren.

Wenn Schüler mit eine Mobbing-Problem zu einem Lehrer kommen, ist es daher wichtig, über die Situation und die Stimmungslage möglichst genaue Informationen zu erhalten. Damit es den Schülern leichter fällt, offen über ihr Problem zu sprechen, kann der Lehrer hierzu eine **Schweigeverpflichtung** eingehen. Persönlich mitgeteilte Inhalte einer Beratung sind hiernach vertraulich zu behandeln, eine unverzügliche Information an die Schulleitung oder an die Eltern soll nicht erfolgen. Inwieweit diese Schweigepflicht in jedem Fall bindend ist, ist jedoch vom Einzelfall abhängig. Eine ausführliche Erläuterung der Problematik würde den Rahmen dieses Kapitels sprengen, der Leser kann jedoch davon ausgehen, dass in den überwiegenden Fällen seine Schweigeverpflichtung unproblematisch einzuhalten sein wird. Ausnahmen sind tatsächlich äußerst selten, z.B. Situationen, in denen eine konkrete Gefährdung besteht (angedrohter Suizid). Es sei an dieser Stelle auf §39 (1) des Beamtenrechtsrahmengesetzes (BRRG, siehe S. 152) bzw. auf die beamtenrechtlichen Regelungen der einzelnen Bundesländer verwiesen.

Für Lehrer ist es manchmal schwierig zu entscheiden, ob bei einem Schüler tatsächlich Mobbing vorliegt oder z.B. ein Streit. Es gibt jedoch zwei wichtige diagnostische Hinweise, die relativ sicher eine Abgrenzung ermöglichen:

- Es müssen alle vier oben (S. 26) beschriebenen **Mobbing-Merkmale** zutreffen.
- Der **Leidensdruck** beim Opfer ist hoch.

Die Abfrage der **Mobbing-Merkmale** kann kurz und knapp nach dem in Tabelle 7 auf S. 135 dargestellten Muster erfolgen. Eine restlose Aufklärung aller Abläufe während eines Übergriffs ist für eine erfolgreiche Intervention hingegen nicht erforderlich und in vielen Fällen auch nicht möglich.

Der Lehrer sollte dem Schüler im Gespräch zwar die Möglichkeit lassen, seine Geschichte in der nötigen Ausführlichkeit zu schildern, entscheidend ist jedoch der Blick nach vorne in Richtung **Problemlösung**. Mit zunehmender Gesprächserfahrung wird der Lehrer schon bald ein Gespür dafür bekommen, wann sich die Schilderungen inhaltlich wiederholen und der Schüler vorsichtig dazu gebracht werden sollte, den Blick in die Zukunft zu richten.

Im Gegensatz zu den Mobbing-Merkmalen ist der **Leidensdruck** eines Schülers schwieriger überprüfbar. In der Praxis zeigt sich z.B. überproportional häufig, dass sich Mädchen in den Klassen 6 und 7 selbst als Mobbing-Opfer sehen, es in Wirklichkeit aber um Auseinandersetzungen in den verschiedenen Mädchencliquen geht.

Um solche oder ähnlich gelagerte Fälle von echten Mobbing-Opfern besser unterscheiden zu können, kann man die Methode der **Gefühlsskala** einsetzen. Hierzu wird dem Schüler das in Abbildung 39 dargestellte Bild gezeigt oder auf einem Blatt Papier aufgemalt und erklärt, dass das lächelnde Gesicht für die beste Stimmung steht, das traurige Gesicht für die schlechteste Stimmung. Dann wird der Schüler gefragt, wo er sich selbst gefühlsmäßig einordnen würde. Es ist hilfreich, dabei zwischen Klasse, Schule und häuslichem Umfeld zu unterscheiden. Damit kann z.B. geklärt werden, ob der Schüler zu Hause mit Unterstützung rechnen kann oder ob das soziale Umfeld hinsichtlich Freundschaften in Ordnung ist.

Abb. 39: Die Gefühlsskala als diagnostische Hilfe (die Eintragungen stellen Beispiele für die Anwendung dar)

Die Kinder und Jugendlichen nehmen diese Aufgabe in der Regel sehr ernst, was sich häufig an einer längeren Bedenkzeit zeigt. Die Erfahrungen aus der Schulpraxis haben weiterhin gezeigt, dass die Einordnung für die Diagnose wichtige Hinweise gibt:

- Eine Markierung mehr **in der Mitte** deutet darauf hin, dass der Leidensdruck eher gering ist. Meist korreliert diese Einordnung auch mit einer unklaren Schilderung der Übergriffe, z.B. treffen einzelne Merkmale des Mobbings nicht zu. In diesem Fall ist von einer weitergehenden Intervention erst einmal abzusehen. Die Gespräche mit den beschuldigten Schülern müssen mit Vorsicht geführt werden, erst dann kann das weitere Vorgehen gemeinsam mit allen Beteiligten abgesprochen werden. Eine Intervention kann dann z.B. zu einer Streitschlichtung führen.
- Liegt die Markierung ganz **am Ende** der Gefühlsskala (manchmal sogar jenseits davon!), dann ist Vorsicht geboten. Wenn das vermeintliche Opfer zudem im bisherigen Gespräch einen eher aufgeräumten Eindruck gemacht und differenziert und gefühlsmäßig distanziert von den Übergriffen berichtet hat, liegt häufig kein Mobbing vor. Möglicherweise ist der Schüler nicht ganz unbeteiligt an der Situation. Auch hier endet die Beratung damit, dass zuerst einmal die beschuldigten Schüler zu einem Gespräch eingeladen werden.
- Wenn Schüler die Markierung **im letzten Drittel** der Gefühlsskala setzen (siehe Abb. 39), kann der beratende Lehrer mit großer Sicherheit von Mobbing ausgehen, wenn auch alle bekannten Merkmale geschildert wurden. Mobbing-Opfer können ihren Leidensdruck erfahrungsgemäß sehr sicher und realistisch einschätzen.

Die Gefühlsskala kann bei später stattfindenden Nachbesprechungen dazu genutzt werden, den (gefühlsmäßigen) **Erfolg** oder **Misserfolg** der ergriffenen Maßnahmen zu überprüfen. Wenn die Striche Richtung lachendes Gesicht wandern (siehe Beispiel in Abb. 39), ist dies auch für den beratenden Lehrer eine Bestätigung für seine Intervention.

Im Folgenden soll nun der vollständige Ablauf des Erstgesprächs mit einem Mobbing-Opfer beschrieben werden. Abbildung 40 auf S. 137 gibt abschließend eine Hilfestellung für die ersten Beratungsgespräche nach diesem Muster.

Tab. 6: Fragen in der Einstiegsphase

Frage	Erläuterung
Türöffner	Ein Türöffner ist eine Frage oder eine Bemerkung direkt beim Empfang, die dem Schüler das Eintreten und Ankommen **erleichtern** und sich auf ganz alltägliche Sachverhalte beziehen soll: »Mensch, ist das eine Hitze heute!«, »Hast du gestern das Fußballspiel von Schalke 04 gesehen?«, »Oh, schau mal, wie unordentlich es hier wieder ist!«
Transparenz schaffen	Damit der Schüler weiß, was ihn nun erwartet, sollte der Lehrer ihn kurz über den Beratungsverlauf informieren. Wichtig sind folgende Punkte: • ein Hinweis auf die reichlich zur Verfügung stehenden Zeit (Druck nehmen), • ein Hinweis auf die Information des Fachlehrers der Folgestunde über die vereinbarte »Ausrede« (Verlässlichkeit vermitteln), • das Angebot der Schweigepflicht (Vertraulichkeit gewährleisten).
Darf ich mir **Notizen** machen?	Die **Dokumentation** ist eine der Grundlagen der Anti-Mobbing-Arbeit. Sie darf jedoch in Anwesenheit des Opfers nur mit dessen Zustimmung erfolgen. Zudem macht es auf ein Mobbing-Opfer einen schlechten Eindruck, wenn man sich ungefragt Notizen macht – das sieht zu sehr nach einem Verhör aus. Die Dokumentation sollte begründet werden, z. B.: »Ich möchte dein Problem verstehen und mir in Ruhe noch einmal Gedanken über eine Lösung machen können!«
Kannst du mir deinen **Namen** nennen?	Manchmal kennt man die Schüler tatsächlich nicht, zudem ist der Name wichtig für das Protokoll.
Kannst du mir sagen, in welche **Klasse** du gehst und wer dein **Klassenlehrer** ist?	Diese Fragen machen Sinn, wenn der Schüler nicht aus der eigenen Klasse kommt. Somit wird klar, wer gegebenenfalls **benachrichtigt** werden muss.

Die praktische Arbeit mit Schülern hat gezeigt, dass in der Einstiegsphase sogenannte W-Fragen (z.B.: »Wie heißt du?« oder »Wer ist dein Klassenlehrer?«) sehr hilfreich sein können, wenn sie mit Anteilnahme formuliert werden und nicht nach Verhör klingen. Das Mobbing-Opfer empfindet dadurch weniger Druck und fühlt sich ernst genommen: Da ist ein Erwachsener, der sich ruhig und ohne abwertende Bemerkungen seine Probleme anhört und Mitgefühl zeigt. Auch beim »No Blame Approach« wird diese Fragetechnik im ersten Schritt des Vorgehens verwendet (siehe S. 127 f.).

Entscheidend für das weitere Vorgehen durch den Lehrer ist die Klärung, ob tatsächlich Mobbing vorliegt. Hierzu überprüft man die vier Mobbing-Merkmale (siehe S. 26) und den Leidensdruck des Schülers (siehe Tab. 7). Liegt eindeutig Mobbing vor, wird das Gespräch mit dem Opfer wie auf den folgenden Seiten beschrieben fortgeführt.

Tab. 7: Fragen zur Klärung des Mobbing-Tatbestandes

Frage	Erläuterung
Du hast gesagt, dass du ein **Problem** hast. Worum handelt es sich denn dabei? Warum fühlst du dich schlecht?	Mit diesen Fragen wird das Problem eingeengt auf die Wahrnehmung des Opfers, man kann dadurch schon ein wenig den **Leidensdruck** abschätzen.
Kannst du mir **Beispiele** nennen, was deine Mitschüler mit dir machen?	Die Formen der ausgeübten Gewalt werden erfragt.
Wie häufig ärgern/schlagen … dich deine Mitschüler in der Woche?	Diese Fragen dienen dazu, die auf S. 26 genannten **Mobbing-Kriterien** abzuklären. Die Frage nach den Namen der Täter bzw. Mittäter sollte grundsätzlich erst am Ende gestellt werden, wenn der Schüler Vertrauen zum beratenden Lehrer gefasst hat.
Wie lange geht das schon (z. B. Wochen, Monate)?	
Wie viele Personen ärgern/schlagen … dich?	
Hast du dich schon einmal **gewehrt**? Was ist dann geschehen?	
Wie würdest du dich im Moment auf der folgenden **Skala** (siehe S. 124) gefühlsmäßig einordnen?	Gerade Schüler der unteren Klassen können die typischen Opfergefühle schwer in Worte fassen. Auch wenn Tränen fließen, weiß der Lehrer nicht, wie schwer der Fall wirklich ist.

Tab. 8: Fragen zur Klärung des sozialen Umfelds

Frage	Erläuterung
Hast du Freunde/Freundinnen in der **Klasse**?	Hiermit wir geprüft, ob es in der Klassenstruktur Schüler gibt, die man als Trainer für den Opferschutz gewinnen könnte (siehe S. 111 ff.).
Hast du Freunde/Freundinnen bei dir **zu Hause**? Ärgern die dich auch manchmal?	Über die Prüfung der sozialen Kontakte im Privatbereich erhält man einen Eindruck davon, ob der Schüler möglicherweise ein problematisches Verhalten hat, das eine Ausgrenzung provoziert.
Weiß außer mir **noch jemand** von deinen Problemen?	Für die Mobbing-Intervention ist es wichtig, möglichst viele stützende Allianzen zu finden.
Was sagen deine **Eltern**/Erziehungsberechtigten zu der ganzen Sache?	Damit soll abgeklärt werden, inwieweit Hilfe von den Eltern zu erwarten ist und ob es vielleicht nötig ist, sie zu einem klärenden Gespräch einzuladen.

Bestehen jedoch **Zweifel** an den Schilderungen des Schülers oder an der Intensität seines Leidensdrucks, sollte in jedem Fall zuerst ein Gespräch mit den beschuldigten Schülern geführt werden, bevor überstürzt unangemessene Maßnahmen ergriffen werden.

Handelt es sich um einen echten Mobbing-Fall, ist es wichtig, den Schüler im Gespräch weg von der Vergangenheit hin zur Problemlösung zu bringen (siehe Tab. 9). Dieser Perspektivwechsel ist wichtig für die weitere Arbeit mit dem Opfer.

Tab. 9: Fragen zur Problemlösung

Frage	Erläuterung
Was **erwartest** du von mir?	Mit dieser abschließenden Frage wird die Aufmerksamkeit des Opfers weg von seinem Problem hin zu einer **Lösung** gelenkt.
Ich zeige dir jetzt, wie Mobbing funktioniert.	Vor der Beschreibung der interventiven Maßnahmen erfolgt immer eine Erläuterung der typischen **Mobbing-Struktur** in Lerngruppen (siehe S. 29f.). Dabei muss der Lehrer vor allem auf das Problem der Anonymität hinweisen.
Jetzt weißt du, warum die Mobber dich so lange ärgern konnten. Möchtest du mir jetzt die **Namen** der Mitschüler nennen?	Erst an dieser Stelle wird nach den Namen der **Täter** und Mittäter gefragt. Meist hat das Opfer zu diesem Zeitpunkt des Gesprächs so viel Vertrauen und Hoffnung gefasst, dass es die Namen nennt. Falls es noch unsicher sein sollte, kann man auf die Vielzahl der Mobbing-Fälle an der Schule hinweisen. Der Schüler ist überrascht – er dachte, er sei das einzige Opfer! Damit wird dem Schüler die Sicherheit gegeben, dass alles, was besprochen und unternommen wird, nur im engsten Kreis geschieht und dass der beratende Lehrer sich strikt an die **Schweigepflicht** hält (anderenfalls wären dem Schüler andere Mobbing-Opfer bekannt!).

Fast alle Opfer wünschen sich bei der Frage »Was erwartest du von mir?«: »Sorgen Sie dafür, dass das Mobbing aufhört!« oder »Machen Sie, dass die [Täter] mich endlich in Ruhe lassen!«. Diese beiden Wünsche zeigen, wie groß der Leidensdruck bei den Kindern bzw. Jugendlichen ist. Gleichzeitig weiß der beratende Lehrer dadurch auch, dass die Schüler (fast) jeder Maßnahme zustimmen werden, die er vorschlagen wird.

Nach der Formulierung der Erwartungen des Mobbing-Opfers an den beratenden Lehrer stellt dieser dem Schüler verschiedene Möglichkeiten vor, was man zur Problemlösung unternehmen könnten. Zur Auflockerung der Situation kann er die Vorschläge als »**Menü**« bezeichnen. Was der Lehrer konkret vorschlägt, richtet sich ganz nach der Persönlichkeit des Opfers. Wenn das Kind noch nicht reif für eine Arbeit mit der ganzen Klasse ist, kann er z.B. Übungen zur Stärkung des Selbstbewusstseins anbieten (siehe S. 93f.), oder er bringt die Anregung vor, zuerst einmal alle Fachlehrer der Klasse über das Problem zu informieren oder die Pausenaufsichten zu verstärken. Auch das Führen eines Mobbing-Tagebuchs kann er in solchen Fällen empfehlen.

In jedem Fall sollte jedoch das **Trainer-Konzept** vorgeschlagen werden, denn es ist wichtig, dass das Opfer möglichst zeitnah konkreten Schutz erhält. Hierzu wird der Schüler gebeten, Namen vertrauenswürdiger Mitschüler zu nennen. Ist das Opfer bereit für weitergehende Maßnahmen, kann der Lehrer an dieser Stelle das komplette Gegen-Gewalt-Konzept mit dem Ablauf der **Beratungsstunde** (siehe S. 139 ff.) erläutern.

Den Kindern ist nach dieser langen Einleitung bereits deutlich anzumerken, wie eine große Last von ihren Schultern fällt. Endlich hört ihnen jemand zu, endlich spüren sie, dass sie mit ihrer Situation nicht allein sind, endlich sehen sie Möglichkeiten, wie ihnen geholfen werden kann.

Ganz wichtig ist, dass die Entscheidung, welche der Vorschläge umgesetzt werden sollen, dem **Opfer** überlassen bleibt. Tatsächlich wählen die meisten Schüler das vollständige Gegen-Gewalt-Konzept – schon die Tatsache, dass sie Hilfe innerhalb der Klasse bekommen sollen und dadurch ja auch eine bessere Integration in die Klassengemeinschaft möglich wird, lässt sie diese Option wählen.

In diesem Moment erfährt das Opfer eine grundlegende Umorientierung seiner Wahrnehmung: Eine Lösung erscheint jetzt realistisch erreichbar. Das ist ein wichtiger Schritt in der Anti-Mobbing-Arbeit mit dem Opfer.

Sind alle Schritte des Erstgesprächs durchlaufen, muss der Lehrer zum Schluss einen verbindlichen und möglichst zeitnahen **Folgetermin** vereinbaren, um die im Folgenden beschriebenen Schritte der Intervention zügig umzusetzen. Das Schema in Abbildung 40 gibt noch einmal einen Überblick über den vollständigen Ablauf eines Erstgesprächs.

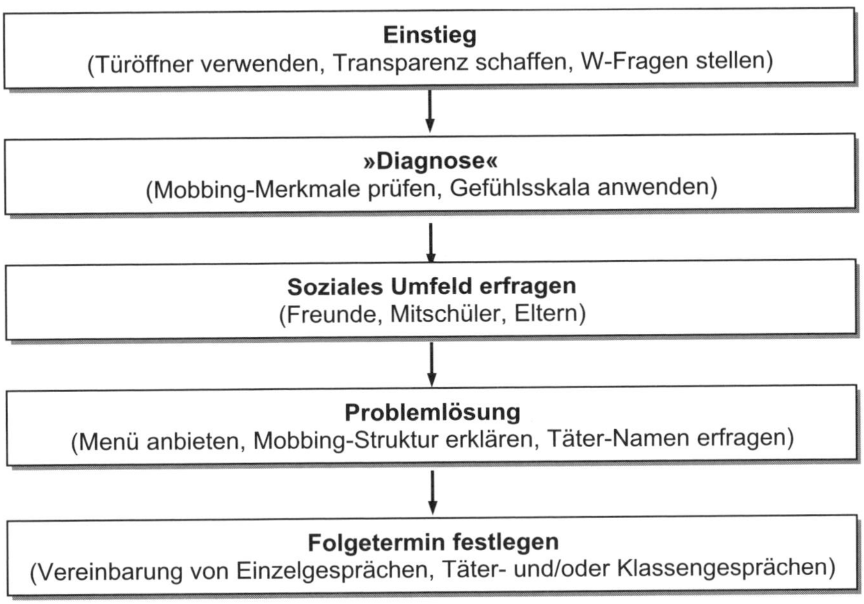

Abb. 40: Wichtige Schritte im Erstgespräch des Gegen-Gewalt-Konzeptes

Zum Abschluss noch einige organisatorische Hinweise:

- Alle Maßnahmen, Gespräche und Übungen sollten dokumentiert werden. Ein Muster für einen geeigneten **Protokollbogen** findet man auf S. 192. Die Dokumentation dient zum einen dazu, im Beratungsverlauf den Überblick zu behalten, und zum anderen, bei möglichen Problemen z.B. mit Eltern oder der Schulaufsicht eine Absicherung zu haben (siehe auch S. 77 f.)
- Der **Beratungsaufwand** sollte auch zeitlich dokumentiert werden, da diese Tätigkeit manchmal von Kollegen nicht ernst genommen und in ihrem Umfang unterschätzt wird. Sollten beispielsweise Diskussionen über Entlastungsstunden anstehen, liefert diese Auflistung wertvolle Argumente.
- Wichtig ist immer, einen **Folgetermin** für das nächste Gespräch festzulegen, um für die Beratung eine größere Verbindlichkeit zu bekommen.

5.2 Gespräch mit den Tätern

Vor dem Gespräch mit dem Mobber muss unbedingt der **Fachlehrer** der betroffenen Stunde informiert werden, denn es werden im Laufe von etwa 20–30 Minuten mindestens sechs Schüler (ein Mobber, ein Opfer und deren insgesamt vier Trainer) aus seinem Unterricht geholt, was verständlicherweise zu einiger Unruhe führen kann. Der die Intervention durchführende Lehrer muss sich die Stunde entweder von der Schulleitung durch Vertretung freihalten lassen oder eine Freistunde im Stundenplan nutzen.

Das Gespräch mit dem Mobber kann erst dann geführt werden, wenn beim Erstgespräch mit dem Opfer geeignete Trainer ausgesucht worden sind, denn nur dann kann der **Opferschutz** gewährleistet werden.

Wie bei der Farsta-Methode (siehe S. 124 ff.) werden nun die Täter **ohne Vorwarnung** einzeln aus dem Unterricht geholt. Das folgende Gespräch mit ihnen umfasst nur wenige Punkte (siehe Tab. 8 auf der nächsten Seite). Im Vordergrund stehen dabei die Überprüfung der Vertrauenswürdigkeit der Schüler sowie ihrer Kooperationsbereitschaft hinsichtlich der Lösung des Mobbing-Problems. Sind beide Punkte zufriedenstellend geklärt, kann der Täter genau wie das Opfer zwei Trainer benennen, also Schüler, die einen guten Stand in der Klasse haben und möglichst neutral sind. Diese haben im Gegensatz zu den Trainern des Opfers nicht die Aufgabe, das Opfer zu schützen, sondern dem Mobber eine Rückmeldung zu geben, wenn er gegen die Vereinbarungen verstößt und erneut schikaniert. Indirekt schützen sie damit aber auch das Opfer (siehe S. 111 ff.)!

Teil 4
Konzepte

Nach dem Gespräch wird das **Opfer** aus dem Unterricht geholt und in Abwesenheit der Mobber gefragt, ob es mit der **Wahl** der Trainer einverstanden ist – die ganze Entscheidung über den Interventionsprozess liegt also beim Opfer! Wenn das der Fall ist, werden nun alle von den Tätern benannten Trainer aus dem Unterricht geholt und gefragt, ob sie die Aufgabe übernehmen wollen. In den allermeisten Fällen ist dies so. Wenn nicht, muss noch ein Ersatz ausgesucht und geholt werden. Dieses etwas zeitaufwändige und umständliche Verfahren ist erforderlich, um ab diesem Zeitpunkt den **Opferschutz** zu gewährleisten.

Tab. 10: Fragen an die Mobber

Frage	Erläuterung
Weißt du, **warum** wir miteinander sprechen müssen?	Der Lehrer gibt keine Informationen preis und kann bereits in dieser Gesprächsphase erkennen, ob ein gewisses Schuldgefühl beim Schüler erkennbar ist. Manchmal beginnen die Mobber hier bereits mit **Rechtfertigungen** – für den Lehrer eine ideale Situation, weil er den Wahrheitsgehalt der Aussagen des Opfers dann nicht mehr überprüfen muss.
Kannst du mir ein **Beispiel** nennen, wie du deinen Mitschüler geärgert hast?	Hiermit wird überprüft, inwiefern das Opfer die **Wahrheit** gesagt hat. Die Mobber versuchen zwar, ihre Taten herunterzuspielen, es wird jedoch immer ersichtlich, welche Übergriffe grundsätzlich stattgefunden haben. Interessant ist auch, welche Taten die Schüler zu verschweigen versuchen.
Wer außer dir war noch **beteiligt**?	Mit dieser Frage wird die **Bereitschaft** des Schülers überprüft, an der Aufklärung und Wiedergutmachung mitzuwirken. Wenn er an dieser Stelle schweigt, ist damit zu rechnen, dass er diese Bereitschaft nicht ohne Weiteres aufbringen wird.
Bist du damit einverstanden, dass wir **Trainer** benennen, um dir zu helfen, deinen Mitschüler in Ruhe zu lassen?	Die Mobber sind in den meisten Fällen so erleichtert darüber, dass es keine Strafen gibt, dass sie die **Chance**, mit Trainern zusammenzuarbeiten, sofort aufgreifen.
Was könntest du noch tun, um das Mobbing **wiedergutzumachen**?	In der Regel sind die Schüler sofort bereit, sich zu **entschuldigen**. Täter sind nicht selten selber Opfer und spüren bei diesem Gespräch sehr wohl, dass ihre Übergriffe dem Opfer wehgetan haben!

Die Mobber werden abschließend darüber informiert, dass eine **Beratungsstunde** stattfinden wird, in der die gesamte Klasse über die Problematik aufgeklärt wird. Spätestens zu diesem Zeitpunkt ist in den meisten Fällen das Mobbing beendet und der Einsatz der Trainer ist nur noch ein Zeichen dafür, wie ernst die Schule den Vorfall nimmt!

Sollte das Opfer eine Klärung in der Klasse ablehnen (z.B. weil ihm die Aufmerksamkeit unangenehm ist), kann das Gegen-Gewalt-Konzept als **kleine Lösung** fortgesetzt werden. In diesem Fall arbeiten die Trainer mit Mobbern und Opfern nach dem auf S. 111ff. beschriebenen Verfahren, wobei jedoch auch ein Teil der Lerngruppe in den Lösungsprozess integriert ist. Zudem werden einige Mitschüler zwangsläufig vom Verfahren Kenntnis erlangen und so die Ernsthaftigkeit der Schule bei der Lösung des Mobbing-Problems erkennen. Für die Zukunft wissen also mehr Schüler, was sie tun können, wenn sie selbst Opfer werden oder einen Mobbing-Fall beobachten.

5.3 Beratungsstunde

Die Beratungsstunde ist der wichtigste Punkt im Gegen-Gewalt-Konzept. Für die Schulpraxis erfreulich ist, dass sie nur wenig Vorbereitung benötigt. Hat die Lehrkraft einmal alle Materialien zusammen, kann sie diese jederzeit wiederverwenden. Zur Erleichterung der Planungsphase enthält Teil 5 dieses Buches auf den Seiten 173, 178f. und 183f. die erforderlichen Kopiervorlagen.

Grundsätzlich werden die Klassen nicht im Voraus über den Besuch informiert. Die Tatsache, dass eine Unterrichtsstunde ausfallen wird, spricht sich jedoch meist über andere Kanäle herum. Die Klasse ist gespannt, die Schüler wissen nicht, was geschehen wird, meist fantasieren sie eine Strafaktion. Diese Unsicherheit und Spannung kann man positiv für die Intervention nutzen.

Der typische Ablauf einer Beratungsstunde beginnt immer mit einer **Einstimmung**:
- Zu Beginn **begrüßt** der Lehrer die Klasse und stellt sich vor, falls er kein Fachlehrer in der Lerngruppe ist.
- Die Schüler werden gebeten, die Tische an den Rand zu schieben und die Stühle in einem Kreis aufzustellen. Einen Stuhl stellt der Lehrer für sich selbst in den **Stuhlkreis**, meist in der Nähe der Tafel, die für Erläuterungen später noch benötigt wird. Das hektische Möbelrücken dient zum ersten Abreagieren der aufgebauten Spannung: »Was hat das mit Schule, mit der befürchteten Strafe/dem Donnerwetter zu tun?« – Schüler denken ja in solchen Situationen immer erst ans Negative.
- Nun folgt die auf S. 89 beschriebene **Soziometrieübung.** Bei dieser Übung zeigt sich meistens schon die Grundstruktur der Klasse: Gibt es einzelne Teilgruppierungen? Wie fühlen sich die Schüler und Schülerinnen in der Klasse? Gibt es noch andere Außenseiter in der Lerngruppe?

Nach der Einstimmung erfolgt die **Hinführung** zum Mobbing-Problem in der Klasse:
- Für den Fall des Einsatzes eines fremden Lehrers oder des Beratungslehrers erhält die Klasse eine **Erklärung**, dass der Klassenlehrer eingeladen hat, weil es einem Schüler aus der Klasse »nicht gut geht« (meist geht bei dieser Aussage der Blick vieler Schüler schon zum Opfer).
- Die Schüler werden gebeten, bei der auf S. 97 geschilderten **Spiegelübung** mitzumachen.
- Nach dieser Einführungsphase wird endlich der **Name** des betroffenen Schülers in der Lerngruppe genannt. Durch die Einleitung ist das Opfer klar geschützt: Keiner in der Runde macht nach der Stuhlübung noch eine dumme Bemerkung oder Geste.
- Nach dieser emotional anrührenden Arbeit kommt jetzt Kopfarbeit: Mit kleinen Bildern (Kopiervorlagen sind auf S. 183f. zu finden) wird die typische **Mobbing-Struktur** in einer Klasse erklärt (siehe S. 29f.). Hierbei sollte besonders Wert darauf gelegt werden, die Sichtweise der Täter klarzumachen. Was für sie »nur Spaß« war, kann für das Opfer schon sehr schmerzhaft sein. Damit soll versucht werden, in der Klasse Verständnis für die unterschiedlichen Wahrnehmungswelten zu erzeugen. Auch einer Pauschalverurteilung der Mobber wird vorgebeugt, der Ruf nach Strafe oder Rache bereits im Ansatz erstickt. Jeder Einzelne hat schon einmal die Erfahrung gemacht, dass nicht alles Spaß ist, was er selbst für Spaß hält! Auf

diese Weise wird eine Lösung des Mobbing-Problems vorbereitet, die die Täter als gleichberechtigt mit einbezieht, Schuldzuweisungen werden so vermieden.
Um die unterschiedlichen Sichtweisen von Opfer und Täter auf andere Weise zu verdeutlichen, ist auch die folgende **Übung** möglich: Der beratende Lehrer bittet einen Schüler, sich freiwillig zur Verfügung zu stellen. Der Lehrer fragt ihn, ob er ihn schubsen darf, der Schüler muss dem zustimmen. Daraufhin schubst ihn der Lehrer mehrmals und fragt: »Wie war das für dich?« Wenn der Schüler sagt, dass das nicht so toll war, kann der Lehrer den wenig empathischen Täter mimen und erwidern: »Wieso? Das war doch bloß Spaß!« Was für den einen Spaß ist, tut dem anderen weh! Der Lehrer bedankt sich abschließend bei dem Schüler für seine Mitarbeit.

- Nach der Erläuterung der Zusammenhänge bei schulischem Mobbing werden die **Namen** der Täter in der Klasse genannt. Damit ist die Anonymität der Täter-Opfer-Beziehung endgültig aufgehoben.
- Nun muss der Lehrer zügig weiterarbeiten, damit es nicht zu Rechtfertigungsversuchen der Mobber kommt. Manchmal fließen aber auch Tränen bei den Tätern. Für beide Fälle ist es hilfreich, den Blick der gesamten Klasse zurück auf die Lösung zu bringen. Dies gelingt durch die Erläuterung des **Trainer-Konzeptes.**
- Die Namen der **Trainer**, die das Opfer sich bereits im Vorfeld ausgesucht hat, werden genannt. Die Klasse wird gefragt, ob sie die Wahl für geeignet hält. Die Klassenmeinung wird auch für die Trainerwahl der Täter eingeholt. Dies dient als Sicherungsmechanismus: Täter neigen nicht selten dazu, ihre Mitläufer als Trainer auszusuchen!
- Nach diesem Schritt sind bereits mindestens vier Schüler an der Mobbing-Intervention beteiligt. Man kann nun zusätzlich nach Freiwilligen fragen, die ein **Erfolgsposter** oder eine **Erfolgsliste** anfertigen und führen wollen (siehe S. 179). Dies ist aber nicht unbedingt erforderlich.
- Auch eine prophylaktische **Trainerliste** für zukünftige Mobbing-Opfer kann man erstellen lassen. Damit bekommt man noch mehr Schüler ins Boot und stärkt ihr Verantwortungsbewusstsein hinsichtlich der Gemeinschaft in der Klasse. Bei der Trainerliste steht die Entwicklung der sozialen Verantwortung möglichst vieler Schüler im Vordergrund, was natürlich nicht ausschließt, dass sich auch spätere Opfer und Täter ihre Trainer weiterhin selbst aussuchen können.
- Täter und Opfer sowie ihre Trainer werden für die Folgewoche zu einem ersten **gemeinsamen Gespräch** in der großen Pause gebeten, wo sie ihre Beobachtungslisten vorlegen und über die abgelaufenen sechs Tage berichten sollen (siehe S. 111ff.).
- Das Trainer-Konzept erlaubt in diesem Kontext auch die Vermittlung sozialer Kompetenzen: Was sollte ein Schüler tun, wenn er mitbekommt, dass ein Mitschüler gemobbt wird? Die Antwort ist allen Kindern zu diesem Zeitpunkt einsichtig: entweder sich einmischen oder **Hilfe holen**. Eine Vorlage für solch eine **Hilfeliste** ist auf S. 173 zu finden.

- Zum Abschluss werden alle Schüler im Stuhlkreis gebeten, eine kurze **Rückmeldung** darüber abzugeben, wie die Stunde für sie war. Es ist immer wieder überraschend, wie differenziert und positiv die Meinungen der Kinder sind. Selbst Fünftklässler zeigen ein tiefes Verständnis für die Zusammenhänge und für die Verantwortung, die jeder Einzelne in der Lerngruppe besitzt.
- Wenn noch Zeit ist, kann die Stunde mit einer spielerischen, körperbetonten **Übung** wie z.B. »Sturmflut« abgeschlossen werden (siehe S. 108). Dies hilft, Spannungen abzubauen und das Gemeinschaftsgefühl in der Klasse zu stärken.

Das Schema in Abbildung 41 zeigt noch einmal alle wichtigen Schritte in der Beratungsstunde im Überblick.

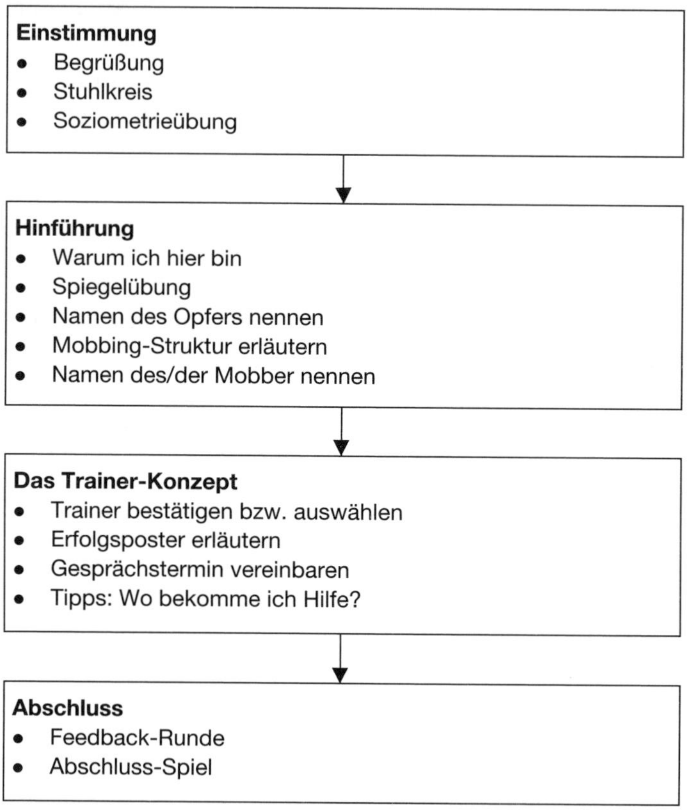

Abb. 41: Kurzübersicht zum Ablauf einer Beratungsstunde nach dem Gegen-Gewalt-Konzept

Damit man bei Zeitverzug keine Schwierigkeiten wegen des 45-Minuten-Rasters der Schule bekommt, ist es sinnvoll, die Beratungsstunde vor einer großen Pause anzusetzen. Dann hat man die Möglichkeit, einige Minuten zu »überziehen«, um einen guten Stundenabschluss zu erhalten.

5.4 Nachbesprechungen

Das Mobbing-Problem ist in den allermeisten Fällen nach der Beratungsstunde gelöst. Wenn Opfer, Täter und Trainer sich zum ersten Mal treffen, zeigen die Beobachtungsbögen praktisch **keinen Übergriff** mehr. Wenn doch, liegt dies oft an der Frustration einzelner Trainer, die ihren Job etwas zu ernst genommen haben.

Alle Beteiligten werden gefragt, wie die Situation aus ihrer Sicht in der abgelaufenen Woche gewesen ist. Um eventuelle Beeinflussungen auszuschließen, sollte das Opfer im Anschluss an die Besprechung noch einmal mit dem Lehrer allein zu dieser Frage Stellung nehmen können.

Bei diesen Besprechungen sollte sich der Lehrer immer **skeptisch** zeigen, er darf diese Rolle durchaus spielerisch übertreiben: »Das kann nicht gut gehen, der Erfolg ist viel zu schnell, wartet nur ab, das wird noch einen Rückfall geben!« Die Schüler bemerken meist die gespielte Skepsis, akzeptieren aber die Erklärung, dass eine Verlängerung der Maßnahme einfach wichtig ist, um den Erfolg zu gewährleisten. Alle Beteiligten werden daher gebeten, auch in der nächsten Woche mit den Beobachtungsbögen noch einmal in einer großen Pause zum betreuenden Lehrer zu kommen.

Diese Nachbesprechung ist dann meistens die letzte. Ein Junge brachte es einmal auf den Punkt: »Sie glauben doch nicht, dass da noch einer was macht, wenn er weiß, dass alle Bescheid wissen!« Eine Bemerkung, die einmal mehr verdeutlicht, wie wichtig die Aufhebung der Anonymität der Mobbing-Situation ist.

Zum Abschluss werden Opfer und Mobber gebeten, ihren Trainern noch eine kleine Aufmerksamkeit zukommen zu lassen für die Arbeit, die diese geleistet haben (z. B. Süßigkeiten). Soziales Engagement kann sich also auch direkt »bezahlt« machen – eine weitere positive Erfahrung, die Schüler so sicherlich nur selten machen.

Mit der zweiten Nachbesprechung ist das Konzept prinzipiell beendet. In besonders komplexen Fällen kann es sich aber anbieten, noch eine abschließende Beratungsstunde in der Lerngruppe durchzuführen.

5.5 Abschluss-Stunde

Der Ablauf dieser Stunde ähnelt der Beratungsstunde (siehe S. 139f.). Am Anfang steht die **Soziometrieübung.** Hier kann man z.B. nach dem Klima in der Klasse fragen, ob aus Sicht der Schüler noch Mobbing vorgefallen ist, wie gut sich Opfer und Täter seit der Intervention vertragen etc.

Es schließt sich eine **Blitzlichtrunde** an, in der jeder äußern kann, wie es ihm gerade geht und wie er die Mobbing-Situation beurteilt. Besonders wichtig ist hierbei, dass auch das Opfer offen und ehrlich seine Meinung sagen kann. Ist dies der Fall, wird allen Beteiligten klar, wie entscheidend sich die Situation geändert hat und wie weit der (Re-)Integrationsprozess gelungen ist.

Es ist auch möglich, zu diesem Zeitpunkt die Beobachtungsbögen oder Erfolgsposter der Klasse noch einmal zu zeigen. Ein Applaus für die Trainer ist nun angebracht. Die Aufwertung **sozialen Engagements** wird somit allen Klassenmitgliedern klargemacht. An dieser Stelle sollte der Lehrer noch einmal nach den Möglichkeiten fragen, die jeder Schüler hat, wenn er Mobbing beobachtet oder selbst Opfer ist. Damit erfolgt eine Verfestigung des erarbeiteten Wissens.

Mit einer **körperbetonten** Übung kann nun der Aspekt »Grenzen setzen – Grenzen wahrnehmen« vertieft werden (z.B. Möhrenziehen, siehe S. 93). Danach bietet sich eine Übung an, die das **Gemeinschaftsgefühl** in der Klasse stärkt und die Schüler wieder ruhiger werden lässt, wie z.B. der Gewitterregen (siehe S. 107).

Zum Abschluss bedankt sich der Lehrer bei der gesamten Klasse für ihren Einsatz und ihre Offenheit. Er bittet sie, in schwierigen Situationen an diese Stunden zu denken und sich an die Möglichkeiten zu erinnern, die gemeinsames Handeln bietet.

6. Klassenbezogene Beratung – Grundlagen

Eine weitere Form der Beratung von Mobbing-Opfern ist die schulklassenbezogene Beratung, die Alexander Redlich (1990) entwickelt hat. An dieser Stelle wird eine abgewandelte, vereinfachte und daher auch nicht so aufwendige Alternative vorgestellt. Sie hat sich in der Schulpraxis bisher gut bewährt.

Wie der Titel bereits verrät, wird auch hier nicht mit dem Opfer allein gearbeitet, sondern mit der ganzen Klasse. Die Methode ist besonders gut für ältere Schüler und in Fällen geeignet, bei denen das Opfer an der Mobbing-Situation nicht ganz unschuldig ist (z.B. provozierendes Opfer). Die klassenbezogene Beratung umfasst die folgenden fünf Schritte:

- **Kontaktaufnahme** mit dem Opfer und **Erstgespräch**
- Gespräche mit den **Tätern**
- **klassenbezogene Beratungsstunde** mit der gesamten Lerngruppe
- **Auswertung** der Beratungsstunde im **Einzelgespräch** mit dem Opfer
- **Auswertung** im **Klassenverband**

6.1 Erstgespräch

Die Kontaktaufnahme und das Erstgespräch verlaufen wie auf S. 131f. beschrieben. Auch hier wird das Opfer über den weiteren Ablauf der Beratung ausführlich informiert, insbesondere über die Notwendigkeit, die Anonymität der Mobbing-Situation zu beenden, d.h. die Täter namentlich zu benennen. Das Opfer muss der weiteren Beratung freiwillig zustimmen.

Ob eine klassenbezogene Beratung oder eine Beratungsstunde nach dem Gegen-Gewalt-Konzept durchgeführt werden soll, ist vor allem vom **Alter** des Schülers und vom Grad seiner eigenen **Beteiligung** an der Situation abhängig. Wie schon erwähnt ist die hier beschriebene Methode mehr für ältere Kinder oder Jugendliche geeignet, da sie ein gewisses Maß an rationaler Distanz erfordert. Wie stark ein Opfer die Mobbing-Situation selbst mit verursacht hat, ergibt sich immer sehr rasch im Laufe des Erstgesprächs. Der Leidensdruck dieses Schülers äußert sich dann z.B. in Form von unkontrollierten Aggressionen. Eine Reaktion, die von den Tätern gerne provoziert wird, um damit eine Entschuldigung für ihr eigenes Tun zu haben (»Wieso bin ich jetzt schuld – der Hans hat doch angefangen?!«). Beim Erstgespräch sollte man wieder darauf achten, die **Namen** der Rädelsführer in der Klasse zu erfahren. Wie immer wird das Opfer auch hier nur wenige Namen nennen. Diese Schüler sind es, die die Klasse dahingehend beeinflussen, dass das Opfer von einem überwiegenden Teil der Lerngruppe abgelehnt wird.

In bestimmten Fällen kann es sich auch um **grenzwertige Vorfälle** handeln, die nicht eindeutig als Mobbing zu bezeichnen sind. Auch in diesen Fällen ist die klassenbezogene Beratung dem Gegen-Gewalt-Konzept vorzuziehen.

Wenn das Verhalten oder z.B. ein besonders auffälliges Aussehen eine Mobbing-Situation mit ausgelöst hat und dies den Schülern selbst nicht bewusst ist, führt dies zu einem stark verminderten Selbstwertgefühl. Die Kinder und Jugendlichen erwarten bei jedem Kontakt, zurückgewiesen zu werden. Ein solches Verhalten wirkt wie eine sich selbst erfüllende Prophezeiung, da es die Ablehnung indirekt provoziert. Schlussendlich führt dies dazu, dass die Schüler der **Überzeugung** sind, die gesamte Klasse sei gegen sie.

Werden im Erstgespräch einige der beschriebenen Merkmale erkennbar, kann der beratende Lehrer dem Schüler die klassenbezogene Beratung als Lösungsmodell vorschlagen. Wenn das Opfer mit dieser Maßnahme einverstanden ist, wird es in dem Gespräch gebeten, einen Erhebungsbogen (auch »Problemzettel« genannt) nach dem Muster in Abbildung 42 auszufüllen (Kopiervorlage auf S. 192). Der Schüler wird ausdrücklich gebeten, in jeder Sparte höchstens drei Nennungen einzutragen. Durch diese Beschränkung soll eine Quantifizierung zu vermeidender Verhaltensweisen erreicht werden, was die spätere Arbeit mit der Klasse erleichtert.

Die erste Sparte »Mein Problem« wird von den Opfern immer sehr rasch ausgefüllt. Anders sieht es bei den »Wünschen« aus: Dort fällt es den Schülern meist schwer, mehr als eine Nennung anzugeben. Wie schon auf S. 136 erwähnt, wünschen sie sich am meisten, von den Mobbern und Mitläufern in Ruhe gelassen zu werden. Manchmal werden noch Wünsche wie »Nicht mehr ausgeschlossen werden« oder »Alle sollen meine Freunde sein« genannt. Besonders beim letzten Wunsch muss der beratende Lehrer dem Schüler einfühlsam vermitteln, dass solche Wünsche nicht erfüllbar sind, da sie einen Eingriff in das Fühlen und Denken anderer Menschen bedeuten würden.

Wichtig ist die letzte Sparte »Mein Beitrag«, da hier der Klasse später signalisiert werden kann, dass der Schüler seine eigene Beteiligung am Problem wahrgenommen hat und bereit ist, auch selbst etwas zu ändern.

Erfassungsbogen (Opfer)

Mein Problem – das stört mich am meisten in der Klasse:

1. ....

2. ....

3. ....

Mein Wunsch – das sollte sich in der Klasse am ehesten ändern:

1. ....

2. ....

3. ....

Mein Beitrag – das würde ich selber tun, damit es allen Beteiligten besser geht:

1. ....

2. ....

3. ....

Abb. 42: Erfassungsbogen für das Opfer (KV 24)

6.2 Gespräch mit den Tätern

Vom Prinzip her läuft dieses Gespräch wie auf S. 138f. beschrieben ab. Der beratende Lehrer muss hier jedoch besonders darauf achten, jegliche Schuldzuweisung zu vermeiden, da die Mobbing-Situation möglicherweise durch das Opfer mit provoziert wurde. Auf der anderen Seite muss den Schülern klargemacht werden, dass ihr Verhalten von der Schule als nicht hinnehmbar eingestuft wird.

Der beratende Lehrer stellt den Tätern nach den in Tabelle 10 (siehe S. 139) gestellten Fragen den Ablauf der Beratungsstunde vor.

Da bei älteren Schülern das Trainer-Konzept häufig nicht mehr greift, muss das Gespräch mit den Tätern an dem Tag stattfinden, an dem auch die Beratungsstunde durchgeführt wird. Anderenfalls wäre der Opferschutz nicht gewährleistet.

6.3 Klassenbezogene Beratungsstunde

Wie schon beim Gegen-Gewalt-Konzept beschrieben wird ein Stuhlkreis gebildet, um eine intensivere Gesprächssituation zu erreichen und der Verschulung der Situation entgegenzuwirken. Im weiteren Verlauf unterscheiden sich die beiden Interventionen jedoch.

Bei der hier beschriebenen Maßnahme wird die Klasse in Anwesenheit des Opfers und zweier Lehrer (Klassenlehrer, beratender Fachlehrer oder Beratungslehrer) sofort über den Fall informiert. Opfer, Täter und auch Mitläufer werden namentlich benannt, es erfolgt jedoch **keine Schuldzuweisung** oder Verurteilung, die Erläuterungen werden alle sehr sachlich gegeben. Der Klasse muss klargemacht werden, dass es in dieser Stunde um eine Lösung des Konfliktes geht und nicht um eine Bestrafung.

Grundsätzlich sollte man die Klasse über die typische **Mobbing-Struktur** informieren. Es ist besonders darauf zu achten, dass der Gang zu den Lehrern nicht als »Petzen« aufgefasst wird. Das Opfer hatte ja einen immensen Leidensdruck, da es niemanden wusste, an den es sich in seiner Not wenden konnte. Auch die emotionale Situation des Opfers muss daher zur Sprache kommen. Je nach Altersstufe kann hierzu auch die Spiegelübung (siehe S. 97) eingesetzt werden.

Ist in der Klasse ein Bewusstsein für die **Problematik** entstanden, werden alle Schüler aufgefordert, anonym einen abgewandelten Erfassungsbogen nach dem in Abbildung 42 dargestellten Muster auszufüllen (Kopiervorlage auf S. 192). Wichtig ist auch hier die Reduktion auf jeweils nur drei Nennungen. Damit wird verhindert, dass das Hauptproblem hinter vielen Kleinigkeiten verborgen bleibt. Es gibt auch in normalen Schülerbeziehungen häufig Antipathien, die bei dieser Form der Befragung nicht erfasst werden sollen. Die Auswertung (s.u.) zeigt solche Einzelantworten dementsprechend auch in sehr geringer Zahl im Vergleich zum wirklichen Problem.

Das **Ausfüllen** des Zettels erfolgt **freiwillig.** Der Klasse wird an diesem Punkt verdeutlicht, dass das Opfer trotz der Übergriffe bereit ist, konstruktiv an einer Lösung mitzuarbeiten.

Die Benennung von Trainern ist von der Klassenstruktur abhängig. Eine Alternative stellen Beobachter dar, deren einzige Aufgabe es ist, Art und Zahl der Übergriffe zu dokumentieren. Alle Eintragungen werden z.B. auf einem **Erfolgsposter** festgehalten (siehe S. 114).

6.4 Auswertung: Gespräch mit dem Opfer

Der beratende Lehrer wertet die Problemzettel aus (ein Muster für einen Auswertebogen ist auf S. 193 zu finden). Die **Ergebnisse** werden dann zuerst mit dem Opfer allein besprochen. Hier geht es darum, möglichst einfühlsam klarzumachen, welche Eigenanteile das Opfer am Konflikt vielleicht hat und welche Möglichkeiten zur Vermeidung in der Zukunft allgemein bestehen.

Oft ergibt sich das bekannte Bild, dass das Opfer nur von ganz wenigen aus der Klasse völlig abgelehnt wird, die meisten Mitschüler haben ein indifferentes Verhältnis zu der Person. Diese Tatsache sorgt meist für eine große **Erleichterung** beim Schüler, da er ja glaubte, von der gesamten Klasse abgelehnt zu werden. Auch die Gründe für die Ablehnung durch die Täter sind oft schwer nachvollziehbar – was ja auch einleuchtend ist, da es beim Mobbing in allererster Linie um Machtausübung geht. Wie auf S. 37 beschrieben gibt es keine äußeren Gemeinsamkeiten von Mobbing-Opfern.

Sind die anonym abgegebenen Kommentare der Mitschüler trotz Bitten des Lehrers um eine möglichst neutrale Darstellung für das Opfer eventuell verletzend, muss der Lehrer diese dem betroffenen Schüler **vorenthalten**. In solchen Fällen muss sich die Beratung auf die nachvollziehbaren Probleme konzentrieren, beleidigende Aspekte fallen heraus. Dies gilt auch für die Auswertung in der Klasse: Hier muss die Ausdrucksweise einiger Mitschüler und der somit erkennbare fehlende Respekt zum Thema werden! In diesem Fall müssen alle Fachlehrer informiert werden, um während des Unterrichts Übergriffe zu verhindern. Den Schülern muss klargemacht werden: Wir tolerieren solch eine Ausdruckweise nicht! Weitere Maßnahmen im Bereich des sozialen Kompetenztrainings sind zudem dringend anzuraten.

6.5 Auswertung: Gespräch mit der Klasse

Das Ergebnis der Umfrage wird der Klasse in einer weiteren Stunde von der Lehrkraft vorgestellt. Täter, Mitläufer und alle anderen Schüler können hierzu Stellung nehmen. Es geht dabei jedoch nicht um eine nachträgliche Rechtfertigung der eigenen Handlungen. Im Vordergrund steht weiterhin die **Lösung des Konfliktes**.

Als Abschluss wird ein **Vertrag** aufgesetzt, in dem beide Parteien – also auch das Opfer – Wünsche und eigene Änderungsbereitschaft formulieren (ein Muster ist auf S. 194 zu finden). Hier können auch für den Fall von Vertragsverstößen Sanktionen festgehalten werden. Klassensprecher und Opfer unterzeichnen den Vertrag, der eine Laufzeit von zwei Wochen hat. Danach treffen sich die Unterzeichner und die Beobachter und prüfen die Einhaltung der Absprachen anhand der Aussagen aller Beteiligten und anhand des Erfolgsposters.

In der Schulpraxis hat diese Methode häufig Erfolg gehabt, d.h. nach zwei Wochen war das Mobbing beendet.

Zur Absicherung werden die Verträge jedoch für weitere zwei Wochen verlängert – vergleichbar dem Vorgehen im Trainer-Konzept. Manchmal vergessen dann einige der Beteiligten sogar, zum Gesprächstermin zu erscheinen.

1. Hinweis

Die im Folgenden aufgeführten Internet-Adressen und Materialempfehlungen sind im heutigen Informationszeitalter vergängliche Ware. Alle Angaben sind zum Zeitpunkt der Drucklegung geprüft, dennoch werden manche in absehbarer Zeit nicht mehr aktuell sein. Deshalb stehen unter *www.beltz.de/material* nicht nur die Kopiervorlagen aus diesem Buch (siehe S. 153ff.) zum Download bereit, sondern auch regelmäßig aktualisierte Internet-Adressen und Materialempfehlungen mit Preisangaben (Kennwort: 62593). Über Rückmeldungen freuen sich Autor und Verlag.

Um die Übersicht zu erleichtern, sind die folgenden Angaben thematisch sortiert.

2. Internet-Adressen

www.klicksafe.de
Eine rundum gelungene Website zum Thema »Sicherheit im Internet«, unter anderem mit einer sehr umfangreichen Darstellung zum aktuellen Thema »Cyber-Mobbing«. Neben einem Lehrerhandbuch, das auch dem weniger erfahrenen Kollegen alle erforderlichen Informationen vermittelt, sind vor allem die kostenlosen und für den Unterricht durchweg gut nutzbaren Materialien zu empfehlen.

www.barrierefrei.schueler-mobbing.de
Eine Seite der Gutenbergschule, die mit dem Webportal *www.schueler-mobbing.de* verlinkt ist. Die Inhalte sind zum Teil sehr subjektiv und polarisierend. Gemobbte Schüler finden sich zwar in vielen Berichten oder Geschichten wieder, die Hilfen beziehen sich aber ausnahmslos auf die Selbsthilfekräfte des Einzelnen. Die Erfahrung zeigt jedoch, dass diese Kräfte meist nicht ausreichen.

www.familienhandbuch.de/cmain/a_search.htm
Gibt man in der Stichwortsuche den Begriff »Mobbing« ein, findet man eine Vielzahl von Informationen zum Thema in kompakter Form. Trotz der Kürze durchaus lesenswert, wenn auch hinsichtlich der aufgezeigten Reaktionsmöglichkeiten nicht sehr ergiebig.

www.gewalt-an-schulen.de/index.html
Diese Website ist im Zusammenhang mit der Dissertation von Kristian Klett (2005) entstanden. Sie bietet viele nützliche Informationen für Eltern, Lehrer und Schüler. Neben einer umfangreichen Link-Liste ist vor allem die kommentierte Literaturliste sehr zu empfehlen. Insgesamt eine wirklich gelungene Website.

www.girls-day.de / www.neue-wege-fuer-jungs.de
Auf beiden Seiten werden sowohl gelungene Praxisbeispiele für geschlechtsspezifische Arbeit an Schulen vorgestellt als auch Materialien für den unterrichtlichen Einsatz präsentiert.

www.schueler-gegen-mobbing.de/portal/
Diese Seite wurde von einem ehemaligen Mobbing-Opfer ins Netz gestellt. Die sachlichen Informationen zum Thema sind knapp, aber ausreichend. Lobenswert sind die umfangreichen modernen Kommunikationsmöglichkeiten, die die Seite vor allem für Schüler interessant machen (Chat, Blog, Forum). Eine bemerkenswerte Besonderheit stellt die Möglichkeit dar, an den Betreiber konkrete Fragen zu stellen. Sehr zu empfehlen!

www.schulische-gewaltpraevention.de/index.html
Vom Institut für Friedenspädagogik Tübingen e.V. initiierte Seite, die ein sehr umfangreiches Konzept zur Gewaltprävention an Grundschulen anbietet. Das Handbuch mit allen Materialien kann kostenlos heruntergeladen werden. Die dort beschriebenen Methoden sind sehr vielfältig und altersgerecht, erfordern jedoch teilweise gute Fähigkeiten im Lesen und Schreiben bei den Schülern.

www.mindmatters-schule.de
»Schule als Ort der Gesundheitsförderung«, so lautet der Untertitel des von mehreren Trägern – u. a. der Barmer Ersatzkasse und den Unfallversicherern – initiierten Programms. Es bietet nicht nur kostenlose Hefte zum Thema Gewaltprävention, sondern auch zu vielen anderen Themenbereichen (z. B. Stressbewältigung, Umgang mit Verlust und Trauer). Das Anti-Mobbing-Heft ist mit viel Sorgfalt erstellt, bietet aber leider zu wenig Hilfen für die Arbeit in der Schulpraxis und ist daher nur bedingt zu empfehlen.

www.mobbing.seitenstark.de
Die Website zum Thema vom Bundesministerium für Familie, Senioren, Frauen und Jugend. Für erste Informationen sicherlich interessant, aber mit zu wenig konkreten Hilfen für Opfer und Lehrer.

www.praevis.de
Die Stiftung Deutsches Forum für Kriminalprävention bietet auf dieser Website vielfältige Informationen über Projekte, Medien, Literatur etc. zum Thema »Gewaltprävention« an. Eine Suchfunktion erleichtert das Stöbern in der äußerst umfangreichen Sammlung.

www.schueler-mobbing.de
Diese Seite bezeichnet sich als »das größte Internetportal zum Thema Mobbing und Gewalt an Schulen«. Sie wird von einer Gruppe von Schülern, Lehrern und Psychologen betreut und wendet sich vorwiegend an Schüler, aber auch an Eltern und Lehrer. Dabei wird eine unübersehbare Fülle an Hilfen angeboten (z.B. Beratungshilfen für

Schulen und Lehrer, Blog und Wiki für Schüler, Materialien und Literaturempfehlungen), in der es schwerfällt, sich auf Anhieb zurechtzufinden. Wer jedoch Zeit und Geduld mitbringt, wird hier in jedem Fall fündig. Besonders empfehlenswert ist der Blog, in dem die Tragik gemobbter Schüler und die verzweifelte Hilflosigkeit der Eltern – häufig wegen falscher oder fehlender Lehrerreaktionen – deutlich werden. Trotz der genannten Einschränkung eine zu empfehlende Seite.

www.spieleratgeber-nrw.de
Auf dieser Website erhalten Eltern und Lehrer umfangreiche Informationen zu Computerspielen, die auch eine pädagogische Bewertung beinhalten. Sehr hilfreich, nicht nur für den Unterricht (siehe S. 120).

www.time4teen.de
Die Internetseite stammt von der Polizei und ist ebenfalls in Teilen für Schüler und deren Eltern empfehlenswert. Sie gibt nicht nur Hilfen bei Mobbing, sondern auch bei vielen anderen Problemen von Kindern und Jugendlichen.

3. Materialien

3.1 Materialempfehlungen

DVD »Mobbing unter Schülern«
Die DVD mit dem Titel »Mobbing unter Schülern – Methoden gegen den Psychoterror« ist unter *www.fwu.de* erhältlich. Der Kauf lohnt sich jedoch nur bedingt: Die DVD zeigt zwar anhand eines Fallbeispiels, wie ein Mobbing-Problem gelöst werden kann. Jedem Lehrer wird beim Zuschauen aber klar, dass ein solcher Aufwand an deutschen Schulen unmöglich von einzelnen Kollegen geleistet werden kann. Immerhin finden sich einige Methoden wieder, die auch in diesem Buch beschrieben sind (z.B. Mobbing-Tagebuch, Trainer-Konzept).

Medienpaket »Abseits?!«
Die Polizei versendet unter *www.polizei-beratung.de/mediathek/medienpakete/abseits/* kostenfrei das Medienpaket »Abseits?!«, das sowohl für Eltern als auch für Schüler und Lehrer gedacht ist. Dieser inhaltliche Spagat gelingt nicht immer, aber das enthaltene Video ist äußerst gelungen – Musik, Sprache, Aufbau der auch einzeln verwendbaren Sequenzen sprechen Kinder und Jugendliche direkt an. Zudem gibt es viele Möglichkeiten, die Videosequenzen in der schulischen Arbeit einzusetzen.

PowerPoint-Präsentation
Eine PowerPoint-Präsentation zum Thema Mobbing (z.B. für Elternabende) ist unter folgender Internetadresse als kostenloser Download zu erhalten: *www.schulpsychologie-nrw.de/hsk/Mobbing_unter_Schulern_Internet.ppt*

Schaumstoffschläger/»Rough-Sticks«

- Die auf S. 101 erwähnten **Schaumstoffschläger** gibt es käuflich zu erwerben unter der Bezeichnung »Bataca« oder »Encounter-Bat« bei *www.folkmanis-and-more.de/shop/*sowie *www.bataca.de*. Nachteilig ist der relativ hohe Preis.
- Auf S. 177 findet der Leser eine deutlich preiswertere Alternative für selbst gebaute »**Rough-Sticks**«, die nicht nur im Schulalltag, sondern auch in der Jungenarbeit deutschlandweit mit Erfolg eingesetzt werden.
- Die harmlosere und preisgünstige Variante dieser Schläger, die »**Lufti-Bats**«, gibt es bei *www.donnavita.de* zu beziehen.

Video/DVD »Stomp out loud«

Das Video der australischen Tanzgruppe »Stomp« (im Fachhandel erhältlich) hat auf den ersten Blick nichts mit Anti-Mobbing-Arbeit zu tun. Es ist aber eines der besten Beispiele, wie man Jugendlichen zeigen kann, dass Energie und Kraft durchaus positiv zu bewerten sind und »Action« nicht immer mit Gewalt gleichzusetzen ist. Wenn man das Video z.B. in einer Vertretungsstunde zeigt, erlebt man vormals missgelaunte oder gelangweilte Schüler plötzlich mit einer neuen, positiven Idee im Kopf.

3.2 Aktionen und Projekte

»Buddy-Projekt«

Die Vodafone Stiftung Deutschland bietet Lehrern und Schulen unter dem Titel »Buddy-Projekt« eine komplette Handlungsanleitung für ein Gesamtkonzept »Soziale Kompetenz« an. Von der Idee ist das Buddy-Konzept sinnvoll, in seiner Gesamtheit wird es an den meisten Schulen jedoch wegen des hohen Arbeitsaufwandes zur Einführung nur schwer umsetzbar sein. Sicherlich können viele Anregungen aus dem Konzept in die eigene Anti-Mobbing-Arbeit oder die Ausbildung von Streitschlichtern übernommen werden. Erste Informationen zum Projekt sind unter *www.buddy-projekt.de* erhältlich. Die Vodafone Stiftung arbeitet inzwischen mit den Kultusministerien einiger Bundesländer zusammen und ermöglicht die Lehrerausbildung über einen längeren Fortbildungszeitraum. Die Kosten für dieses Training werden in diesen Ländern zum größeren Teil von der Stiftung übernommen.

»MiteinanderN«

Unter *www.miteinandern.de* verbirgt sich eine Aktion, die von mehreren Trägern im Land Nordrhein-Westfalen initiiert und gefördert wird (u.a. Schulpsychologische Beratungsstelle Münster, Jugendrotkreuz, Provinzial Versicherung). Sie stellen in verschiedenen Bereichen nicht nur Materialien zur Verfügung, sondern schicken gegen ein Honorar auch Mitarbeiter in die Schulen. MiteinanderN besteht aus vier Projektbausteinen:

- dem »Magic Circle« (Förderung der sozialen Kompetenz),
- dem »FairMobil« (ein Pkw mit vielen Aktionen zum sozialen Miteinander),

- dem Theaterprojekt »Spotlight« des Arbeitskreises soziale Bildung und Beratung (Theater gegen Mobbing) sowie
- »cool at school« (Aktionen gegen Vandalismus).

Näheres zum Theaterprojekt ist auch unter *www.asbbmuenster.de* zu erfahren.

»Sicher-Stark-Konzept«

Speziell den Umgang von Grundschülern mit sexueller Gewalt und gewalttätigen Übergriffen schult das »Sicher-Stark-Konzept« (auch für die 5. und 6. Klasse geeignet). Näheres hierzu findet man unter *www.sicher-stark.de.* Eine ausführliche Darstellung des Konzeptes auf CD-ROM ist gegen Schutzgebühr unter der angegebenen Internet-Adresse zu bestellen. Die Methode arbeitet im Bereich der Prävention vor allem über Rollenspiele.

4. Empfehlenswerte Literatur

4.1 Literatur zur Anti-Mobbing-Arbeit

Baier, Dirk/Pfeiffer, Christian/Simonson, Julia/Raubold, Susann (2009): **Jugendliche in Deutschland als Opfer und Täter von Gewalt.** Kriminologisches Forschungsinstitut Niedersachsen e.V. (Download unter *http://www.kfn.de/versions/kfn/assets/ fb107.pdf).*
Europas größte Forschungsstudie zum Thema »Jugendgewalt« mit interessanten Ergebnissen z.B. hinsichtlich der Zunahme von Mobbing und rechter Gewalt.

Blum, Heike/Beck, Detlef (o.J.): **Mobbing in der Schule – die drei Schritte des No Blame Approach** (zu beziehen unter *www.no-blame-approach.de* → Service/Termine → Bestellung → Materialmappe).
Ein methodisch sehr interessanter Ansatz der Anti-Mobbing-Arbeit. Das Projekt wird wissenschaftlich begleitet und in anderen Ländern bereits erfolgreich durchgeführt. In jedem Falle lesenswert!

Boldt, Uli (2004): **Ich bin froh, dass ich ein Junge bin.** 2. Aufl. Baltmannsweiler: Schneider Hohengehren.
Ein Buch, dem man anmerkt, dass es von einem Mann aus der Praxis geschrieben worden ist. Für jeden Lehrer, der Jungenarbeit im Bereich der Gewaltprävention oder in einem anderen Kontext an Schulen umsetzen möchte, ein unbedingtes Muss.

Burck, Alexandra (2007): **Expertin: Mobbing ist eine »Art Volkssport«. 500.000 Fälle pro Woche an Deutschlands Schulen** (im Internet unter *www.lichtblick99.de/ ticker2341_07.html*).
Der Artikel bezieht sich auf Untersuchungen der Entwicklungspsychologin Mechthild Schäfer und ist allein schon wegen seiner Überschrift für jeden Elternabend bestens geeignet.

Feltes, Thomas (2003): **Gewalt in der Schule.** In: Sicherheit und Kriminalität, Heft 1/2003 (kostenloser Download unter *www.buergerimstaat.de/1_03/schule.htm*).
Eine kurze, aber inhaltlich äußerst treffende Darstellung der Gewaltproblematik an Schulen mit vielen guten Literaturquerverweisen. Unbedingt lesenswert.

Gugel, Günther (2002): **Mobbing.** Themenblätter im Unterricht, Nr. 16. Bonn: Bundeszentrale für politische Bildung (kostenloser Download unter *www.bpb.de/publikationen/0279DN,0,0,Nr_16_Mobbing.html*).
Neben einer kurzen Einführung zum Thema Mobbing enthält das kleine Heft Arbeitsmaterialien, die sich in erster Linie an Erwachsene im Berufsleben richten. Zum Teil sind die Kopiervorlagen auch für Schüler geeignet.

Karstedt, Susanne (2000): **Zwischen Spaß und Schock.** dp-special Nr. 11, Heft 6/2000 (kostenloser Download unter *www.gdp.de/gdp/gdpcms.nsf/id/dpsp?open&start=1*).
Die Autorin zieht eine ernüchternde Bilanz über die (evaluierte) Wirksamkeit von Projekten gegen Jugendkriminalität. Als Einstieg in den Themenkomplex »Mobbing« sicherlich nicht zu empfehlen. Andererseits hilft der Artikel, die wesentlichen Merkmale erfolgreicher Maßnahmen in den Blickpunkt zu bekommen.

Kasper, Horst (2008): **Schülermobbing – tun wir etwas dagegen! Der Smob-Fragebogen mit Anleitung und Auswertungshilfe und mit Materialien für die Schulentwicklung.** 5. Aufl. Buxtehude: AOL-Verlag.
Mit dem seit Jahren bewährten »Smob-Fragebogen« können die Mobbing-Problematik an der eigenen Schule untersucht und Maßnahmen evaluiert werden. Einige Materialien und eine Auswertungsstatistik, stehen zum Download bereit unter www.aol-verlag.de/5713.

Kilb, Rainer/Weidner, Jens/Gall, Reiner (2006): **Konfrontative Pädagogik in der Schule. Anti-Aggressivitäts- und Coolnesstraining.** Weinheim/München: Juventa.
Mit vielen ungewohnten und ungewöhnlichen Ausblicken auf die Intervention bei schulischer Gewalt (z.B. Trainingsraum-Methode) ist dieses Buch sehr zu empfehlen.

Michaelsen-Gärtner, Britta/Franze, Marco/Paulus, Peter (2007): **Mobbing? Nicht an unserer Schule! Prävention und Handlungsstrategien.** Lüneburg: MindMatters-Materialien (kostenlos, Bezugsadresse unter www.mindmatters-schule.de).
Viele Anregungen vor allem für den präventiven Bereich, u.a. auch mit guten Materialien für den Unterricht, wenn auch zum Teil etwas praxisfern. Mit Einschränkung empfehlenswert.

Olweus, Dan (2002): **Gewalt in der Schule.** 3. Aufl. Bern: Hans Huber.
Dan Olweus hat den Mobbing-Begriff eingeführt und ist mit seinen Untersuchungen und Aussagen weiterhin aktuell. Die Grundprinzipien für Schulen ohne Mobbing werden anschaulich dargelegt.

Pfeiffer, Christian (2005): **Der Macho als Vorbild.** In: Die Zeit, Nr. 46 vom 10.11.2005 (im Internet unter *www.zeit.de/2005/46/Jugendstudie?page=all*).
Der Artikel gibt einen knappen, aber sehr inhaltsreichen Überblick über statistische Zahlen zum Thema »Jugendgewalt im Zusammenhang mit Migrantenproblematik«.

Riederle, Josef (2003): **Kampfesspiele**, Villigst: Gewalt Akademie (erhältlich unter www.kraftprotz.net).
Im Vorwort heißt es: »Nicht der Kampf ist das Problem, sondern die Erniedrigung, Demütigung und Verletzung. Kampfesspiele machen Spaß und unterstützen Jungen in ihrer persönlichen Entwicklung.« Für dieses Ziel wird eine Vielzahl von Spielen vorgestellt, die nicht nur im Sportunterricht oder auf Klassenfahrten geeignete Anwendung finden können.

Taglieber, Walter (2005): **Berliner Anti-Mobbing-Fibel.** Berlin: Landesinstitut für Schule und Medien (kostenloser Download unter *www.lisum.de/Inhalte/Data/Veroeffentlichung/neuerscheinungen/index.html/2005-04-25.8029679910/download*).
Gibt einen sehr knappen Überblick über die Hintergründe von Mobbing. Wichtige und erfolgreiche Anti-Mobbing-Strategien werden kurz dargestellt, zum Teil auch mit nützlichen Kopiervorlagen. Als erste Übersicht zum Thema empfehlenswert.

Tillmann, Klaus-Jürgen/Holler-Nowitzki, Birgit/Holtappels, Heinz G./Meier, Ulrich/Popp, Ulrike (2007): **Schülergewalt als Schulproblem. Verursachende Bedingungen, Erscheinungsformen und pädagogische Handlungsperspektiven.** 3. Aufl. Weinheim/München: Juventa.
Ein Standardwerk zum Thema, das eine Fülle an wissenschaftlich fundiertem Zahlenmaterial liefert. Unbedingt lesenswert.

Träbert, Detlef (2005): **»Packen wir's an!« Mobbing- und Gewaltvorbeugung in der Schule.** Niederkassel: träbert pädagogische materialien.
Entgegen dem Titel des Heftes werden kaum konkrete und vor allen Dingen keine praktische Vorschläge zum Umgang mit Gewalt in Schulen gemacht. Für einen ersten Überblick zum Themenkomplex »Mobbing – Werteverfall – Amoklauf« ist das Heft jedoch geeignet.

Vogel, Georg (2004): **»... immer gut drauf?« Ideenbuch zur jungenspezifischen Suchtprävention.** 3. Aufl. München: Aktion Jugendschutz Bayern (erhältlich unter *www.bayern.jugendschutz.de*).
Eine sehr ausgewogene und umfassende Darstellung mit einem ergiebigen Praxisteil, der auch für die schulische gewaltpräventive Arbeit viel bringt. Unbedingt empfehlenswert!

Walker, Jamie (1995): **Gewaltfreier Umgang mit Konflikten in der Sekundarstufe I.** Spiele und Übungen. 3. Aufl. Berlin: Cornelsen Scriptor.
Das Buch bietet eine unübersehbare Fülle an Übungen. Empfehlenswert ist es trotzdem nur bedingt, da es beim Leser eine hohe Kompetenz voraussetzt, wie genau und in welchem Praxiskontext die Methoden einsetzbar sind.

Westfälische Verkehrsgesellschaft mbH (Hrsg.) (2003): **Unterwegs mit dem Schulbus** (kostenloser Download unter http://wvg-online.de/publikationen/pdf/schulbussicherheit2003.pdf).
Die Broschüre liefert neben allgemeinen Informationen zum Schulbusverkehr eine Anleitung zur Umsetzung des »Bus-Guides«-Projektes der Stadt Sundern (Sauerland).

4.2 Literatur zur Unterrichtsgestaltung

Döbler, Erika (2000): **Kleine Spiele. Das Standardwerk für Ausbildung und Praxis.** 22. Aufl. München: Südwest-Verlag.
Wie der Titel schon sagt: ein Standardwerk mit einer Vielzahl für den Sportunterricht, aber auch in Anti-Mobbing-Projekten verwendbarer Übungen.

Orlick, Terry (2007): **Zusammen spielen – nicht gegeneinander. 150 kooperative Spiele für Kinder.** Mülheim: Verlag an der Ruhr.
Spiele, bei denen niemand verliert, überwiegend für 5- bis 12-Jährige gedacht, zum Teil aber auch für Ältere geeignet. Sowohl im Sportunterricht als auch in Anti-Mobbing-Projekten einsetzbar.

4.3 Empfehlenswerte Klassenlektüren

Maar, Paul (2001): **Jakob und der große Junge.** 3. Aufl. Hamburg: Oetinger.
Für Kinder im Grundschulalter geeignete Geschichte. Die Lösung des Gewaltproblems (ein älterer Junge attackiert einen jüngeren) ist nicht unbedingt vorbildhaft (ein Mädchen verdrischt den Angreifer), gibt aber Mut, Unterdrückung nicht als gegeben hinzunehmen.

- Rhue, Morton (2007): **Ich knall euch ab!** 14. Aufl. Ravensburger Buchverlag.
- Rhue, Morton (2003): **Give a Boy a Gun.** Stuttgart: Reclam.
- Reddig-Korn, Birgitta (Hrsg.) (2001): **Materialien zur Unterrichtspraxis. Morton Rhue: Ich knall euch ab!** Ravensburger Buchverlag.

Eine fiktive Geschichte, die als Aneinanderreihung von Interviews bzw. Aussagen vieler Menschen konstruiert ist. Das umfangreiche Lehrmaterial erlaubt einen intensiven Einsatz des gelungenen Jugendromans im Deutschunterricht. Die englische Originalausgabe kann zudem im fremdsprachlichen Unterricht verwendet werden.

- Thor, Annika (2006): **Ich hätte Nein sagen können.** 2. Aufl. Weinheim/Basel: Beltz & Gelberg.
- Zapf, Nadine (2006): **»Ich hätte Nein sagen können« im Unterricht.** Lehrerhandreichung zum Jugendroman von Annika Thor (Klassenstufe 5–7). Weinheim/Basel: Beltz.

Ein Buch, das die Probleme von Mädchen mit Mobbing erzählt. Nora verliert ihre beste Freundin und versucht deren Freundschaft wiederzugewinnen, auch um den Preis, eine übergewichtige Mitschülerin bloßzustellen. Sehr einfühlsam erzählte Geschichte, die in ihrer Tragweite auch Erwachsene berührt. Das Lehrerbegleitheft bietet Kopiervorlagen und nützliche Hilfen für den Einsatz des Buches im Unterricht.

- **Was ist denn schon dabei?** Schüler schreiben eine Geschichte über die ganz alltägliche Gewalt. Weinheim/Basel: Beltz & Gelberg, 16. Aufl. 2007.
- Schäfer, Kerstin (2006): **Arbeitsheft »Was ist denn schon dabei?«**. 2. Aufl. Weinheim/Basel: Beltz & Gelberg.

Die Geschichte wurde von Schülern einer Realschule geschrieben. In ihrer Darstellung der zunehmenden Ausgrenzung eines Jungen in einer Klasse sowie in der letztendlichen Konsequenz seines Todes orientiert sie sich an der Berichterstattung der Medien. Auf der anderen Seite stellt sie ein herausragendes Beispiel für die Wahrnehmung der Mobbing-Problematik aus Jugendsicht dar. Ein umfangreiches Arbeitsheft für Lehrer macht das Buch vielfältig einsetzbar für den Unterricht und ist nicht nur deshalb sehr zu empfehlen.

Welsh, Renate (1999/2007): **Sonst bist du dran!** Würzburg: Arena.
Geschichte über ein potenzielles Mobbing-Opfer, das zum Täter wird, und über das erfolgreiche Eingreifen einer Lehrerin. Nicht vorbildhaft für Lehrer, aber als Lektüre für Kinder zwischen Grund- und weiterführender Schule geeignet. Macht Kinder nachdenklich!

Zöller, Elisabeth (2004): **Und wenn ich zurückhaue?** Hamburg: Carlsen.
Die Geschichte versucht, sowohl die Opfer- als auch die Tätersicht zu beleuchten. Sehr vielschichtige Erzählung, die – wie auch die anderen Bücher der Autorin zum Thema Gewalt – die Hilflosigkeit und teilweise auch die fehlende Wahrnehmung der Erwachsenen für die Situation der Kinder deutlich beschreibt.

Weitere Klassenlektüren finden Sie im fortlaufend aktualisierten Downloadbereich, siehe S. 149.

5. Gesetzestexte

5.1 Auszug aus dem Strafgesetzbuch (StGB, Fassung vom 13.11.1998)

§ 19: Schuldunfähigkeit des Kindes
Schuldunfähig ist, wer bei Begehung der Tat noch nicht vierzehn Jahre alt ist.

§ 131: Gewaltdarstellung

(1) Wer Schriften [...], die grausame oder sonst unmenschliche Gewalttätigkeiten gegen Menschen oder menschenähnliche Wesen in einer Art schildern, die eine Verherrlichung oder Verharmlosung solcher Gewalttätigkeiten ausdrückt oder die das Grausame oder Unmenschliche des Vorgangs in einer die Menschenwürde verletzenden Weise darstellt,
1. verbreitet,
2. öffentlich ausstellt, anschlägt, vorführt oder sonst zugänglich macht,
3. einer Person unter achtzehn Jahren anbietet, überlässt oder zugänglich macht oder
4. herstellt, bezieht, liefert, vorrätig hält, anbietet, ankündigt, anpreist, einzuführen oder auszuführen unternimmt, um sie oder aus ihnen gewonnene Stücke im Sinne der Nummern 1 bis 3 zu verwenden oder einem anderen eine solche Verwendung zu ermöglichen,

wird mit Freiheitsstrafe bis zu einem Jahr oder mit Geldstrafe bestraft.

§ 185: Beleidigung
Die Beleidigung wird mit einer Freiheitsstrafe bis zu einem Jahr oder mit Geldstrafe und, wenn die Beleidigung mittels einer Tätlichkeit begangen wird, mit Freiheitsstrafe bis zu zwei Jahren oder mit einer Geldstrafe bestraft.

§ 186: Üble Nachrede
Wer in Beziehung auf einen anderen eine Tatsache behauptet oder verbreitet, welche denselben verächtlich zu machen oder in der öffentlichen Meinung herabzuwürdigen geeignet ist, wird, wenn nicht diese Tatsache erweislich ist, mit Freiheitsstrafe bis zu einem Jahr oder mit Geldstrafe und, wenn die Tat öffentlich oder durch Verbreiten von Schriften [...] begangen ist, mit Freiheitsstrafen bis zu zwei Jahren oder mit Geldstrafe bestraft.

§ 201a: Verletzung des höchstpersönlichen Lebensbereichs durch Bildaufnahmen

(1) Wer von einer anderen Person, die sich in einer Wohnung oder einem gegen Einblick besonders geschützten Raum befindet, unbefugt Bildaufnahmen herstellt oder überträgt und dadurch deren höchstpersönlichen Lebensbereich verletzt, wird mit Freiheitsstrafe bis zu einem Jahr oder mit Geldstrafe bestraft.

(2) Ebenso wird bestraft, wer eine durch eine Tat nach Absatz 1 hergestellte Bildaufnahme gebraucht oder einem Dritten zugänglich macht.

(3) Wer eine befugt hergestellte Bildaufnahme von einer anderen Person, die sich in einer Wohnung oder einem gegen Einblick besonders geschützten Raum befindet, wissentlich unbefugt einem Dritten zugänglich macht und dadurch deren höchstpersönlichen Lebensbereich verletzt, wird mit Freiheitsstrafe bis zu einem Jahr oder mit Geldstrafe bestraft.

(4) Die Bildträger sowie Bildaufnahmegeräte oder andere technische Mittel, die der Täter oder Teilnehmer verwendet hat, können eingezogen werden. [...]

§ 223: Körperverletzung

(1) Wer eine andere Person körperlich misshandelt oder an der Gesundheit schädigt, wird mit Freiheitsstrafe bis zu fünf Jahren oder mit Geldstrafe bestraft.

(2) Der Versuch ist strafbar.

§ 240: Nötigung

(1) Wer einen Menschen rechtswidrig mit Gewalt oder durch Drohung mit einem empfindlichen Übel zu einer Handlung, Duldung oder Unterlassung nötigt, wird mit Freiheitsstrafe bis zu drei Jahren oder mit Geldstrafe bestraft.

(2) Rechtswidrig ist die Tat, wenn die Anwendung der Gewalt oder die Androhung des Übels zu dem angestrebten Zweck als verwerflich anzusehen ist.

(3) Der Versuch ist strafbar.

(4) In besonders schweren Fällen ist die Strafe Freiheitsstrafe von sechs Monaten bis zu fünf Jahren. Ein besonders schwerer Fall liegt in der Regel vor, wenn der Täter
1. eine andere Person zu einer sexuellen Handlung nötigt,
2. eine Schwangere zum Schwangerschaftsabbruch nötigt oder
3. seine Befugnisse oder seine Stellung als Amtsträger missbraucht.

§ 253: Erpressung

(1) Wer einen Menschen rechtswidrig mit Gewalt oder durch Drohung mit einem empfindlichen Übel zu einer Handlung, Duldung oder Unterlassung nötigt und dadurch dem Vermögen des Genötigten oder eines anderen Nachteil zufügt, um sich oder einen Dritten zu Unrecht zu bereichern, wird mit Freiheitsstrafe bis zu fünf Jahren oder mit Geldstrafe bestraft.

(2) Rechtswidrig ist die Tat, wenn die Anwendung der Gewalt oder die Androhung des Übels zu dem angestrebten Zweck als verwerflich anzusehen ist.

(3) Der Versuch ist strafbar.

(4) In besonders schweren Fällen ist die Strafe Freiheitsstrafe nicht unter einem Jahr. Ein besonders schwerer Fall liegt in der Regel vor, wenn der Täter gewerbsmäßig oder als Mitglied einer Bande handelt, die sich zur fortgesetzten Begehung einer Erpressung verbunden hat.

§ 303: Sachbeschädigung

(1) Wer rechtswidrig eine fremde Sache beschädigt oder zerstört, wird mit Freiheitsstrafe bis zu zwei Jahren oder mit Geldstrafe bestraft.

(2) Der Versuch ist strafbar.

5.2 Straftatbestand Nachstellung – das »Anti-Stalking-Gesetz« (StgB § 238, Fassung vom 22.3.2007)

§ 238: Nachstellung

(1) Wer einem Menschen unbefugt nachstellt, indem er beharrlich
1. seine räumliche Nähe aufsucht,
2. unter Verwendung von Telekommunikationsmitteln oder sonstigen Mitteln der Kommunikation oder über Dritte Kontakt zu ihm herzustellen versucht,
3. unter missbräuchlicher Verwendung von dessen personenbezogenen Daten Bestellungen von Waren oder Dienstleistungen für ihn aufgibt oder Dritte veranlasst, mit diesem Kontakt aufzunehmen,
4. ihn mit der Verletzung von Leben, körperlicher Unversehrtheit, Gesundheit oder Freiheit seiner selbst oder einer ihm nahe stehenden Person bedroht, oder
5. eine andere vergleichbare Handlung vornimmt und dadurch seine Lebensgestaltung schwerwiegend beeinträchtigt, wird mit Freiheitsstrafe bis zu drei Jahren oder mit Geldstrafe bestraft.

(2) Auf Freiheitsstrafe von drei Monaten bis zu fünf Jahren ist zu erkennen, wenn der Täter das Opfer, einen Angehörigen des Opfers oder eine andere dem Opfer nahestehende Person durch die Tat in die Gefahr des Todes oder einer schweren Gesundheitsschädigung bringt.

(3) Verursacht der Täter durch die Tat den Tod des Opfers, eines Angehörigen des Opfers oder einer anderen dem Opfer nahestehenden Person, so ist die Strafe Freiheitsstrafe von einem Jahr bis zu zehn Jahren.
(4) In den Fällen des Absatzes 1 wird die Tat nur auf Antrag verfolgt, es sei denn, dass die Strafverfolgungsbehörde wegen des besonderen öffentlichen Interesses an der Strafverfolgung ein Einschreiten von Amts wegen für geboten hält.

5.3 Auszug aus dem Jugendgerichtsgesetz (JGG, Fassung vom 11.12.1974)

1. Teil: Anwendungsbereich (§§ 1–2)

§ 1: Persönlicher und sachlicher Anwendungsbereich
(1) Dieses Gesetz gilt, wenn ein Jugendlicher oder ein Heranwachsender eine Verfehlung begeht, die nach den allgemeinen Vorschriften mit Strafe bedroht ist.
(2) Jugendlicher ist, wer zur Zeit der Tat vierzehn, aber noch nicht achtzehn, Heranwachsender, wer zur Zeit der Tat achtzehn, aber noch nicht einundzwanzig Jahre alt ist.

2. Teil: Jugendliche (§§ 3–104)

§ 3: Verantwortlichkeit
Ein Jugendlicher ist strafrechtlich verantwortlich, wenn er zur Zeit der Tat nach seiner sittlichen und geistigen Entwicklung reif genug ist, das Unrecht der Tat einzusehen und nach dieser Einsicht zu handeln. Zur Erziehung eines Jugendlichen, der mangels Reife strafrechtlich nicht verantwortlich ist, kann der Richter dieselben Maßnahmen anordnen wie der Familien- oder Vormundschaftsrichter.

§ 4: Rechtliche Einordnung der Taten Jugendlicher
Ob die rechtswidrige Tat eines Jugendlichen als Verbrechen oder Vergehen anzusehen ist und wann sie verjährt, richtet sich nach den Vorschriften des allgemeinen Strafrechts.

§ 5: Die Folgen der Jugendstraftat
(1) Aus Anlass der Straftat eines Jugendlichen können Erziehungsmaßregeln angeordnet werden.
(2) Die Straftat eines Jugendlichen wird mit Zuchtmitteln oder mit Jugendstrafe geahndet, wenn Erziehungsmaßregeln nicht ausreichen.
(3) Von Zuchtmitteln und Jugendstrafe wird abgesehen, wenn die Unterbringung in einem psychiatrischen Krankenhaus oder einer Entziehungsanstalt die Ahndung durch den Richter entbehrlich macht.

§ 9: Arten
Erziehungsmaßregeln sind
1. die Erteilung von Weisungen,
2. die Anordnung, Hilfe zur Erziehung im Sinne des § 12 in Anspruch zu nehmen.

§ 10: Weisungen
(1) Weisungen sind Gebote und Verbote, welche die Lebensführung des Jugendlichen regeln und dadurch seine Erziehung fördern und sichern sollen. Dabei dürfen an die Lebensführung des Jugendlichen keine unzumutbaren Anforderungen gestellt werden. Der Richter kann dem Jugendlichen insbesondere auferlegen,

1. Weisungen zu befolgen, die sich auf den Aufenthaltsort beziehen,
2. bei einer Familie oder in einem Heim zu wohnen,
3. eine Ausbildungs- oder Arbeitsstelle anzunehmen,
4. Arbeitsleistungen zu erbringen,
5. sich der Betreuung und Aufsicht einer bestimmten Person (Betreuungshelfer) zu unterstellen,
6. an einem sozialen Trainingskurs teilzunehmen,
7. sich zu bemühen, einen Ausgleich mit dem Verletzten zu erreichen (Täter-Opfer-Ausgleich),
8. den Verkehr mit bestimmten Personen oder den Besuch von Gast- oder Vergnügungsstätten zu unterlassen oder
9. an einem Verkehrsunterricht teilzunehmen.

(2) Der Richter kann dem Jugendlichen auch mit Zustimmung des Erziehungsberechtigten und des gesetzlichen Vertreters auferlegen, sich einer heilerzieherischen Behandlung durch einen Sachverständigen oder einer Entziehungskur zu unterziehen. Hat der Jugendliche das sechzehnte Lebensjahr vollendet, so soll dies nur mit seinem Einverständnis geschehen.

§ 13: Arten und Anwendung

(1) Der Richter ahndet die Straftat mit Zuchtmitteln, wenn Jugendstrafe nicht geboten ist, dem Jugendlichen aber eindringlich zum Bewusstsein gebracht werden muss, dass er für das von ihm begangene Unrecht einzustehen hat.

(2) Zuchtmittel sind
1. die Verwarnung,
2. die Erteilung von Auflagen,
3. der Jugendarrest.

(3) Zuchtmittel haben nicht die Rechtswirkungen einer Strafe.

§ 14: Verwarnung

Durch die Verwarnung soll dem Jugendlichen das Unrecht der Tat eindringlich vorgehalten werden.

§ 15: Auflagen

(1) Der Richter kann dem Jugendlichen auferlegen,
1. nach Kräften den durch die Tat verursachten Schaden wiedergutzumachen, sich persönlich bei dem Verletzten zu entschuldigen,
2. Arbeitsleistungen zu erbringen oder
3. einen Geldbetrag zugunsten einer gemeinnützigen Einrichtung zu zahlen.

Dabei dürfen an den Jugendlichen keine unzumutbaren Anforderungen gestellt werden.

(2) Der Richter soll die Zahlung eines Geldbetrages nur anordnen, wenn
1. der Jugendliche eine leichte Verfehlung begangen hat und anzunehmen ist, dass er den Geldbetrag aus Mitteln zahlt, über die er selbstständig verfügen darf, oder
2. dem Jugendlichen der Gewinn, den er aus der Tat erlangt, oder das Entgelt, das er für sie erhalten hat, entzogen werden soll.

(3) Der Richter kann nachträglich Auflagen ändern oder von ihrer Erfüllung ganz oder zum Teil befreien, wenn dies aus Gründen der Erziehung geboten ist. Bei schuldhafter Nichterfüllung von Auflagen gilt § 11 Abs.3 entsprechend. Ist Jugendarrest vollstreckt worden, so kann der Richter die Auflagen ganz oder zum Teil für erledigt erklären.

5.4 Auszug aus dem Kunsturhebergesetz (KunstUrhG, Fassung vom 16.1.2001)

§ 22: Recht am eigenen Bilde
Bildnisse dürfen nur mit Einwilligung des Abgebildeten verbreitet oder öffentlich zur Schau gestellt werden. Die Einwilligung gilt im Zweifel als erteilt, wenn der Abgebildete dafür, dass er sich abbilden ließ, eine Entlohnung erhielt. (...)

§ 23: Ausnahmen zu § 22

(1) Ohne die nach § 22 erforderliche Einwilligung dürfen verbreitet und zur Schau gestellt werden:
1. Bildnisse aus dem Bereiche der Zeitgeschichte;
2. Bilder, auf denen die Personen nur als Beiwerk neben einer Landschaft oder sonstigen Örtlichkeit erscheinen;
3. Bilder von Versammlungen, Aufzügen und ähnlichen Vorgängen, an denen die dargestellten Personen teilgenommen haben;
4. Bildnisse, die nicht auf Bestellung angefertigt sind, sofern die Verbreitung oder Schaustellung einem höheren Interesse der Kunst dient.

5.5 Auszug aus dem Beamtenrechtsrahmengesetz (BRRG, Fassung vom 31.3.1999)

§39

(1) Der Beamte hat, auch nach Beendigung des Beamtenverhältnisses, über die ihm bei seiner amtlichen Tätigkeit bekannt gewordenen Angelegenheiten Verschwiegenheit zu bewahren. Dies gilt nicht für Mitteilungen im dienstlichen Verkehr oder über Tatsachen, die offenkundig sind oder ihrer Bedeutung nach keiner Geheimhaltung bedürfen.

6. Kopiervorlagen

Hinweis: Um die folgenden Seiten auf A4-Format zu bringen, vergrößern Sie sie bitte auf 127 Prozent. Alle Kopiervorlagen und Beispielformulare stehen auch unter *www.beltz.de/material* zum Download im A4-Format bereit. Die meisten Kopiervorlagen können ohne Änderung übernommen werden, stehen aber zur Anpassung an die eigenen Bedürfnisse auch als Word-Dokument zur Verfügung.

Kennwort: 62593

Erfassungsbogen für Schulen

Schule:	Schulform:	Anschrift/Erreichbarkeit:

1. Lehrer/innen

Schulleitung: ....

Verantwortliche Ansprechpartner/innen und ihre Funktion(en):

- ....
- ....
- ....

Zahl der Lehrer/innen: ....

Beratungslehrer/in: ....

Sonstiges: ....

....

2. Schüler/innen

Zahl der Schüler/innen: ....

Ausländeranteil: ....

Altersstruktur: ....

Aktivitäten des Schülerrats:

- ....
- ....
- ....

Streitschlichtung: ☐ ja ☐ nein
Bus-Guides: ☐ ja ☐ nein

Sonstiges: ....

....

3. Eltern

Aktivitäten der Elternpflegschaft:

- ....
- ....
- ....

4. Räumliche Gegebenheiten

Schulhof: ....

Kiosk: ....

Cafeteria: ....

Pausenhof: ....

Bibliothek: ....

Internet-Café: ....

Gebäudezustand: ....

Möglichkeiten für Aktivitäten/Spiele im Gebäude und im Außenbereich:

- ....
- ....
- ....

Rückzugsmöglichkeiten für Lehrer/innen: ❑ ja ❑ nein

Sonstiges: ....

....

5. Bisher durchgeführte Maßnahmen

Mobbing-Umfrage wurde durchgeführt: ❑ ja ❑ nein

Wenn ja: Ergebnisse der Umfrage

- ....
- ....
- ....
- ....

Durchgeführte Maßnahmen:

- ....
- ....
- ....
- ....

Evaluation/Dokumentation der Maßnahmen: ❑ ja ❑ nein

Sonstiges: ....

....

Mobbing-Umfrage

Bitte kreuze in diesem Fragebogen an, was für dich zutrifft. Sei dabei so ehrlich wie möglich, nur dann macht eine solche Umfrage Sinn! Vielen Dank für deine Mitarbeit.

Ich besuche die Klasse: ❑ 5 ❑ 6 ❑ 7 ❑ 8 ❑ 9 ❑ 10 ❑ 11 ❑ 12 ❑ 13
Ich bin: ❑ männlich ❑ weiblich

1. Wie sicher fühlst du dich an unserer Schule?
   ❑ sehr sicher ❑ sicher ❑ mittel ❑ unsicher ❑ sehr unsicher
2. Wie sicher fühlst du dich in der Klasse?
   ❑ sehr sicher ❑ sicher ❑ mittel ❑ unsicher ❑ sehr unsicher
3. Wie viele Freunde oder Freundinnen hast du an der Schule?
   ❑ eine(n) ❑ zwei ❑ mehrere ❑ keine
4. Gibt es in der Schule Schüler/innen, vor denen du Angst hast?
   ❑ eine(n) ❑ zwei ❑ mehrere ❑ keine
5. Bist du in diesem Schuljahr von anderen Schüler/innen beleidigt, verhöhnt oder beschimpft worden?
   ❑ nie ❑ manchmal ❑ oft
6. Haben dich in diesem Schuljahr Mitschüler/innen (vor anderen) lächerlich gemacht?
   ❑ nie ❑ manchmal ❑ oft
7. Haben in diesem Schuljahr andere Schüler/innen über dich Lügen oder Gerüchte verbreitet?
   ❑ nie ❑ manchmal ❑ oft
8. Haben in diesem Schuljahr andere Schüler/innen deine Sachen weggenommen und sie versteckt?
   ❑ nie ❑ manchmal ❑ oft
9. Bist du in diesem Schuljahr von Mitschüler/innen sexuell belästigt worden?
   ❑ nie ❑ manchmal ❑ oft
10. Hast du in diesem Schuljahr von Mitschüler/innen mündliche oder schriftliche Drohungen erhalten?
    ❑ nie ❑ manchmal ❑ oft
11. Bist du in diesem Schuljahr von Mitschüler/innen körperlich angegriffen worden?
    ❑ nie ❑ manchmal ❑ oft
12. Hast du das Gefühl, dass deine schulischen Leistungen unter den beschriebenen Belästigungen oder Angriffen leiden?
    ❑ nie ❑ manchmal ❑ oft
13. Würdest du einzelne Namen von Täter/innen, die dir die beschriebenen Dinge angetan haben, nennen?
    ❑ nein ❑ vielleicht ❑ ja
14. Wird dir in Notsituationen von Lehrer/innen geholfen?
    ❑ nein ❑ vielleicht ❑ ja
15. Wird dir in Notsituationen von Mitschüler/innen geholfen?
    ❑ nein ❑ vielleicht ❑ ja
16. Wie hast du dich bisher gegen Angriffe gewehrt?
    ❑ Ich schlage den Angreifer.
    ❑ Ich drohe dem Angreifer Prügel an.
    ❑ Ich beleidige den Angreifer.
    ❑ Ich sage: »Lass mich in Ruhe!«
    ❑ Ich hole eine Freundin/einen Freund zu Hilfe.
    ❑ Ich erzähle es einer Lehrerin/einem Lehrer.
    ❑ Ich weiß nicht, was ich tun soll.
17. Was ich noch zu diesem Thema sagen möchte → bitte Rückseite des Blattes verwenden!

((Briefkopf der Schule))

Sehr geehrte Eltern und Erziehungsberechtigte,

das Thema „Gewalt an Schulen“ nimmt in der breiten Öffentlichkeit immer mehr Raum ein. Die Berichterstattung in den Medien und die Aussagen der Experten sind zum Teil widersprüchlich und führen so zu einer Verunsicherung nicht nur bei Eltern, sondern auch bei Lehrkräften, Kindern und Jugendlichen an deutschen Schulen.

Alle Lehrerinnen und Lehrer unserer Schule sind der Meinung, dass wir uns daher mit dem Thema „Gewalt“ stärker auseinandersetzen müssen. Wir sind auch der Meinung, dass wir alle einen offeneren Umgang mit diesem Problemfeld anstreben sollten.

Eine solche Auseinandersetzung muss natürlich die Kinder und Jugendlichen sowie deren Eltern bzw. Erziehungsberechtigte mit einbeziehen. Nur so können wir erfolgreich gegen schulische Gewalt vorgehen.

Den ersten Schritt zur Umsetzung unserer Idee haben wir bereits getan: Schülerinnen und Schüler der Schülervertretung (SV) haben in den letzten Wochen in allen Klassen und Jahrgangstufen eine Umfrage zum Thema „Gewalt“ durchgeführt und die Ergebnisse ausgewertet. Da wir der Meinung sind, dass Sie über diese Ergebnisse informiert werden sollten, und da wir uns wünschen, dass Sie aktiv in der Arbeit gegen Gewalt an unserer Schule mitarbeiten, laden wir Sie recht herzlich zu folgender Veranstaltung ein:

„Gewalt an unserer Schule – Vorstellung einer Umfrage und ihrer Ergebnisse“
(anschließend Gespräch über mögliche Maßnahmen zum Umgang mit Gewalt an unserer Schule)

Datum:
Uhrzeit:
Ort:

Über ein möglichst zahlreiches Kommen freuen sich alle Lehrkräfte unserer Schule sowie die Schülerinnen und Schüler, die Ihnen die Umfrageergebnisse vorstellen werden.

Mit freundlichen Grüßen

(Schulleitung)

((Schullogo))

Schulname
Straße/Hausnummer
PLZ/Ort
Telefon
Fax
E-Mail

Elterninformation Mobbing

Pressefoto Michael Seifert, Hannover

Liebe Eltern, liebe Erziehungsberechtigte,

Gewalt an Schulen ist ein Thema, das in den Medien immer häufiger auftaucht und nicht nur bei Eltern zu Verunsicherung führt. Während uns Zeitung und Fernsehen über die Spitzen des Eisbergs »Gewalt« informieren, wissen immer noch zu wenig Menschen über eine wesentlich häufigere Gewaltform an Schulen Bescheid. **»Mobbing«** ist ein Begriff, den viele schon gehört haben, doch was verbirgt sich dahinter?

Es gibt vier klare Kennzeichen für Mobbing:

- **Kräfteungleichgewicht:** Das Mobbing-Opfer ist immer alleine und steht einem oder mehreren Mobbern und deren Mitläufern gegenüber.
- **Häufigkeit:** Die Übergriffe auf das Opfer kommen mindestens einmal pro Woche vor.
- **Dauer:** Die Übergriffe erfolgen bereits über einen längeren Zeitraum (Wochen oder Monate).
- **Konfliktlösung:** Das Opfer ist aus eigener Kraft nicht in der Lage, das Mobbing zu beenden.

Die **Übergriffe** können ganz unterschiedlich aussehen: Auslachen von Mitschülern, Beleidigen oder Beschimpfen, Verbreiten von Unwahrheiten, Verstecken von Sachen, Zerstörung von persönlichem Eigentum, Anrempeln, Erniedrigen, Ausschließen. Gemeinsam sind ihnen vor allem die seelischen **Verletzungen**, die bei Kindern über lange Zeit nicht verheilen.

Mobbing kann an Schulen nur stattfinden, wenn die Gewaltsituation **im Geheimen** stattfindet (z.B. im Schulbus, in Ecken des Pausenhofs, auf den Toiletten). Diese Anonymität macht es Außenstehenden so schwer, angemessen zu reagieren. Oft bekommen Lehrer/innen oder Eltern es gar nicht mit, dass Kinder gemobbt werden. Die Opfer selbst sind meist so **eingeschüchtert**, dass sie nicht wissen, an wen sie sich wenden sollen.

Dieses kleine Informationsblatt soll Ihnen als Eltern helfen, erste **Anzeichen** von Mobbing bei Ihren Kindern zu erkennen. Typische Kennzeichen können die folgenden Verhaltensweisen sein:

- Ihr Kind kommt **bedrückt** nach Hause.
- Ihr Kind erhält keine Einladungen zu **Kindergeburtstagen**.
- Ihr Kind wirkt unsicher, sein **Selbstwertgefühl** nimmt immer mehr ab (erkennbar z.B. beim Erledigen von Hausaufgaben, die ihm plötzlich »unlösbar« erscheinen).
- Ihr Kind zieht sich immer mehr in sich zurück.
- Ihr Kind zeigt einen starken Abfall in den schulischen **Leistungen**.
- Ihr Kind zeigt immer häufiger **körperliche Beschwerden** wie z.B. Bauchweh oder Kopfschmerzen.
- Ihr Kind will nicht mehr in die Schule gehen.
- Ihr Kind will nicht mehr mit dem **Bus** zur Schule fahren.
- Ihr Kind hat häufig **Albträume**.
- Ihr Kind beginnt zu **stottern**.
- Ihr Kind verliert angeblich immer wieder **Geld** (das Geld wird verwendet, um die Mobber zu bezahlen).

Sollten Sie eines oder sogar mehrere dieser Kennzeichen bei Ihrem Kind bemerken, so sprechen Sie es in einem ruhigen Moment vorsichtig darauf an. Seien Sie einfühlsam, lassen Sie ihm Zeit und vermeiden Sie ein »Aushorchen«. Wenn Ihr Kind Ihr ernsthaftes Interesse und Ihre Bereitschaft zur Hilfe spürt, wird es sich Ihnen sehr bald anvertrauen.

Aber auch, wenn Ihr Kind weiterhin über seine Probleme schweigt, sollten Sie in jedem Fall mit uns sprechen. Rufen Sie uns an und vereinbaren Sie möglichst bald einen Termin mit der Klassenleitung, damit wir gemeinsam sehen können, was genau die Ursachen für die Verhaltensänderungen bei Ihrem Kind sind.

Unsere Schule setzt seit diesem Jahr ein Anti-Mobbing-Konzept um. Es beruht nicht nur auf vorbeugenden Übungen, sondern enthält auch Maßnahmen zur Intervention, wenn ein Kind bereits gemobbt wird. Es ist uns wichtig, Ihr Kind mit diesem Konzept bei der Bewältigung seiner Probleme zu unterstützen. Die Erfahrung zeigt, dass viele Opfer erst mit Hilfe von außen in der Lage sind, geeignete Schutzmechanismen gegenüber den Angriffen zu entwickeln, einzustudieren und nach einiger Zeit erfolgreich zu ihrem eigenen Schutz einzusetzen. Dies ist unsere Aufgabe als Schule.

Sollten Sie weitere Fragen zu unserem Konzept haben, können Sie sich gerne an uns wenden.

....
(Schulleitung)

Mobbing – was ist das denn?!

Ilustration:
Detta Zimmermann

Wenn andere deine Sachen kaputt machen, dich beleidigen, beschimpfen, ausschließen oder auslachen, wenn du alleine gegen viele stehst und dich nicht wehren kannst, wenn das alles schon über eine lange Zeit geht – dann nennt man das Mobbing.

Mobbing ist kein Spaß. Mobbing tut verdammt weh, weil du alleine bist, weil du Angst hast, weil dir keiner richtig zuhört und niemand dich ernst nimmt.

Unsere Schule will etwas gegen Mobbing tun. Vielleicht hat deine Klassenlehrerin oder dein Klassenlehrer dir schon darüber berichtet. Vielleicht warst du krank oder du hast damals gedacht: »Das trifft auf mich nicht zu, das interessiert mich nicht.«

Wenn es dir selber dreckig geht oder du von jemandem weißt, der von anderen gemobbt wird, dann möchten wir dir für diesen Fall noch einmal sagen, was du selbst tun kannst:

- Sprich mit einem Lehrer deines Vertrauens über dein Problem. Alle Lehrer wissen Bescheid, dass sie solch ein Gespräch vertraulich führen müssen – niemand bekommt davon mit, wenn du es nicht willst!
- Wenn du dich nicht traust, einen Lehrer anzusprechen, sprich mit einem Mitschüler deines Vertrauens über dein Problem und bitte ihn, einen Lehrer zu informieren. Der Lehrer nimmt dann unauffällig Kontakt mit dir auf.
- Wenn du auch das nicht machen willst, kannst du an folgende Adresse eine Mail schicken: *ich-brauche-hilfe@schulname.de*

Zwei Lehrer unserer Schule schauen jeden Tag nach, ob Schüler eine Mail mit einem Problem geschickt haben. Sie kümmern sich dann unauffällig um dich.

Wenn du dich erst selbst über Mobbing informieren willst, weil du glaubst, du könntest doch selbst etwas erreichen, dann empfehlen wir dir die folgenden Websites:

- www.time4teens.de
- www.gewalt-an-schulen.de
- www.schueler-gegen-mobbing.de
- www.schueler-mobbing.de

Solltest du noch weitere Fragen haben, dann maile uns an die angegebene Adresse oder frage einen Lehrer deines Vertrauens.

Die Lehrer der Schule

Mobbing – was ist das denn?!

Ilustration:
Detta Zimmermann

Wenn andere deine Sachen kaputt machen, dich beleidigen, beschimpfen, ausschließen oder auslachen, wenn du alleine gegen viele stehst und dich nicht wehren kannst, wenn das alles schon über eine lange Zeit geht – dann nennt man das Mobbing.

Mobbing ist kein Spaß. Mobbing tut verdammt weh, weil du alleine bist, weil du Angst hast, weil dir keiner richtig zuhört und niemand dich ernst nimmt.

Unsere Schule will etwas gegen Mobbing tun. Vielleicht hat deine Klassenlehrerin oder dein Klassenlehrer dir schon darüber berichtet. Vielleicht warst du krank oder du hast damals gedacht: »Das trifft auf mich nicht zu, das interessiert mich nicht.«

Wenn es dir selber dreckig geht oder du von jemandem weißt, der von anderen gemobbt wird, dann möchten wir dir für diesen Fall noch einmal sagen, was du selbst tun kannst:

- Sprich mit einem Lehrer deines Vertrauens über dein Problem. Alle Lehrer wissen Bescheid, dass sie solch ein Gespräch vertraulich führen müssen – niemand bekommt davon mit, wenn du es nicht willst!
- Wenn du dich nicht traust, einen Lehrer anzusprechen, sprich mit einem Mitschüler deines Vertrauens über dein Problem und bitte ihn, einen Lehrer zu informieren. Der Lehrer nimmt dann unauffällig Kontakt mit dir auf.
- Wenn du auch das nicht machen willst, kannst du an folgende Adresse eine Mail schicken: *ich-brauche-hilfe@schulname.de*

Zwei Lehrer unserer Schule schauen jeden Tag nach, ob Schüler eine Mail mit einem Problem geschickt haben. Sie kümmern sich dann unauffällig um dich.

Wenn du dich erst selbst über Mobbing informieren willst, weil du glaubst, du könntest doch selbst etwas erreichen, dann empfehlen wir dir die folgenden Websites:

- www.time4teens.de
- www.gewalt-an-schulen.de
- www.schueler-gegen-mobbing.de
- www.schueler-mobbing.de

Solltest du noch weitere Fragen haben, dann maile uns an die angegebene Adresse oder frage einen Lehrer deines Vertrauens.

Die Lehrer der Schule

((Briefkopf der Schule))

Sehr geehrte Eltern/Erziehungsberechtigte,

Ihr Sohn/Ihre Tochter .... hat nach eigenen Angaben schon seit geraumer Zeit unter immer wiederkehrenden Übergriffen durch einige Mitschüler/innen zu leiden (Tätlichkeiten, Beleidigungen, Beschimpfungen etc.). Wir haben mit Ihrem Sohn/Ihrer Tochter am ....ein Gespräch darüber geführt, was wir als Schule gegen diesen Zustand unternehmen können. Zusammen mit Ihrem Kind und der Klassenleitung/dem Beratungslehrer unserer Schule haben wir uns auf folgende Vorgehensweise geeinigt:

- Ihr Sohn/Ihre Tochter wählt sich aus dem Klassenverband zwei Mitschüler/innen als sogenannte **„Trainer"** aus, die die Aufgabe haben, ihn/sie vor den Übergriffen zu schützen.
- Die Angreifer wählen ebenfalls je zwei Mitschüler/innen aus, die jedoch **Trainer und Beobachter** sind und sofort eine Rückmeldung geben, wenn die Angreifer gegenüber Ihrem Sohn/Ihrer Tochter ein unakzeptables Verhalten zeigen.
- Nach **einer Woche** werden die Ergebnisse dieser Maßnahme durch ein Gespräch mit allen Beteiligten (Ihr Sohn/Ihre Tochter, Angreifer und alle Trainer) überprüft. Gegebenenfalls werden die Maßnahmen um eine weitere Woche verlängert.
- Bei einem Misserfolg müssen die Angreifer mit **erzieherischen Einwirkungen** rechnen. Wir hoffen jedoch, dass wir das Problem mit unserem Lösungsansatz in den Griff bekommen.
- Die **Eltern** der Angreifer werden ebenfalls von unserem Vorgehen informiert.

Sollten Sie noch Fragen haben, können Sie sich gerne an uns wenden. Bitte bestätigen Sie uns die Kenntnisnahme dieses Schreibens durch Unterschrift im unteren Briefteil. Trennen Sie den Teil bitte ab und geben Sie ihn über Ihren Sohn/Ihre Tochter an uns zurück. Vielen Dank für Ihre Mitarbeit schon im Voraus.

Mit freundlichen Grüßen

....
(Klassenlehrer/in)

---------✂---

Ich habe Ihr Schreiben vom .... über die Maßnahmen zur Behebung der Mobbing-Probleme in der Klasse meines Sohnes/meiner Tochter zur Kenntnis genommen.

....
(Ort, Datum)

....
(Unterschrift)

((Briefkopf der Schule))

Sehr geehrte Eltern/Erziehungsberechtigte,

Ihr Sohn/Ihre Tochter .... hat nach eigenen Aussagen schon seit geraumer Zeit einen Mitschüler bzw. eine Mitschülerin verbal und/oder körperlich attackiert (Tätlichkeiten, Beleidigungen,

Beschimpfungen etc.). Wir haben mit Ihrem Sohn am .... ein Gespräch darüber geführt, was wir als Schule gegen diesen Zustand unternehmen können. Zusammen mit Ihrem Kind und der Klassenleitung/dem Beratungslehrer unserer Schule haben wir uns auf folgende Vorgehensweise geeinigt:

- Ihr Sohn/Ihre Tochter darf aus dem Klassenverband zwei Mitschüler/innen benennen, die ihm als sogenannte **Trainer und Beobachter** sofort eine Rückmeldung geben, wenn er/sie dem Mitschüler bzw. der Mitschülerin gegenüber ein unakzeptables Verhalten zeigt. Über die Vorfälle wird eine Liste geführt.
- Auch der attackierte Mitschüler bzw. die attackierte Mitschülerin darf zwei **Trainer** aus der Klasse benennen. Diese sollen ihn/sie vor weiteren Übergriffen (gewaltlos) schützen.
- Nach **einer Woche** werden die Ergebnisse dieser Maßnahme durch ein Gespräch mit allen Beteiligten (Ihr Sohn/Ihre Tochter, der bzw. die Mitschüler/in sowie alle Trainer) überprüft. Gegebenenfalls werden die Maßnahmen um eine weitere Woche verlängert.
- Bei einem Misserfolg muss Ihr Sohn/Ihre Tochter mit **erzieherischen Einwirkungen** rechnen. Wir hoffen jedoch, dass wir das Problem mit unserem Lösungsansatz in den Griff bekommen.
- Die **Eltern** des attackierten Schülers bzw. der attackierten Schülerin werden ebenfalls von unserem Vorgehen informiert.

Sollten Sie noch Fragen haben, können Sie sich gerne an uns wenden. Bitte bestätigen Sie uns die Kenntnisnahme dieses Schreibens durch Unterschrift im unteren Briefteil. Trennen Sie den Teil bitte ab und geben Sie ihn über Ihr Kind an uns zurück. Vielen Dank für Ihre Mitarbeit schon im Voraus.

Mit freundlichen Grüßen

....

(Klassenlehrer/in)

Ich habe Ihr Schreiben vom .... über die Maßnahmen zur Behebung der Mobbing-Probleme in der Klasse meines Sohnes/meiner Tochter zur Kenntnis genommen.

....
(Ort, Datum)

....
(Unterschrift)

Hilfe-Liste

Wenn ich ein Problem mit Mobbing habe oder selber Opfer bin, dann kann ich mich an diese Menschen wenden:
▶ Trainer in meiner Klasse: ....
▶ Personen in der Schule: ....
▶ Personen außerhalb der Schule: ....

Schulname
Straße/Hausnummer
PLZ/Ort
Telefon
Fax
E-Mail

Mobbing-Tagebuch

Pressefoto Michael Seifert, Hannover

Was du wissen solltest

Von Mobbing spricht man immer dann, wenn folgende vier Kennzeichen vorliegen:

- **Kräfteungleichgewicht:** Das Opfer steht einem oder mehreren Mobbern und deren Helfern alleine gegenüber.
- **Häufigkeit:** Das Schikanieren kommt mindestens einmal pro Woche vor.
- **Dauer:** Das Schikanieren erfolgt über einen längeren Zeitraum (Wochen oder Monate).
- **Konfliktlösung:** Das Opfer ist aus eigener Kraft nicht in der Lage, das Mobbing zu beenden.

Mobbing funktioniert nur, wenn keiner darüber Bescheid weiß. Wenn man Mobber auf ihr Verhalten anspricht, streiten sie das oft und sehr geschickt ab. Sie können ihre Taten so schildern, als habe das Opfer sie regelrecht dazu angestachelt.

Für solche Fälle ist es immer wichtig, jeden Angriff, jede Beleidigung, jedes unfaire Auslachen usw. möglichst genau aufzuschreiben.

Was du aufschreiben kannst

- Beschreibe den Vorfall aus deiner Sicht: **Wer** war beteiligt? **Was** genau hat man mit dir gemacht?
- Notiere dir das **Datum**, die **Uhrzeit** und den **Ort**.
- Schreibe **Personen** (Lehrer/innen, Schüler/innen, Hausmeister) auf, die deiner Meinung nach den Vorfall mit angesehen haben (sie können später z.B. als Zeugen gehört werden).
- Wenn das Mobben bei dir **Folgen** hatte (z. B. wurden Sachen von dir zerstört oder du hast einen blauen Fleck), notiere das auch.

Datum:	**Uhrzeit:**	**Ort:**

Das ist passiert:

....

....

....

....

....

....

Diese Personen waren die Mobber:

....

....

....

Diese Personen haben den Vorfall mit angesehen:

....

....

....

Der Vorfall hatte diese Folgen:

....

....

....

Datum:	Uhrzeit:	Ort:

▶ **Das ist passiert:**

▶ **Diese Personen waren die Mobber:**

▶ **Diese Personen haben den Vorfall mit angesehen:**

▶ **Der Vorfall hatte diese Folgen:**

Datum:	Uhrzeit:	Ort:

▶ **Das ist passiert:**

▶ **Diese Personen waren die Mobber:**

▶ **Diese Personen haben den Vorfall mit angesehen:**

▶ **Der Vorfall hatte diese Folgen:**

Bauanleitung für Rough-Sticks (Schaumstoff-Kampfstöcke)

Material

Material für sechs Stöcke	Kosten
Elektro-Isolierrohr 25 mm x 2 m (reicht für sechs Stöcke)	ca. 2,–
9 Stück Schaumstoff-Rohrisolierung zu je 1 m oder 3 Stück Schaumstoff-Rohrisolierung aus dem Installationsbedarf mit 2,5 m Länge (Innendurchmesser passend für Isolierrohr)	ca. 9,–
Kleber (UHU o. Ä.)	ca. 1,–
1 Rolle Gewebeband, 10 m (reicht für ca. sechs Stöcke)	ca. 4,–
2 Kartuschen Silikon-Dichtstoff oder Fugen-Acryl (hierfür kann man auch abgelaufene und daher verbilligte Ware verwenden)	ca. 2,–
Summe / Preis pro Stock	**ca. 18,– / 3,–**

Werkzeug

Eine kleine Handbügelsäge, ein Zollstock, eine Schere, eine Kartuschenpistole.

Bauanleitung

Das Isolierrohr auf sechs Stücke mit jeweils ca. 30 cm Länge kürzen.

Die untere Hälfte des Rohrstücks mit Silikon/Acryl ausspritzen (nicht mehr, da das Rohr sonst nicht mehr flexibel ist und beim Schlag schmerzhaft wirkt!).

Die Schaumstoffrohre auf sechs Stücke mit jeweils ca. 40 cm Länge zurechtschneiden.

Am Ende eines Schaumstoffrohrs innen gut (!) Kleber auftragen und auf ca. die Hälfte der Länge des Isolierrohrs aufschieben (als zusätzliche Sicherung eventuell noch kräftig mit Klebeband umwickeln – manchmal lösen sich nämlich die Rohre beim Kampf vom Griff, z. B. bei ungenügender Trocknung oder einem ungeeigneten Kleber).

Nach dem Antrocknen des Klebers das zweite und dritte Stück Schaumstoffrohr der Länge nach an der vorhandenen »Sollbruchstelle« auftrennen. Bei einem Stück auf ganzer Länge ca. 2 cm vom Durchmesser abschneiden. Dann beide Stücke innen ganzflächig mit Kleber bestreichen und kräftig um das erste Rohrstück herumwickeln, sodass sie bündig aneinander anschließen.

Sofort danach die ganze Konstruktion am Übergang der Rohre zum Griffstück, in der Mitte und an der Spitze kräftig mit Klebeband umwickeln, damit der Kleber hält.

Die Stöcke brauchen mindestens einen Tag zum vollständigen Austrocknen (v. a. das Silikon/Acryl, weil es bei zu kurzer Trockenzeit während des Kampfes herausspritzen kann).

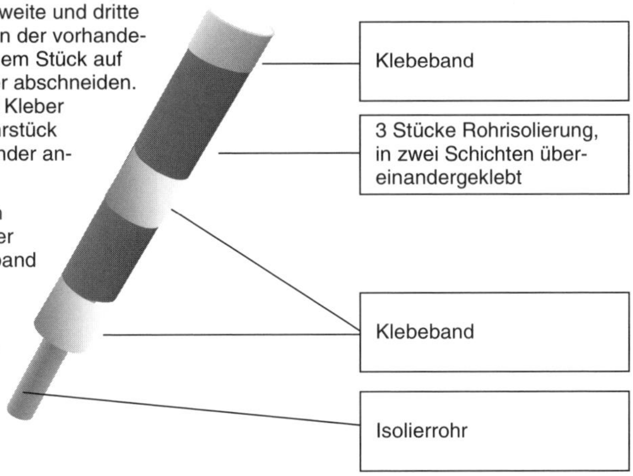

Beobachtungsbogen

Name des Trainers: ....

beobachtet wird: ....

	Montag	Dienstag	Mittwoch	Donnerstag	Freitag
Bitte tragt für jeden Übergriff einen Strich in die Liste ein.					

- - - - - - - ✂ -

Beobachtungsbogen

Name des Trainers: ....

beobachtet wird: ....

Beobachtung	Montag	Dienstag	Mittwoch	Donnerstag	Freitag
Beleidigungen					
Attacken					
Sonstiges					

Belohnungspunkte					

Bitte tragt für jeden Tag alle gezählten Übergriffe von .... in die Liste ein.

Trefft euch nach der letzten Unterrichtsstunde oder am nächsten Tag vor der ersten Stunde, vergleicht eure Zahlen und tragt den Mittelwert in die Tabelle ein.

Tragt danach ein, wie viel Belohnungspunkte .... für den Tag bekommen darf.

Beobachtungsbogen

Name des Trainers: ....

beobachtet wird: ....

Beobachtung	Montag	Dienstag	Mittwoch	Donnerstag	Freitag
Beleidigungen					
Attacken					
Sonstiges					

Bitte tragt für jeden der genannten Übergriffe einen Strich in die Liste ein.

---------------✂---------------

Erfolgsliste für ....

(bitte Name eintragen)

Beobachtung	Montag	Dienstag	Mittwoch	Donnerstag	Freitag
Beleidigungen					
Attacken					
Sonstiges					

Belohnungs-punkte					

Liebe(r) .... ,

wie abgesprochen hier das »Muster« für dein Plakat. Bitte stelle es bis morgen, den .... , fertig, sodass du es in der Klasse aufhängen kannst. Deine Klassenlehrerin/dein Klassenlehrer weiß bereits Bescheid und wird auch die Fachlehrer/innen deiner Klasse informieren. Ich glaube, es macht auf deine Mitschüler/innen einen ziemlich starken Eindruck, dass du so mutig mit deinem Problem umgehst!

So möchte ich gerne behandelt werden!

☺

1.

2.

3.

Das finde ich besonders blöd!

☹

1.

2.

3.

Medien und Materialien zum Thema »Mobbing«

Aufgaben:
1. Untersucht die Medien bzw. Materialien zum Thema »Gewalt an Schulen/Mobbing« auf die genannten Eigenschaften.
2. Füllt dieses Arbeitsblatt aus und hängt es an die Stellwand.
3. Lest euch die Ergebnisse der anderen Gruppen durch und vergleicht mit eurer Beurteilung.

Material: ....

▶ Das Material ist besonders für die **Altersgruppe** .... geeignet, weil

....

....

....

▶ Wir sehen folgende **Nachteile** des Materials:

....

....

....

....

▶ Wir sehen folgende **Vorteile** des Materials:

....

....

....

....

▶ Wir geben dem Material insgesamt die **Note**: ☐ 1 ☐ 2 ☐ 3 ☐ 4 ☐ 5 ☐ 6

▶ Sonstige **Bemerkungen**:

....

....

....

Zur Arbeitsgruppe gehören:

....

Gesprächsprotokoll

Es geht um:	**Klasse/Klassenleitung:**
Anwesend:	**Datum/Dauer:**
Nächster Termin:	

Gesprächsinhalt

Lösungsvorschläge

Vereinbarungen/Ziele

Mobbing-Struktur I

Mobbing-Struktur II

Zuschauer, Wegschauer, Nichtwisser (viele)

((Briefkopf der Schule))

Sehr geehrte Eltern und Erziehungsberechtigte,

an unserer Schule soll ab dem kommenden Schuljahr das sogenannte Anti-Bullying-Konzept umgesetzt werden. Es handelt sich dabei um eine Methode, mit der wir auf Gewalt zwischen Schüler/innen rasch und wirkungsvoll reagieren können.

Für Lehrer/innen ist es in der Hektik des Schulalltags oft sehr schwierig, sich bei einem Vorfall richtig zu verhalten: Man hat nur fünf Minuten Zeit in der Pause, muss gleich wieder in den Unterricht, wird von mehreren Schüler/innen umlagert, die aufgebracht ihre Geschichte erzählen wollen und zudem verlangen, dass die Lehrkraft sofort eine Lösung findet. Dabei stellen sich für die Lehrer/innen aber viele ungelöste Fragen:

- Wer von den Schüler/innen hat denn nun recht? Wie war der tatsächliche Ablauf des Streits? Wie genau sind die Aussagen der Zeugen?
- Muss tatsächlich die Lehrkraft eine Lösung finden, oder kann es vielleicht auch ein Streitschlichter unserer Schule?
- Welche Konsequenzen sollte der Vorfall haben? Soll es z. B. eine Strafe sein?
- Müssen die Eltern über den Vorfall informiert werden?

Eine Hilfe für viele dieser Fragen stellt ein fester Ablauf in der Reaktion der Lehrer/innen dar, wie er im Anti-Bullying-Konzept beschrieben ist. Schüler/innen, Lehrer/innen und auch Sie als Eltern wissen dann in Zukunft genau darüber Bescheid, was im Fall einer Gewalthandlung passieren wird. Wir wollen Ihnen diesen Ablauf an einem Beispiel verdeutlichen:

Zwei Schüler, Stefan und Michael, kommen zu Frau Meyer und erzählen beide wutentbrannt, wie der andere angeblich angefangen hat, einen nassen Schwamm nach ihm zu werfen.

Frau Meyer wird nicht versuchen, den Fall zu lösen, sondern wird die beiden Schüler ohne Kommentar oder Anhörung möglicher Zeugen in einen speziellen Raum bringen. Dort befindet sich ein Lehrer oder auch ein Streitschlichter, der/die den beiden Kontrahenten ein Formular aushändigt, in dem sie aufschreiben sollen, wie der Vorfall aus ihrer Sicht abgelaufen ist. Dabei dürfen sie kein Wort reden, um sich gegenseitig nicht zu beeinflussen. Reicht die Zeit nicht aus, können die Schüler in einer folgenden Pause oder auch am nächsten Tag weiterschreiben. Jeder hat also die Möglichkeit, sich zu äußern.

Alle Formulare werden kopiert und an die Eltern gesandt. Sie sollen dann schriftlich zum Verhalten Ihres Kindes Stellung nehmen. Dabei geht es nicht darum, dass die Eltern eines der Kinder verteidigen. Uns ist wichtig, dass Sie über den Vorfall informiert werden und selbst überlegen können, welche Konsequenzen er für ihr Kind haben könnte. Diese Konsequenzen bitten wir Sie, uns schriftlich mitzuteilen.

Die Schüler können dann selbst eine Lösung für ihr Problem suchen. Hilfe können sie dabei von Streitschlichtern, unserer Schulsozialarbeiterin Frau Müller, von Herrn Schmidt, der das Konzept betreut, oder von den Klassenlehrern erhalten.

Ist der Vorfall sehr schwerwiegend gewesen, wird er unabhängig von den beschriebenen Abläufen Folgen seitens der Schule haben.

Die Vorteile dieses streng vorgegebenen Ablaufs liegen auf der Hand:

- Alle Lehrer/innen können bei einem Vorfall nach einem festen Handlungsschema reagieren. Es wird niemand bevorzugt oder benachteiligt.
- Sie als Eltern werden frühzeitig informiert und haben die Möglichkeit, zum Vorfall Stellung zu nehmen.
- Konsequenzen seitens der Schule können in Ruhe zu einem späteren Zeitpunkt beschlossen werden.

Wir bitten Sie darum, die für die Umsetzung des Anti-Bullying-Konzeptes erforderliche Einverständniserklärung zu unterschreiben und sie Ihrem Sohn/Ihrer Tochter in die Schule mitzugeben. Selbstverständlich können Sie eine Kopie davon für Ihre Unterlagen anfertigen.

Der Vertrag wird auch von allen Schüler/innen und Lehrer/innen unterschrieben werden. Wir sind zuversichtlich, dass Gewalt an unserer Schule durch die Umsetzung des Anti-Bullying-Konzeptes in Zukunft kein Thema mehr sein wird.

Für Ihr Verständnis und für Ihre Unterstützung bedanken wir uns im Voraus.

Mit freundlichen Grüßen

....
(Schulleitung)

---------------✂---------------

Einverständniserklärung

Mit der Umsetzung des Anti-Bullying-Konzeptes an der Schule erkläre ich mich einverstanden. Ich unterstütze ausdrücklich alle beschriebenen Maßnahmen. Für den Fall, dass mein Sohn/meine Tochter betroffen sein sollte, werde ich mich aktiv an der Umsetzung der Vereinbarungen beteiligen.

....
(Ort, Datum) (Unterschrift)

Protokoll-Liste für den Beratungsraum

Datum	am Vorfall beteiligte Schüler/innen	Klasse	erledigt am/durch

Protokollbogen für Schüler/innen

Datum:	Mein Name:	Klasse:

Das ist passiert:

Diese Personen haben den Vorfall mit angesehen:

Der Vorfall hatte diese Folgen:

Informationen zum Anschlussgespräch für Schüler/innen

Du hast heute oder vor Kurzem einen Vorfall oder einen Streit gehabt. Uns als Schule ist es wichtig, dass du für dein Problem möglichst rasch eine Lösung findest. Dazu bitten wir dich, dir **gemeinsam** mit den anderen beteiligten Schüler/innen Hilfe zu holen. Unterstützung geben dir die Streitschlichter, dein Klassenlehrer bzw. deine Klassenlehrerin, die Schulsozialarbeiterin Frau N.N. oder der Beratungslehrer Herr N.N.

Du hast **eine Woche** Zeit, eine dieser Personen anzusprechen und einen Termin auszumachen. Bring dazu bitte diesen Zettel mit. Solltet ihr in diesem Gespräch keine Lösung für das Problem finden, sucht eine weitere Person auf und macht einen neuen Versuch!

Vereinbarter **Termin** für ein Anschlussgespräch: ....

(Von der beratenden Person auszufüllen)

Mit meiner Unterschrift bestätige ich, dass die folgenden Schüler/innen am vereinbarten Termin bei mir waren:

Vorname, Name	**Klasse**

Im Anschlussgespräch haben sie folgende **Lösung** für ihr Problem gefunden:

....

....

....

....

Im Anschlussgespräch haben sie **keine Lösung** für ihr Problem gefunden, weil:

....

....

....

....

....
(Unterschrift)

Vereinbarung gegen Gewalt

Vorname, Name: ....

Mit meiner Unterschrift erkläre ich mich mit den folgenden Regeln einverstanden:

- Ich übe keine körperliche oder seelische Gewalt aus.
- Ich nehme meine Mitmenschen so an, wie sie sind, und behandle sie so, wie ich selbst gerne behandelt werden möchte.
- Ich schikaniere niemanden wegen seines Aussehens, seiner Kleidung oder anderer Eigenarten.
- Ich verbreite keine Gerüchte über meine Mitmenschen.
- Wenn ich einen Streit sehe, mische ich mich ein und versuche, ihn zu schlichten. Dazu kann ich die Hilfe von Mitschüler/innen, Lehrer/innen oder meinen Eltern holen.
- Ich erkläre, dass ich mich an die Schulordnung und die Gesetze halte.

Weiterhin erkläre ich, dass ich über das Anti-Bullying-Konzept informiert worden bin und dass ich weiß, welche Folgen ein Regelbruch haben wird.

....

(Ort, Datum) (Unterschrift)

Gesprächsleitfaden zur Farsta-Methode

Name der/des Befragten: .... **Klasse:** .... **Datum:** ....

Weißt du, worüber wir mit dir sprechen wollen?

→ *warten und sich nicht für dumm verkaufen lassen*

.... **hat »Schwierigkeiten«. Weißt du etwas darüber?**
(Name des Opfers)

→ *kleine Unsicherheiten nutzen und bohren, zielstrebig bleiben*

→ *in Unterlagen blättern, dann konfrontieren*

Wir wissen, dass du an diesen Schwierigkeiten beteiligt bist. Du hast Folgendes gemacht:

1. **Am** .... **hast du** ....
2. **Am** .... **hast du** ....
3. **Am** .... **hast du** ....

→ *keine Diskussion zulassen und keine Rechtfertigungsstrategien akzeptieren!*

Das klingt schlimm. Das ist nicht mehr harmlos, das ist Mobbing!
Mobbing ist der absichtliche Angriff auf die seelische Gesundheit eines anderen Menschen.
Das muss sofort aufhören!

Was kannst du dazu beitragen, dass das Mobbing gegen .... **aufhört?**
(Name des Opfers)

→ *eigene Verantwortung abfragen, Zugeständnisse einholen und festhalten*

Was kannst du tun, wenn du andere dabei beobachtest?

....

....

....

....

→ *notieren und die Haltung vermitteln, dass man den Täter als Kooperationspartner gewinnen möchte*

Wir werden dich .... **lang beobachten. Wir sprechen auch mit den anderen Beteiligten.**
(Zeitraum)

Dann werden wir noch einmal mit euch allen ein Gespräch führen. Bist du damit einverstanden?

(aus: Taglieber, W.: Berliner Anti-Mobbing-Fibel. Berlin: Landesinstitut für Schule und Medien 2005, S. 21.
Ein weiterentwickelter Gesprächsbogen steht unter http://bildungsserver.berlin-brandenburg.de/mobbing-schule.html)

Erfassungsbogen (Opfer)

Mein Problem – das stört mich am meisten in der Klasse:

1. ....

2. ....

3. ....

Mein Wunsch – das sollte sich in der Klasse am ehesten ändern:

1. ....

2. ....

3. ....

Mein Beitrag – das würde ich selber tun, damit es allen Beteiligten besser geht:

1. ....

2. ....

3. ....

Erfassungsbogen (Klasse)

Mein Problem – das stört mich am meisten an .... :

1. ....

2. ....

3. ....

Mein Wunsch – das sollte .... am ehesten ändern:

1. ....

2. ....

3. ....

Mein Beitrag – das würde ich selber tun, damit es allen Beteiligten besser geht:

1. ....

2. ....

3. ....

Auswertungsbogen

Klasse:	Anzahl der verteilten Bögen: ....
Klassenleitung:	davon bearbeitet: ...... nicht bearbeitet: ......

Nennung	Häufigkeit
1. Probleme	
....	......
....	......
....	......
....	......
....	......
....	......
....	......
....	......
2. Wünsche	
....	......
....	......
....	......
....	......
....	......
....	......
....	......
....	......
3. Eigener Beitrag	
....	......
....	......
....	......
....	......
....	......
....	......
....	......

Vertrag

Konfliktpartei A:

Name: ....

Klasse: ....

Konfliktpartei B:

Name: ....

Klasse: ....

Worum ging es?

- ❑ Meinungsverschiedenheit
- ❑ Sachbeschädigung
- ❑ Regelverletzung
- ❑ körperlicher Angriff
- ❑ Beleidigung
- ❑ Wegnehmen einer Sache

❑ Sonstiges: ....

Die Konfliktparteien vereinbaren hiermit Folgendes:

....

....

....

....

....

....

....

....

....

Wir nehmen die Vereinbarung an:

....
(Datum)

....
(Lehrer/in)

....
(Konfliktpartei A)

....
(Konfliktpartei B)

Das nächste Treffen findet am .... in der .... großen Pause statt.

Reflexionsbogen

Name:	Klasse:	Datum:

Du hast heute gegen eine der Regeln verstoßen, die alle Schüler/innen, Lehrer/innen und Eltern gemeinsam für unsere Schule erarbeitet haben.

Du weißt, dass ein solcher Regelverstoß Konsequenzen für dich hat. Heute sollst du aus den folgenden Aufgaben diejenigen, die angekreuzt sind, erledigen (dein Fachlehrer bzw. deine Fachlehrerin sagt dir, wie viele Seiten du schreiben sollst):

- ❑ Beschreibe auf .... DIN-A4-Seiten Situationen, in denen du gegen eine Regel verstoßen hast (z. B. zu Hause oder in der Schule). Was waren die Folgen deines Verhaltens?
- ❑ Beschreibe auf .... DIN-A4-Seiten Beispiele aus Fernsehserien oder Spielfilmen, in denen jemand gegen eine Regel verstößt. Was sind die Folgen dieses Verhaltens?
- ❑ Beschreibe auf .... DIN-A4-Seiten, warum du immer wieder Regeln brichst oder dich schlecht benimmst, obwohl du weißt, dass dies nicht gut ist. Beschreibe auch, welche Vorteile es dir deiner Meinung nach bringt, dass du dich so verhältst.
- ❑ Schreibe auf .... DIN-A4-Seiten eine Geschichte über einen Jungen oder ein Mädchen, der/das eine Regel bricht, und über die schlechten Folgen dieses Regelbruchs. Erzähle in der Geschichte, wie der Junge oder das Mädchen mit dieser Situation umgeht und eine Lösung findet, die die Folgen des Regelbruchs wiedergutmacht.

Gib den ausgefüllten Zettel morgen bei deinem Fachlehrer/deiner Fachlehrerin ab!

Was kannst du tun bei Cyber-Mobbing?

Wenn dich jemand über das Internet oder per Mail andauernd beleidigt oder auf andere Art und Weise schikaniert, gibt es einige Möglichkeiten, wie du dich wirkungsvoll wehren kannst. Hier findest Vorschläge, was du machen kannst, damit du wieder deine Ruhe vor dem Mobber hast.

Sperre den »Cyber-Mobber«

Die meisten verantwortlichen Websites und Anbieter geben dir die Möglichkeit, jemanden, der sich schlecht verhält, zu sperren oder zu melden. Nutze diese Werkzeuge, sie sind nicht umsonst da:

- Bei **schülerVZ** kannst du z. B. mit einem Klick die Funktion »Nutzer ignorieren« aktivieren.
- Bei **ICQ** z. B. Hauptmenü → Einstellungen und Sicherheit → Liste »Ignorieren« → Namen aus der Kontaktliste per Drag & Drop in die Liste ziehen oder Person über den Hinzufügen-Button wählen → mit Okay/Ja bestätigen.

Als letzten Ausweg kannst du deine Kontakt-Details wie deine IM- oder Handynummer, ändern, um unerwünschten Kontakt zu vermeiden.

Antworte nicht

Reagiere nicht auf beleidigende oder unangenehme Nachrichten, auch wenn es dir schwer fällt. Eine Reaktion von dir ist genau das, was der »Cyber-Mobber« will, er fühlt sich so bestätigt. Sollten die Nachrichten nicht aufhören, eröffne einen neuen E-Mail-Account.

Speichere Beweise

Lerne, wie du Kopien von unangenehmen Nachrichten, Bildern oder Online-Gesprächen machst. Sie werden dir helfen, anderen zu zeigen, was passiert ist, und können helfen, deinen Peiniger zu ermitteln (z. B. an deiner Schule, bei deinem Mobilfunkanbieter, deinem Internetanbieter oder sogar der Polizei).

Rede darüber

Wenn du oder jemand, den du kennst, im Internet oder über Handy eingeschüchtert oder schikaniert wird, musst du damit nicht alleine umgehen. Um Hilfe zu bekommen, wende dich an

- *einen Erwachsenen,* dem du vertraust und der dir dabei helfen kann, über den Fall am richtigen Ort zu berichten;
- *die »Nummer gegen Kummer«* und schildere dein Problem: 0800/1110333;
- *den Service-Anbieter,* über den du gemobbt wirst (Internet, Handy);
- *deine Schule* – dein (Vertrauens-)Lehrer kann dich unterstützen und kann die Person, die dich mobbt, zur Rede stellen;
- *die Polizei,* wenn das Cyber-Mobbing ernst ist und möglicherweise sogar ein krimineller Fall vorliegt.

Schau nicht einfach zu, wenn du merkst, dass jemand gemobbt wird, sondern unterstütze das Opfer und berichte über das Cyber-Mobbing. Denn wie würdest du dich fühlen, wenn dir keiner helfen würde?

Tipp

So fertigst du einen Screenshot (»Bildschirmfoto«) an: Drücke auf deiner Tastatur die »Druck«- oder »Print«-Taste. So kopierst du das, was dein Bildschirm gerade anzeigt, in die Zwischenablage. Öffne ein Textverarbeitungsprogramm wie »Word«, das Programm »Paint« oder ein anderes Bildbearbeitungsprogramm (Start → Programme → Zubehör → Paint), und füge deinen Screenshot ein (»Strg« + »V«). Speichere das Bild so ab, dass du es wiederfindest, wenn du es jemandem zeigen willst.

Wie kontaktiere ich Service-Anbieter?

Wenn du dich gegen dauernde Schikanen über Handy oder Internet wehren möchtest, hilft dir oft der Service-Anbieter weiter. Auf diesem Arbeitsblatt findest du Tipps, wie du mit dem Anbieter Kontakt aufnehmen kannst.

Schneide dir diejenigen Tipps aus, von denen du glaubst, dass du sie brauchen könntest. Hänge sie dann in deinem Zimmer auf, z. B. am Computer-Bildschirm. So brauchst du nicht lange zu suchen, wenn du wieder angegriffen wirst.

Bei massiver Bedrohung solltest du in allen genannten Fällen mit einem Erwachsenen sprechen und gegebenenfalls die Polizei aufsuchen.

Chatrooms/Foren/Blogs  Normalerweise haben Chat-Betreiber klare und leicht zu findende Meldefunktionen, die es einem ermöglichen, ihnen direkt zu schreiben. So können Benutzer, die sich nicht an die Chat-Regeln halten, gelöscht werden. Einige *Chatrooms* werden moderiert, so können Moderatoren zunächst eine Verwarnung aussprechen. In *Foren* gibt es normalerweise auch Moderatoren. Wenn sie sehen, dass unangebrachte Nachrichten oder Kommentare veröffentlicht werden, haben sie die Möglichkeit, diese Kommentare zu löschen und den Urheber direkt zu sperren. Findet man sich in einem Chat oder Forum wieder, in dem niemand auf Beschwerden reagiert, sollte man dieses Portal in Zukunft besser meiden.	**Handyanbieter**  Handyanbieter dürfen aus Datenschutzgründen die Handynummer von Kunden nicht herausgeben, auch nicht, wenn von einer Nummer eine Belästigung ausgeht. Jedoch kann man einige Nummern (wenn sie nicht unterdrückt sind) auf seinem Handy-Display sehen. Bekommt man wiederholt unerwünschte SMS oder wird man von ständigen Anrufen belästigt, sollte man sich von seinem Handyanbieter eine neue Nummer geben lassen. Bei Prepaid-Handys genügt bereits der Kauf einer neuen SIM-Karte.
E-Mail  Bekommt man unerwünschte, beleidigende oder gar bedrohende E-Mails, sollte man die Mail-Adresse des Belästigers zunächst wie eine Spam-Adresse behandeln. Man kann jede beliebige E-Mail-Adresse auf die Spamliste setzen. Dann kommen die unerwünschten Nachrichten gleich in den Papierkorb.	**wer-kennt-wen** 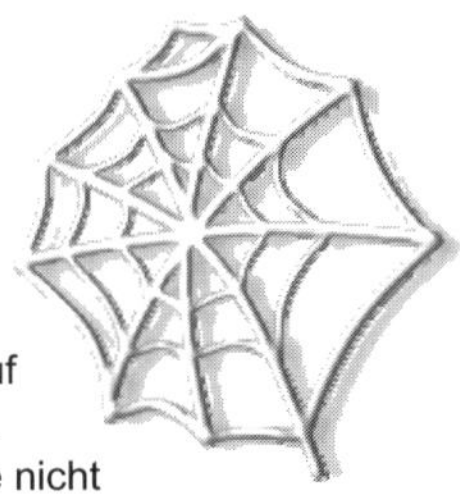 Möchte man jemanden bei »wer-kennt-wen« ignorieren, dann muss man unter dem Profilbild desjenigen, den man sperren möchte auf »... ignorieren« klicken. Sollte diese Maßnahme nicht erfolgreich sein, kann man Belästigungen und kritische Inhalte mit Angabe des Ortes und des Grundes melden.

Video-Portale

Es gibt die Möglichkeit, Videos auf Video-Portalen entfernen zu lassen. Dazu ist es erforderlich, dass die Videos illegalen Inhaltes sind (z. B. Kinderpornografie, Gewaltdarstellungen oder Hassvideos) oder dass sie sonstige Regeln verletzen. Dazu zählen auch Videos, in denen man, ohne seine Erlaubnis gegeben zu haben, gezeigt wird, oder Filme, in denen über einen in diskriminierender Art und Weise gesprochen wird. In den meisten Video-Portalen gibt es einen »Melden«-Button. Klickt man darauf, hat man die Möglichkeit anzugeben, warum man das Video meldet. Ist man beispielsweise ungefragt abgebildet worden, kann man angeben, dass seine Persönlichkeitsrechte durch dieses Video verletzt werden. Der Betreiber ist dann verpflichtet, das Video aus seinem Portal zu entfernen.

schülerVZ

Hier gibt es die Möglichkeit, Personen zu ignorieren. Dies sollte immer der erste Schritt sein, wenn man beleidigende Nachrichten oder Ähnliches erhält. So können keine Nachrichten mehr von dieser Person empfangen werden. Hören die Belästigungen nicht auf, hat man die Möglichkeit, diese Person beim Betreiber zu melden. Man klickt dazu unter dem Profilbild der Person auf »... ignorieren/melden« und füllt das sich öffnende Fenster aus.
Sollten Fotos eingestellt sein, die unerwünscht sind, gibt es ebenfalls die Möglichkeit das zu melden. Diese Bilder werden dann, nachdem sie geprüft wurden, von den Betreibern entfernt.
Hartnäckige Belästigungen können den Betreibern direkt gemeldet werden; diese haben dann die Möglichkeit, das Profil zu sperren oder ganz zu löschen.
Bei schülerVZ sollte man auch unbedingt die Tipps zur Einstellung seiner Privatsphäre durchlesen und seine Einstellungen entsprechend ändern bzw. anpassen (→ Privatsphäre → Tipps).

Instant Messenger

Egal welchen Instant Messenger man nutzt, es ist heutzutage Standard, dass es die Möglichkeit gibt, Personen zu ignorieren, sodass man keine Nachrichten mehr von ihnen erhalten kann. Auf der Website

www.chatten-ohne-risiko.de

sind unter der Kategorie »Instant Messenger« einige Messenger aufgelistet, und es wird unter »Sicherheitseinstellungen« jeweils beschrieben, wie man sich bei unerwünschtem Kontakt am besten verhält.

Infos und Tipps
zum Thema »Cyber-Mobbing«
findest du auch unter
www.klicksafe.de

klicksafe.de
Die Initiative für mehr Sicherheit im Netz

Literaturverzeichnis

Blum, H./Beck, D. (o.J.): Mobbing in der Schule – die drei Schritte des No Blame Approach. www.no-blame-approach.de.

Boldt, U. (2004): Ich bin froh, dass ich ein Junge bin. 2. Aufl. Baltmannsweiler: Schneider Hohengehren.

Bründel, H./Simon, E. (2007): Die Trainingsraum-Methode. Unterrichtsstörungen – klare Regeln, klare Konsequenzen. 2. Aufl. Weinheim/Basel: Beltz.

Burck, Alexandra (2007): Expertin: Mobbing ist eine »Art Volkssport«. 500.000 Fälle pro Woche an Deutschlands Schulen. www.lichtblick99.de/ticker2341_07.html (Abruf am 11.9.2007).

Döbler, Erika (2000): Kleine Spiele. Das Standardwerk für Ausbildung und Praxis. 22. Aufl. München: Südwest-Verlag.

Encarta 2000 = Encarta Enzyklopädie, Unterschleißheim: Microsoft 2000. CD-ROM.

Feltes, T. (2003): Gewalt in der Schule. In: Sicherheit und Kriminalität, H. 1/2003 (auch unter www.buergerimstaat.de/1_03/schule.htm, Abruf am 11.9.2007).

Gleis, A./Hörnemann, J. (2007): »Aufmucken? Zähne spucken!« Ursachen und Dimensionen von Kinder- und Jugendgewalt. In: Jugendhilfe aktuell, H. 2, S. 9–15.

Gugel, G. (2002): Mobbing. Themenblätter im Unterricht, Nr. 16. Bonn: Bundeszentrale für politische Bildung.

Hanewinkel, R./Knaack, R. (2004): Prävention von Aggression und Gewalt an Schulen. Ergebnisse einer Interventionsstudie. In: Holtappels et al. (Hrsg.): Forschung über Gewalt an Schulen. Erscheinungsformen und Ursachen, Konzepte und Prävention. 3. Aufl. Weinheim/München: Juventa, S. 299–314.

Hoegg, G. (2007): Schulrecht. 2. Aufl. Weinheim/Basel: Beltz.

Holtappels, H.G./Heitmeyer, W./Melzer, W. (2006): Forschung über Gewalt an Schulen. Erscheinungsformen und Ursachen, Konzepte und Prävention. 4. Aufl. Weinheim/München: Juventa.

Jantz, O./Brandes, S. (2006): Geschlechtsbezogene Pädagogik an Grundschulen. Wiesbaden: GWV Fachverlage.

Jäger, R.S./Fischer, U./Riebel, J./Fluck, L. (2007): Mobbing bei Schülerinnen und Schülern in der Bundesrepublik Deutschland. Eine empirische Untersuchung auf der Grundlage einer Online-Befragung. Landau: Zentrum für empirische pädagogische Forschung (zepf) (Download unter www.zepf.uni-landau.de/fileadmin/downloads/Mobbing_Schueler.pdf, Abruf am 1.11.2009).

JIM 2008 = Medienpädagogischer Forschungsverbund Südwest (Hrsg.) (2008): JIM 2008. Jugend, Information, (Multi-)Media. Basisuntersuchung zum Medienumgang 12- bis 19-Jähriger in Deutschland. Stuttgart. www.mpfs.de/fileadmin/JIM-pdf08/JIM-Studie_2008.pdf (Download am 1.11.2009).

Karstedt, S. (2000): Zwischen Spaß und Schock. dp-special Nr. 11, H. 6/2000 (Download unter www.gdp.de/gdp/gdpcms.nsf/id/dpsp?open&start=1, Abruf am 11.9.2007).

Kasper, H. (2002a): Schülermobbing – tun wir etwas dagegen! Der Smob-Fragebogen mit Anleitung und Auswertungshilfe und mit Materialien für die Schulentwicklung. 4. Aufl. Lichtenau: AOL-Verlag.

Kasper, H. (2002b): Streber, Petzer, Sündenböcke. Wege aus dem täglichen Elend des Schülermobbings. 4. Aufl. Lichtenau: AOL-Verlag.

Kilb, R./Weidner, J./Gall, R. (2006): Konfrontative Pädagogik in der Schule. Anti-Aggressivitäts- und Coolnesstraining. Weinheim/München: Juventa.

Klett, K. (2005): Gewalt an Schulen. Eine deutschlandweite Online-Schülerbefragung zur Gewaltsituation an Schulen. Inaugural-Dissertation, Universität zu Köln, September 2005.

klicksafe 2008 = Rack, S./Fileccia, M. (2008): Was tun bei Cyber-Mobbing. Zusatzmodul zu Knowhow für junge User. Materialien für den Unterricht. Hrsg. von der Initiative »klicksafe« (www.klicksafe.de) als Zusatzmodul zum klicksafe-Lehrerhandbuch. Ludwigshafen/Düsseldorf. https://www.klicksafe.de/service/schule-und-unterricht/lehrerhandbuch/lehrerhandbuch4294.html (Download am 1.11.2009).

Klippert, K. (2007): Beleidigen, erpressen, schlagen. In: Wirbelwind. Zeitschrift des Spielwarenversands JAKO-O GmbH, H. 1, S. 19.

Klippert, K. (2007): Gewalt ist keine Lösung – und auch keine Möglichkeit. In: Wirbelwind. Zeitschrift des Spielwarenversands JAKO-O GmbH, H. 1, S. 22f.

Klippert, K. (2007): Mobben stoppen. In: Wirbelwind. Zeitschrift des Spielwarenversands JAKO-O GmbH, H. 1, S. 20f.

Michaelsen-Gärtner, B./Franze, M./Paulus, P. (2007): Mobbing? Nicht an unserer Schule! Prävention und Handlungsstrategien. Lüneburg: MindMatters-Materialien (www.mindmatters-schule.de).

Olweus, D. (2006): Gewalt in der Schule. 4. Aufl. Bern: Hans Huber.

Orlick, Terry (1997): Kooperative Spiele. 6. Aufl. Weinheim/Basel: Beltz.

Paulus, P. (2007): Mobbing unter Schülern. In: forum schule, H. 1, S. 32–34.

Pfeiffer, C. (2005): Der Macho als Vorbild. In: Die Zeit, Nr. 46 vom 10.11.2005 (auch unter www.zeit.de/2005/46/Jugendstudie?page=all, Abruf am 11.9.2007).

Pfeiffer, C./Baier, D. (2006): Innerfamiliäre Gewalt gegen Kinder und Jugendliche. In: Hamburger Ärzteblatt, H. 4, S. 194–196.

Pfeiffer, C./Wetzels, P. (1998): Sieben Thesen zur Jugendgewalt. Betrifft Minderheiten. In: Zeitschrift der Ausländerbeauftragten des Landes Niedersachsen, H. 4, S. 4–7.

Posselt, R.-E. (2007): Gewalt zum Thema machen. In: Jugendhilfe aktuell, H. 2, S. 5–9.

Riederle, J. (2003): Kampfesspiele. Villigst: Gewalt Akademie Villigst.

Redlich, A. (1990): Schulklassenbezogene Beratung. Bd. 11 der Arbeitsgruppe »Beratung und Training«. Hamburg: Fachbereich Psychologie der Universität Hamburg.

Seyboth-Teßmer, F. (2007): Kinder und Gewalt. In: inform, H. 2, S. 11–14.

Spießbach, B. (2000): Soziales Kompetenztraining und seine Evaluation an Grundschulen. Diplomarbeit an der Heinrich-Heine-Universität Düsseldorf.

Taglieber, W. (2005): Berliner Anti-Mobbing-Fibel. Berlin: Landesinstitut für Schule und Medien (Download unter www.lisum.de/Inhalte/Data/Veroeffentlichung/neuerscheinungen/index.html/2005-04-25.8029679910/download, Abruf am 11.9.2007).

Tillmann, Klaus-Jürgen/Holler-Nowitzki, Birgit/Holtappels, Heinz G./Meier, Ulrich/Popp, Ulrike (2007): Schülergewalt als Schulproblem. Verursachende Bedingungen, Erscheinungsformen und pädagogische Handlungsperspektiven. 3. Aufl. Weinheim/München: Juventa.

Träbert, Detlef (2005): »Packen wir's an!«. Mobbing- und Gewaltvorbeugung in der Schule. Niederkassel: träbert pädagogische materialien.

Trenz, C. (2007): Gewaltpräventive Programme. Ergebnisse verschiedener Wirkungsstudien und Entwicklung von Qualitätsstandards. In: Jugendhilfe aktuell, H. 2, S. 15–21.

UN (2006): Studie des Generalsekretärs der Vereinten Nationen über Gewalt gegen Kinder. www.unicef.de.

Viehmann, H. (2007): Glanz und Elend des Jugendkriminalrechts – Aufstieg und Fall des Jugendgerichtsgesetzes. In: Jugendhilfe aktuell, H. 2, S. 36–41.

Vogel, Georg (2004): »… immer gut drauf?«. Ideenbuch zur jungenspezifischen Suchtprävention. 3. Aufl. München: Aktion Jugendschutz Bayern.

Walker, Jamie (1995): Gewaltfreier Umgang mit Konflikten in der Sekundarstufe I. Spiele und Übungen. 3. Aufl. Berlin: Cornelsen Scriptor.

te Wildt, T./Emrich, H.M. (2007): Die Verzweiflung hinter der Wut. In: Deutsches Ärzteblatt, Jg. 104, H. 10, 9.3.2007, S. 533–535.

Westfälische Verkehrsgesellschaft mbH (Hrsg.) (2003): Unterwegs mit dem Schulbus. Münster: Broschüre der WVG (Download unter http://wvg-online.de/publikationen/pdf/schulbus-sicherheit2003.pdf, Abruf am 11.9.2007).

WR 2007 = Szenen mit Zuschauern. Prof. Ronald Hitzler im Interview mit Anne Weibert. In: Westfälische Rundschau Nr. 55 vom 6.3.2007, Seite MTS 7540.

Zimmermann, A. (1999): Gewalt und Vandalismus: Grundlagen erfolgreicher Prävention und Intervention. www.schulpsychologie.de/lehrer/zimmermann.htm (Abruf am 11.9.2007).

Das klicksafe-Lehrerhandbuch »Knowhow für junge User« samt Zusatzmodul mit weiteren Unterrichtsmaterialien finden Sie unter:

www.klicksafe.de → klicksafe-Tipps → Zum Lehrerhandbuch

Störungsfrei unterrichten

Heidrun Bründel/Erika Simon
Die Trainingsraum-Methode
Unterrichtsstörungen - klare Regeln, klare Konsequenzen.
2. Auflage 2007 192 Seiten, broschiert.
ISBN 978-3-407-62597-7

Störungsfrei unterrichten und Schüler/innen zu eigenverantwortlichem Handeln motivieren – beides leistet die Trainingsraum-Methode. Auch im deutschsprachigen Raum ist das Programm mittlerweile in allen Schulformen bekannt und hat sich vielfach bewährt. In diese erweiterte und aktualisierte Neuauflage sind die langjährigen Erfahrungen der Autorinnen mit der Methode eingeflossen.

»Jeder hat das Recht auf ungestörten Unterricht« – so lautet der zentrale Satz der Trainingsraum-Methode. Klare Regeln und Konsequenzen geben den Schüler/innen Halt und Orientierung. Die einheitliche Reaktion auf Unterrichtsstörungen und der aktive Umgang der Lehrer/innen mit den Störenfrieden motivieren zur Verhaltensänderung und stärken die Eigenverantwortung. So wird ein respektvoller Umgang miteinander möglich.

Die Trainingsraum-Methode ist konkret und praktikabel. Neben zahlreichen Hinweisen zur Implementierung und Optimierung des Programms bietet das Buch ansprechend gestaltete Kopiervorlagen, die auch als Download im A4-Format zur Verfügung stehen.

»Eine konkrete, praxisnahe und hilfreiche Anleitung für alle Lehrer.«
ekz-Informationsdienst

BELTZ Beltz Verlag · Postfach 100154 · 69441 Weinheim

Weitere Infos und Ladenpreis: www.beltz.de